Bitburg
Speicher
Schweich
Trier
Konz
Echternach
Irrel
Diekirch
Ettelbruck
Mersch
Junglinster
Luxembourg
Strassen
Bertram
Bettembourg
Dudelange
Grevenmacher
Wormeldange
Remich
Mondorf
Perl
Sierck
Hettange-Grande
Thionville
Yutz
Terville
Florange
Guénange
Mondelange
Talange
Maizières
Woippy
Metz
Montigny
Marly
Verny
Vigy
Bouzonville
Boulay-Moselle
Merzig
Mettlach
Orscholz
Losheim
Dillingen
Saarlouis
Rehlingen
Schwalbach
Völklinge
Saarbrück
Forbach
Creutzwald
L'Hôpital
Merlebach
Freyming
Saint Avold
Faulquemont
Waldrach
Kenn
Pfalzel
Kasel
Gusterath
Langsur
Wellen
Nittel
Kœnigsmacker
A1
A2
A3
A4
A5
A6
A7
A8
B1
B2
B3
B4
B5
B6
B7
B8
C1
C2
C3
C4
C5
C6
C7
C8
D1
D2
D3
D4
E1
E2
E3
E4
E5

bikeline®-Radtourenbuch
Mosel-Radweg

A-3751 Rodingersdorf, Hauptstr. 31
Tel.: +43/2983/28982-0, Fax: -500
E-Mail: bikeline@esterbauer.com
www.esterbauer.com
20. überarbeitete Auflage 2022
ISBN 978-3-7111-0067-2
Bitte geben Sie bei jeder Korrespondenz die ISBN an!

Dank an alle, die uns bei der Erstellung dieses Buches tatkräftig unterstützt haben.

Das *bikeline*-Team: Birgit Albrecht-Walzer, Katrin Baumhauer, Beatrix Bauer, Michael Binder, Veronika Bock, Petra Bruckmüller, Roland Esterbauer, Dagmar Güldenpfennig, Martina Kreindl, Daniela Lehnerova, Gregor Münch, Mario Nakić, Karin Neichsner, Carmen Paradeiser, Amélie Pommier, Manuel Randa, Petra Schartner, Sonja Schleifer, Christian Thoren, Isabella Tillich, Martin Trippmacher, Carina Winkelhofer, Martin Wischin, Wolfgang Zangerl

Umschlagbilder: Bild gr.: © CPN - fotolia; Bild kl. oben: © mojolo - Fotolia; Bild kl. unten: Carmen Dusi

Bildnachweis: © ah_fotobox - Fotolia: 122; © AndreasEdelmann - Fotolia: 96; bbsferrari – stock.adobe.com: 18; beatuerk – stock.adobe.com: 92; © Blacky - Fotolia: 89; © buschwein - Fotolia: 97; Denis - stock.adobe.com: 48; Deutsch-Luxemburgische Tourist-Info, Thomas Kirchen: 44; dietwalther – stock.adobe.com: 140; dudlajzov – stock.adobe.com: 39; © endega - Fotolia: 124; © foto50 - Fotolia: 88; Gemeinde Perl, L. Weiler: 55; Gemeindeverwaltung Perl: 53; Heidi Authried: 102, 122; janmalburg – stock.adobe.com: 64; © J. Ossorio Castillo - fotolia: 19; Juriaan – stock.adobe.com: 132; kama71 – stock.adobe.com: 110; Koblenz Touristik / P!ELmedia: 141, 138; © mh90photo - Fotolia: 71; © mojolo - Fotolia: 74, 86, 114, 126, 127, 130; mojolo – stock.adobe.com: 125; Mosellandtouristik: 8; Moselregion Traben Trarbach Kröv, Thomas Hegemanns: 120; Office National du Tourisme Luxembourgeois: 40; Olivier – stock.adobe.com: 28; © philippe Devanne - Fotolia: 34; philippe Devanne – stock.adobe.com: 30; pixabay: 61, 104, 108; Projektbüro Saar Hunsrück Steig: 80; Saar-Obermosel-Touristik e.V.: 59; saiko3p - stock.adobe.com: 139; SanGero – stock.adobe.com: 112; © Sergii Figurnyi - Fotolia: 46; Stefan Decker: 98; © Stefan Koerber - fotolia: 48; Stephan Dinges – stock.adobe.com: 82; © sunset man - Fotolia: 100, 128; Tobias Klein: 8, 24, 32, 33; Tourist-Information Ferienland Cochem, Christoph Gerhartz: 105; Tourist-Information Römische Weinstraße, Andreas Conrad: 68; Tourist-Information Traben-Trarbach: 95; Tourist-Information Treis-Karden: 106; Tourist-Information Trier Stadt und Land e. V.: 50; Tourist-Information Trittenheim, Otmar Britz: 70; Wolfgang Zangerl: 20, 26, 135

Kartographie erstellt mit axpand (www.axes-systems.com)

Wetterfest

Wetterfest und robust!

Für die Innenseiten dieses Buches haben wir uns etwas Besonderes einfallen lassen. Die Seiten bestehen aus hochwertigem Landkartenpapier, welches mit einer robusten und wasserabweisenden Beschichtung versehen wurde. Somit übersteht es unbeschadet auch mal ein Regenwetter.

Bitte beachten Sie: wetterfest und wasserabweisend bedeutet nicht wasserfest! Die Seiten sind gut gegen Spritzwasser geschützt und kleben, wenn sie feucht werden, nicht aneinander. Dennoch darf das Buch nicht komplett durchnässt werden.

Bitte verwenden Sie bei Dauerregen zusätzlich einen Regenschutz.

bikeline

Was ist bikeline?

Wir sind ein Team von Redakteuren, Kartografen, Geografen und anderen Mitarbeitern, die allesamt begeisterte Radfahrerinnen und Radfahrer sind. Ins „Rollen“ gebracht hat das Projekt 1987 eine Wiener Radinitiative, die begonnen hat, Radkarten zu produzieren. Heute tun wir dies als Verlag mit großem Erfolg. Mittlerweile gibt’s bikeline® Bücher in fünf Sprachen und in vielen Ländern Europas.

Um unsere Bücher immer auf dem letzten Stand zu halten, brauchen wir auch Ihre Hilfe. Schreiben Sie uns, wenn Sie Unstimmigkeiten oder Änderungen in einem unserer Bücher entdeckt haben.

Wir freuen uns auf Ihre Rückmeldung (redaktion@esterbauer.com),

Ihre bikeline-Redaktion

Vorwort

Lassen Sie sich von dem weinverhangenen Moseltal zu einer besonders genussvollen Radwanderung verführen. Folgen Sie den eigenwilligen Schleifen der Mosel und erfahren Sie auf insgesamt etwa 310 Kilometern im wahrsten Sinne des Wortes die über 2.000 Jahre währende Geschichte des Mosellandes. Testen Sie, ob die leichten, fruchtigen Moselweine halten, was sie versprechen, und bummeln Sie nach Herzenslust durch die engen Gassen der entzückenden Dörfer und die prächtigen Straßen weltberühmter Städte.

Präzise Karten, genaue Streckenbeschreibungen, zahlreiche Stadt- und Ortspläne, Hinweise auf das kulturelle und touristische Angebot der Region und ein umfangreiches Übernachtungsverzeichnis – in diesem Buch finden Sie alles, was Sie zu einer Radtour entlang der Mosel zwischen dem französischen Metz und dem deutschen Koblenz brauchen – außer gutem Radlwetter, das können wir Ihnen nur wünschen.

Kartenlegende

Radrouten (cycling routes)

Hauptroute, wenig KFZ-Verkehr (main cycle route, low motor traffic)
- asphaltiert (main cycle route, paved surface)
- nicht asphaltiert (main cycle route, unpaved surface)
- schlecht befahrbar (main cycle route, bad surface)

Hauptroute, autofrei / Radweg (main cycle route, without motor traffic / cycle path)
- asphaltiert (cycle path, paved surface)
- nicht asphaltiert (cycle path, unpaved surface)
- schlecht befahrbar (cycle path, bad surface)

Ausflug od. Variante, wenig KFZ-Verkehr (excursion or alternative cycle route, low motor traffic)
- asphaltiert (excursion or alternative route, paved surface)
- nicht asphaltiert (excursion, unpaved surface)
- schlecht befahrbar (excursion, bad surface)

Ausflug od. Variante, autofrei / Radweg (excursion or alternative route, without motor traffic / cycle path)
- asphaltiert (excursion or alternative route, paved surface)
- nicht asphaltiert (excursion, unpaved surface)
- schlecht befahrbar (excursion, bad surface)

Sonstiges (other cycle routes)
- sonstige Radroute (other cycle route)

- verkehrsreiche Radroute (cycle route with significant motor traffic)
- Kopfsteinpflaster (cobbled street)
- Einbahnführung (one-way connection)
- Fährverbindung (ferry connection)
- unbekannter Belag (road surface unknown)
- Tunnel (tunnel)
- Schiebestrecke (dismounting recommended)
- Zugverbindung (train connection)
- Radweg in Planung (planned cycle path)
- Radweg gesperrt (closed cycle path)
- Radstreifen mit Verkehr (cycle lane)
- Radstreifen, straßenbegleitender Radweg (cycle path along road)
- Straße für Radfahrer gesperrt (road closed to cyclists)
- Beschriebene Fahrtrichtung (described direction)
- 5 Wegpunkt (waypoint)

Steigungen / Entfernungen (gradient / distance)

- starke Steigung (steep gradient, uphill)
- leichte bis mittlere Steigung (light gradient, uphill)
- 2,4 Entfernung in Kilometern, gerundet (distance in km, rounded)

Radinformationen (important cycling information)

- Fahrradwerkstatt* (bike workshop*)
- Fahrradvermietung* (bike rental*)
- überdachter Abstellplatz* (covered bike stands*)
- abschließbarer Abstellplatz* (lockable bike stands*)
- E-Bike Ladestation (E-bike charging station)
- Infotafel* (information board*)
- Gefahrenstelle (dangerous section)
- Text beachten (read text carefully)
- Treppe (stairs)
- Tragestrecke (bicycle must be carried!)
- Engstelle* (constriction, bottleneck*)
- 17 42 Knotenpunktnummer der Wegweisung* (nodal point)
- Stadt-, Ortsplan (city map)

Nur in Ortsplänen (symbols only in the city maps)

- Parkhaus* (garage*)
- Theater* (theatre*)
- Post* (post office*)
- Apotheke* (pharmacy*)
- Krankenhaus* (hospital*)
- Feuerwehr* (fire-brigade*)
- Polizei* (police*)

* Auswahl (* selection)

Maßstab 1 : 50.000

1 cm ≙ 500 m   1 km ≙ 2 cm

0 1 2 3 4 5 6 7 8 9 10 km

Sehenswertes / Einrichtungen (sights of interest / facilities)

- Kirche; Kapelle (church; chapel)
- Kloster (monastery/convent)
- Synagoge; Moschee (synagogue; mosque)
- Schloss, Burg; Ruine (palace, castle; ruin)
- Turm; Leuchtturm (tower; lighthouse)
- Wassermühle; Windmühle (watermill; windmill)
- Kraftwerk (power station)
- Bergwerk; Höhle (mine; cave)
- Flughafen; Denkmal (airport; monument)
- sonstige Sehenswürdigkeit (other sight of interest)
- Museum (museum)
- Ausgrabungen; röm. Objekte (excavations; roman site)
- Tierpark; Natur-Information (zoo; nature info)
- Naturschutzgebiet, -denkmal (nature reserve, monument)
- sonstige Natursehenswürdigkeit (natural sight of interest)
- Aussichtspunkt* (panoramic view*)
- Tourist-Information; Gasthaus (tourist information; restaurant)
- Unterkunft; Jugendherberge (hotel, guesthouse; youth hostel)
- Camping-; Naturlagerplatz* (camping site; simple tent site*)
- Einkaufsmöglichkeit*; Kiosk* (shopping facility*; kiosk*)
- Rastplatz*; Unterstand* (picnic tables*; covered stand*)
- Freibad; Hallenbad (outdoor pool; indoor pool)
- Naturbad; Thermal-; Erlebnisbad (natural pool; thermal baths; waterpark)
- Brunnen*; Parkplatz* (drinking fountain*; parking lot*)
- Schönern sehenswertes Ortsbild (picturesque town)
- Einrichtung im Ort vorhanden (facilities available)

Topographische Informationen (topographic information)

- Kirche; Kapelle (church; chapel)
- Kloster (monastery)
- Synagoge; Moschee (synagogue; mosque)
- Schloss, Burg; Ruine (palace, castle; ruins)
- Turm; Leuchtturm (tower; lighthouse)
- Wassermühle; Windmühle (windmill; water mill)
- Kraftwerk; Solaranlage (power station; solar power station)
- Bergwerk; Höhle (mine; cave)
- Denkmal; Hügelgrab (monument; burial mound)
- Flughafen; Flugplatz (airport; airfield)
- Windkraftanlage (windturbine)
- Funk- und Fernsehanlage (TV/radio tower)
- Umspannwerk, Trafostation (transformer station)
- Wegkreuz; hist. Grenzstein (wayside cross; boundary stone)
- Sportplatz, Stadion (playing field, stadium)
- Golfplatz; Tennisplatz (golf course; tennis courts)
- Schiffsanleger; Schleuse (boat landing; sluice/lock)
- Quelle; Kläranlage (natural spring; wastewater treatment plant)
- Staatsgrenze mit Übergang (international border crossing)
- Landesgrenze (country border)
- Kreis-, Bezirksgrenze (district border)
- Naturschutzgebiet, Naturpark, Nationalpark (nature reserve, national park)
- Truppenübungsplatz, Sperrgebiet (prohibited zone)
- 100 Höhenlinie 100m/50m (contour line)
- 5310 520 UTM-Gitter (in km; 2 km-Gitter) (UTM-grid)

- A13 B12 Autobahn; Schnellstraße (motorway/freeway; expressway)
- B236 Fernverkehrsstraße (highway)
- Hauptstraße (main roads)
- untergeordnete Hauptstraße (secondary main road)
- Nebenstraße; Fahrweg (secondary road; side street/access road)
- Weg; Fähre (track; ferry)
- Straße geplant/in Bau (road planned/under construction)
- Eisenbahn/Bahnhof; S-Bahnhof (railway/station; suburban station)
- Eisenbahn stillgelegt; geplant (railway disused; planned)
- Schmalspurbahn (narrow gauge railway)
- Bergbahn; Seilbahn (mountain railway; cable car)
- Wald; Parkanlage (forest; park)
- Sumpf; Heide (marsh/bog; heath)
- Weinbau; Gartensiedlung* (vineyards; allotment gardens*)
- Steinbruch, Tagebau* (quarry, open cast mine*)
- Friedhof; Düne, Strand (cemetery; dunes, beach)
- Watt; Gletscher (tidal flats; glacier)
- Felsen; Geröll (rock, cliff; scree)
- Gewächshäuser*, Plantage* (greenhouses*, plantation*)
- Gewerbe-, Industriegebiet (commercial/industrial area)
- Siedlungsfläche; öffentl. Gebäude (built-up area)
- Stadtmauer, Mauer (defensive wall, wall)
- Damm, Deich (embankment, dike)
- Kanal (canal)
- Fluss/Staumauer/See (river/dam/lake)

Inhalt

Stadtpläne

Der Mosel-Radweg

Das Moseltal bietet alles, was mit einem typischen Weinland assoziiert wird. Der Fluss wird allerorts von steilen Hängen flankiert, die ihrerseits mit unzähligen Weinreben bedeckt sind. Zu dieser attraktiven Landschaft, in der man noch dazu mildes Klima erwarten kann, gesellen sich die urgemütlichen Winzerdörfer mit den für das Moselland typischen massiven Steinhäusern und zierlichen Fachwerkhäusern. Nirgendwo lässt es sich angenehmer übernachten als in einem alten Fachwerkhaus, um das sich die Ranken der Weinreben schlingen. An Idylle und Romantik ist dies aber noch nicht genug, Burgen und Ruinen reihen sich wie Perlen an einer Kette an beiden Seiten der Mosel. Um die Burgen scharen sich, genau wie um die Entstehung so mancher Weinlagen, eine ganze Reihe eigentümlicher Geschichten und Sagen.

Das Moselland war bereits in der Zeit der Kelten besiedelt, seine Geschichte wurde aber in einem ganz besonderen Maße durch seine Zugehörigkeit zum Römischen Reich bestimmt, viele monumentale Bauwerke zeugen bis heute davon. Die Römer haben prächtige Paläste, Amphitheater, riesige Badeanlagen, Brücken, Wasserleitungen und vieles mehr errichtet

Streckenstatistik

Länge der Hauptstrecke: 307 km

HM/km: ↗ 0,7 m (217 m) ↘ 1,0 m (309 m)

Radweg: 66 % **Unbefestigt:** 5 % **Verkehr:** 7 %

Summe aller Strecken: 677 km

und das Land um Wissen und Können bereichert. Nach der Christianisierung übernahmen fränkische Könige einerseits und die Trierer Erzbischöfe andererseits die Herrschaft im Land. Burgen und Zehenthäuser sowie Kirchen und Klöster erzählen aus dieser Zeit.

Die zahlreichen historischen Gebäude, der Wein, die eindrucksvolle Landschaft, die einladenden Winzerdörfer – dies und noch vieles mehr machen eine Radtour entlang der Mosel zu einem unvergesslichen Erlebnis.

Streckencharakteristik

Länge

Die Gesamtlänge des Radweges beträgt **307 Kilometer** am rechten Moselufer und **313 Kilometer** am linken Ufer.

Wegequalität und Verkehr

Die Qualität der Wege ist hervorragend. Die offizielle Route des Mosel-Radweges verläuft fast immer auf befestigten bzw. asphaltierten Straßen und Radwegen. Nur zwischen Bullay und Senheim sowie zwischen Cochem und Treis-Karden, die jedoch nicht zur offiziellen Hauptroute gehören, ist mit einem längeren unbefestigten Abschnitt zu rechnen, da die Route hier durch ein Naturschutzgebiet führt.

Die Verkehrsbelastung an der Mosel gestaltet sich unterschiedlich. Die Route führt auf Radwegen, verkehrsarmen Straßen und Radstreifen entlang. Selten sind Teilstücke direkt auf verkehrsreichen Straßen zurückzulegen. Sollte die Verkehrsbelastung auf den Abschnitten mit Radstreifen zu groß werden, besteht immer wieder die Möglichkeit, auf einer der zahlreichen Brücken und Fähren ans andere Moselufer zu wechseln. Am Anfang jedes Abschnitts geben wir einen Hinweis, auf welcher Seite der Mosel die offizielle Hauptroute verläuft. Im Routentext wird ein empfohlener Uferwechsel durch einen Tipp hervorgehoben.

Beschilderung

Der Mosel-Radweg ist durchgehend von Metz bis Koblenz ausgeschildert. Von der Saarmündung bis Koblenz folgt der Radweg der D-Route 5. Hier fehlt

LiveUpdate

Als Online-Angebot finden Sie auf unserer Webseite eine Sammlung aktueller Änderungen und Korrekturen zu diesem Radtourenbuch. Diese Informationen sind immer auf dem neuesten Stand und ermöglichen Ihnen in Kombination mit der bestehenden Auflage dieses Buches die beste Reiseplanung. Das LiveUpdate zu diesem Titel ist frei verfügbar und auf unserer Webseite beim jeweiligen Buch oder unter folgendem Link zu finden:

https://www.esterbauer.com/mosel-radweg

Sind Ihnen auf Ihrer Radreise Fehler und Änderungen zur Route, zum Übernachtungsverzeichnis oder den touristischen Daten aufgefallen? Über die Updateseite können Sie diese brandneuen Infos direkt an das bikeline-LiveUpdate-Team übermitteln. Wir freuen uns auf Ihr Update und bedanken uns im Namen aller Radler!

GPS-Tracks

Den aktuellen bikeline-Track zu diesem Titel finden Sie, wenn Sie folgende Adresse in die Adresszeile Ihres Browsers eingeben:

https://www.tracks.world/?dir=de/trk87qc309

allerdings noch eine vollständige Beschilderung.

RentaBike Miselerland

So heißt ein spezieller Fahrradverleih in Luxemburg. Es handelt sich dabei um ein System von mehreren Fahrradausleihstationen in der Moselregion, bei denen Fahrräder günstig ausgeliehen werden können. Helme und Wegfahrschlösser werden kostenlos ausgehändigt. Die Fahrräder müssen nicht an der selben Station abgegeben werden, an der sie ausgeliehen wurden. Gibt es in einem Ort eine solch spezielle Station, so finden Sie einen Hinweis auf den Fahrradverleih RentaBike Miselerland bei den entsprechenden Orten im Übernachtungs- und Serviceverzeichnis des Radführers.

Die Adressen der Stationen sowie Infomaterial erhalten Sie auch unter ✆ 00352/267463888 oder unter: www.entente-moselle.lu

Lauschpunkte am Mosel-Radweg

Mit der Audiotour können Radler spannende Geschichten zu kulturellen und landschaftlichen

Highlights am Wegesrand erfahren. Die insgesamt 40 Hörstationen am Mosel-Radweg verteilen sich auf einer Länge von etwa 240 Kilometern vom saarländischen Perl bis zum Deutschen Eck in Koblenz. Für die Audiotour (auch in englischer und niederländischer Sprache) laden Sie vor Ihrer Radtour einfach die kostenlose Lauschtour-App im Apple App Store oder auf Google Play. Die Lauschpunkte bzw. Hörstationen werden in den vorliegenden Karten mit dem Thematiksymbol Infotafel dargestellt. Nähere Informationen erhalten Sie auch über

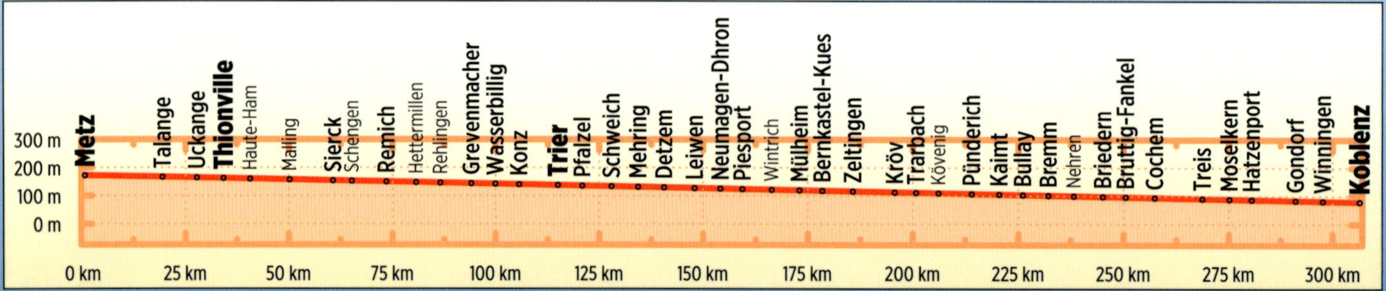

die Mosellandtouristik GmbH und unter www.visitmosel.de

Tourenplanung

Wichtige Telefonnummern

Internationale Vorwahlen: nach Deutschland: 0049; nach Frankreich: 0033; nach Luxemburg: 00352.

In Frankreich werden sämtliche Telefonnummern mit 10 Ziffern dargestellt. Die ersten beiden Stellen zwischen 01 und 05 bezeichnen die Region, 06 weist auf eine Mobiltelefonnummer hin. Im Anschluss wird die 8-stellige Telefonnummer angehängt. Bei jedem Telefonat – auch innerhalb eines Ortes bzw. einer Region – muss diese 10-stellige Nummer gewählt werden, aus dem Ausland entfällt die erste Null und es werden die folgenden 9 Ziffern angehängt. Für eine einfachere Nutzung werden in diesem Buch immer die gesamten 10-stelligen Telefonnummern dargestellt.

In Luxemburg gibt es keine Ortsvorwahlen.

Zentrale Informationsstellen

Moselle Tourisme, 2-4 rue du Pont Moreau, F-57000 Metz, ✆ 0033/387/375780, contact@moselle-attractivite.fr www.mosl-tourisme.fr/de/

Office Régional de Tourisme Région Moselle Luxembourgeoise, 52 route du Vin, L-5405 Bech-Kleinmacher, ✆ 00352/26747874, info@visitmoselle.lu, www.visitmoselle.lu/de

Rheinland-Pfalz Tourismus GmbH, Löhrstr. 103-105, D-56068 Koblenz, ✆ 0261/915200, info@rlp-tourismus.de, www.rlp-tourismus.de

Mosellandtouristik GmbH, Kordelweg 1, D-54470 Bernkastel-Kues, ✆ 06531/97330, info@mosellandtouristik.de, www.visitmosel.de

Saar-Obermosel-Touristik e. V., Saarstr. 1, D-54329 Konz, ✆ 06501/6018040, info@saar-obermosel.de, www.saar-obermosel.de

Tourist-Info Sonnige Untermosel, Moselstr. 7, D-56332 Alken, ✆ 02605/8472736, touristik@sonnige-untermosel.de www.sonnige-untermosel.de

An- und Abreise mit der Bahn

Leider ist der grenzüberschreitende Verkehr zwischen Trier und Metz sehr begrenzt. Die kürzeste Verbindung, mit zweimaligem Umsteigen besteht am Morgen an den Wochenenden. In der Regel erfordert die Anreise mit der Bahn nach Metz ein mehrmaliges Umsteigen.

Die Abreise von Koblenz ist durch die zahlreichen IC- und RE-Verbindungen einfach.

Aufgrund der sich ständig ändernden Preise und Bedingungen für Fahrradtransport bzw. -mitnahme empfehlen wir Ihnen, sich bei nachfolgenden Infostellen über Ihre ganz persönliche Anreise mit der Bahn zu informieren.

Informationsstellen

Deutsche Bahn AG, Service-Hotline: ✆ 0180/6996633 (€ 0,20 pro Anruf aus dem Festnetz, Tarif bei Mobilfunk max. € 0,60 pro Anruf), Mo-So 0-24 Uhr, Auskünfte über Zugverbindungen, zur Fahrradmitnahme, Fahrpreise im In- und Ausland, Buchung von Tickets und Reservierungen, www.bahn.de, www.bahn.de/bahnundbike

Automatische DB-Fahrplanauskunft: ✆ 0800/1507090 (gebührenfrei aus dem Festnetz)

Verkehrsverbund Region Trier GmbH (VRT) ✆ 01806/131619 (€ 0,20 pro Anruf aus allen deutschen Netzen), www.vrt-info.de

Französische Staatsbahn (SNCF): ✆ 36 36 (Anruf nur aus Frankreich möglich), Mo-So 7-22 h. 0033/892353535 (internationale Telefonnumer. Auslandstarif zzgl. evtl. Verbindungskosten Ihres Providers)., www.sncf-connect.com/de-de/

Luxemburgische Bahn (CFL): ✆ 00352/24892489, www.cfl.lu/de-de

Fahrradmitnahme

In den TGVs können Fahrräder theoretisch direkt mitgenommen werden. Allerdings sind die Stellplätze begrenzt und eine Reservierung vorab ist dringend zu empfehlen. Sie können grundsätzlich bei einer Online-Kartenbestellung Ihre Wünsche bezüglich Fahrradmitnahme bei den Optionen direkt eingeben. In den TGV INOUI-Zügen wird der Platz für Ihr Fahrras dann gleich reserviert und mit 10,- Euro gleicht mitberechnet. Seien Sie jedoch auch darauf vorbereitet, dass dieses Vorgehen nicht immer funktioniert. Zusammengeklappt oder zerlegt in einer Transporttasche darf Ihr Fahrrad in den TGV INOUI-Zügen kostenlos und ohne Reservierung mitreisen. In den OUIGO-Zügen darf Ihr Fahrrad nur zusammengeklappt oder zerlegt in einer Transporttasche um 5,- Euro direkt bei der Reservierung oder nachträglich um 10,- Euro mitreisen. (Wenn Sie diese Option nicht vor dem Abfahrtstag gebucht haben, fällt hierfür ein Aufpreis von 40,- Euro an). In den internationalen TGV darf Ihr Fahrrad nur zusammengeklappt oder zerlegt in einer Transporttasche mitreisen (unterschiedliche Preisen). Die Reservierung eines Fahrradstellplatzes erfolgt auf der Webseite https://www.sncf-connect.com/de-de/, in Frankreich auch telefonisch unter 0033/184943635 oder direkt an

einem SNCF-Bahnhof. In den regional Zügen (TER) ist es unterschiedlich. Nähere Informationen zur Fahrradmitnahme erhalten Sie unter https://www.sncf-connect.com/de-de/hilfe/fahrrad-mitnahme

An- und Abreise mit dem Fernbus

Viele Fernbusunternehmen bieten auf ihren Strecken eine Radmitnahme an. Aufgrund der großen Anzahl von Fernbuslinien und -unternehmen informieren Sie sich bitte im Internet z. B. unter www.fernbusse.de.

An- und Abreise mit dem Auto

Der Startpunkt Metz ist mit dem Auto problemlos von überall her zu erreichen, da er direkt an der A 4 und A 31 gelegen ist. In der Stadt finden Sie eine große Anzahl an Parkmöglichkeiten. Die Rückfahrt vom Zielort Koblenz nach Metz mit dem Zug dauert 5-6 Stunden und erfordert ein Umsteigen in Mannheim, Offenburg und Strasbourg.

An- und Abreise mit dem Flugzeug

Ein Großteil der Fluggesellschaften bietet den Service eines Fahrradtransportes an, daher ist für große Distanzen die Anreise per Flugzeug eine gute Alternative zu Auto oder Bahn.

Für die Anreise nach Metz ist in manchen Fällen der **Aéroport de Luxembourg (LUX)**, sieben Kilometer östlich des Zentrums von Luxemburg Stadt, zu empfehlen. Von Luxemburg Stadt gibt es gute Zugverbindungen nach Metz.

Beachten Sie bitte unbedingt die sehr unterschiedlichen Tarife und Verpackungsvorschriften der Fluggesellschaften für den Fahrradtransport. Genauere Informationen bezüglich Verpackung, Versicherung und technischen Details erhalten Sie bei der Fluglinie Ihrer Wahl, Ihrem Reisebüro oder bei Ihrem Fahrradfachhändler.

Fahrradversand

Das Logistik-Unternehmen Cargo International bietet normalerweise keinen internationalen Fahrradversand an. Allerdings besteht die Möglichkeit, das Fahrrad als Paket zu versenden. Dazu muss das Rad in ein zulässiges Format zerlegt werden, in der Regel müssen Sie Räder und Pedale abschrauben und den Lenker quer stellen. Die Zustellung kann einige Tage dauern.

Rad & Bahn

Im Tal der Mosel können Sei in einigen Abschnitten auf die Bahn umsteigen. Folgende Strecken und Orte sind mit einem Eisenbahnanschluss versehen: Zwischen Metz und Trier verläuft im Moseltal eine Bahnlinie, die jedoch im Grenzbereich zwischen Frankreich und Deutschland meist unterbrochen ist. Am Wochenende existieren wenige durchgängige Verbindungen. Hinter Trier entfernt sich die Bahn vom Moseltal, von Traben-Trarbach bis Bullay kann die Bahn genutzt werden. Ab Cochem verläuft parallel zur Strecke wieder die Eisenbahn bis nach Koblenz.

Rad & Schiff

Von April bis Oktober verkehren auf der Mosel zahlreiche Personenschiffe in beide Richtungen. Schiffsanlegestellen sind fast in allen Orten vorhanden, wegen der großen Dichte sind sie aber in der Karte nicht eingetragen. Zu den wichtigsten Anlegestellen finden Sie bei den jeweiligen Ortsdaten Informationen zur Personenschifffahrt.

Über die genauen Abfahrtszeiten informieren Sie vor Ort die Anschlagtafeln der Schifffahrtsgesellschaften, einen ausführlichen und aktuellen Mosel-Personenschifffahrtsplan können Sie kostenlos bei der Mosellandtouristik (siehe Infostellen) anfordern. Zu beachten ist jedoch, dass jedes Jahr Mitte Juni die Schleusen gewartet werden und die Schiffe somit für ein paar Tage nur mit eingeschränktem Betrieb fahren.

Rad & Bus

Zwischen Bernkastel-Kues und Daun verkehrt der RadBus MaareMosel (Linie 300). Der Bus fährt von April bis Oktober an Wochenenden und schulfreien Tagen und kann 22 Fahrräder mitnehmen. Des Weiteren können Sie zwischen Neumagen-Dhron und Trier die Linie 220 nutzen. Hier haben auf dem Hecklastträger des RadBus 5 Fährrader Platz. Ab Neumagen -Dhron verkehrt auch der RadBus Mittelmosel (Linie 330) bis Bernkastel-Kues. Bei 6 täglichen Fahrten können auf dem Fahrradanhänger bis zu 5 Räder, jedoch keine E-Bikes, transportiert werden. Genauere Hinweise erhalten Sie vom **Verkehrsverbund Region Trier GmbH**, Deworastr. 1, D-54290 Trier, ✆ 01806/131619 (€ 0,20/Anruf aus allen deutschen Netzen), von der **MB Moselbahn Verkehrsbetriebsgesellschaft mbH**, ✆ 06531/96800 und unter www.radbusse.de. Reservierung empfohlen!

Rad & Taxi

Das in Koblenz ansässige Unternehmen Aktiv-Taxi befördert bis zu 8 Radfahrer. Die Räder werden dabei auf einem speziellen Anhänger transportiert. Weitere Informationen: **Aktiv-Taxi**, Hermannstr. 15g, D-56076 Koblenz, ✆ 0261/9737537, www.aktiv-taxi.de. Ein weiteres Transportunternehmen befindet sich in Leiwen. Der Fahrradtransport befördert bis zu 14 Personen mit Gepäck. Näheres unter: **Moseltaxi Schuster**, Flurgartenstr. 13, 54340 Leiwen, ✆ 06507/802313, www.moseltaxi.de.

Übernachtung

Das Moseltal ist eine touristisch allgemein beliebte Region, die daher ein großes Zimmerangebot aufweisen kann. Vorreservierungen sind aber vor allem während der Hauptsaison (Ferien- und Weinlesezeit) empfehlenswert, da es zu dieser Zeit ziemlich schwierig ist, ein Zimmer für nur eine Nacht zu bekommen, und wenn, dann meist zu einem höheren Preis.

Mit Kindern unterwegs

Der Mosel-Radweg ist auch für Kinder geeignet, da er meist eben dahingeht und zumindest immer auf einer Moselseite auf Radwegen und ruhigen Nebenstraßen verläuft. Aufgrund der zahlreichen Brücken ist es auch kein Problem, bei Bedarf ans andere Ufer zu wechseln.

Reisezeit

Eine Radtour entlang der Mosel ist vom Frühjahr bis in den Spätherbst möglich und hat zu jeder Zeit ihren besonderen Reiz. Am attraktivsten ist das Moselland jedoch im Herbst, wenn sich die Blätter färben und in den malerischsten Farben leuchten und die Weinlese beginnt. Zu dieser Zeit finden auch die traditionellen Weinfeste statt, wozu die Winzerdörfer festlich geschmückt werden. Im Herbst ist an der Mosel Hochsaison. Viele idyllisch an der Mosel gelegene Gastwirtschaften öffnen ihre Pforten ab Juni für Radwanderer und andere Gäste.

Radreiseveranstalter

Eurobike, Mühlstr. 20, A-5162 Obertrum am See, ✆ 0043/6219/60866, Fax: 8272, Infohotline: ✆ 0800/070633 (gratis aus Deutschland, Österreich und der Schweiz) office@eurobike.at, www.eurobike.at

Velotours Touristik GmbH Bücklestr. 13, D-78467 Konstanz, ✆ 0049/7531/98280, info@velotours.de, www.velotours.de

Velociped Fahrradreisen, Alte Kasseler Str. 43, D-35039 Marburg, ✆ 0049/6421/886890, info@velociped.de, www.velociped.de

Pedalo, Kickendorf 1a, A-4710 Grieskirchen, ✆ 0800/2400999 (gebührenfrei aus A+D), ansonsten ✆ 0043/7248/635840, info@pedalo.com, www.pedalo.com

Mosellandtouristik GmbH, Kordelweg 1, D-54470 Bernkastel-Kues, ✆ 0049/6531/97330, info@mosellandtouristik.de, www.visitmosel.de

Rückenwind Reisen, Am Patentbusch 14, D-26125 Oldenburg, ✆ 0800/5889717 (gebührenfrei aus D), ansonsten ✆ 0049/441/485970, info@rueckenwind.de, www.rueckenwind.de

Velosophie SARL, 15 rue St Ulric, L-1511 Luxemburg, ✆ 00352/26200132, info@velosophie.lu, www.velosophie.lu

Burg & Bike, Adolfstr. 65, D-56112 Lahnstein, ✆ 0049/162/2190760, info@burg-bike.de, www.burg-bike.de

Zu diesem Buch

Dieser Radreiseführer enthält alle Informationen, die Sie für den Radurlaub entlang der Mosel benötigen: Exakte Karten, eine detaillierte Streckenbeschreibung, ein ausführliches Übernachtungsverzeichnis, Stadt- und Ortspläne und die wichtigsten Informationen zu touristischen Attraktionen und Sehenswürdigkeiten.

Und das alles mit der **bikeline-Garantie**: die Routen in unseren Büchern sind von unserem professionellen Redaktionsteam vor Ort auf ihre Fahrradtauglichkeit geprüft worden. Um höchste Aktualität zu gewährleisten, nehmen wir nach der Befahrung Korrekturen von Lesern bzw. offiziellen Stellen bis Redaktionsschluss entgegen, die dann jedoch teilweise nicht mehr an Ort und Stelle verifiziert werden können.

Die Radtour ist nicht in Tagesetappen sondern in logische Abschnitte aufgeteilt, weil die Tagesleistung zu sehr davon abhängt, wie sportlich oder genussvoll Sie die Strecke in Angriff nehmen möchten.

Die Karten

Die Detailkarten sind im Maßstab 1 : 50.000 erstellt. Dies bedeutet, dass 1 Zentimeter auf der Karte einer Strecke von 500 Metern in der Natur entspricht. Zusätzlich zum genauen Routenverlauf informieren die Karten auch über die Beschaffenheit des Bodenbelages (befestigt oder unbefestigt), Steigungen (leicht oder stark), Entfernungen sowie über kulturelle, touristische und gastronomische Einrichtungen entlang der Strecke.

Allerdings können selbst die genauesten Karten den Blick auf die Wegbeschreibung nicht ersetzen. Komplizierte Stellen werden in der Karte mit diesem Symbol ⚠ gekennzeichnet, im Text finden Sie das gleiche Zeichen zur Markierung der betreffenden Stelle wieder. Beachten Sie, dass die empfohlene Hauptroute immer in Rot und Violett, Varianten und Ausflüge hingegen in Orange dargestellt sind. Die genaue Bedeutung der einzelnen Symbole wird in der Legende auf den Seiten 4 und 5 erläutert.

Höhen- und Streckenprofil

Das in der Einleitung dargestellte Höhen- und Streckenprofil gibt Ihnen einen grafischen Überblick über die Steigungsverhältnisse, die Länge und die wichtigsten Orte entlang der Radroute. Zusätzlich wird am Beginn jedes Streckenabschnitts ein detaillierteres Höhen- und Streckenprofil gezeigt, in dem über die Wegpunkte eine Zuordnung zu Karte und Text möglich ist. Es können in diesem Überblick nur die markantesten Höhenunterschiede dargestellt werden, jede einzelne kleinere Steigung wird in dieser grafischen Darstellung nicht berücksichtigt. Die Steigungs- und Gefälleverhältnisse entlang der Route finden Sie im Detail mit Hilfe der Steigungspfeile in den genauen Karten.

Der Text

Der Textteil besteht im Wesentlichen aus der genauen Streckenbeschreibung, welche die empfohlene Hauptroute enthält. Stichwortartige Streckeninformationen werden von dem Zeichen ~ begleitet. Manche besonders markante oder wichtige Punkte auf der Strecke sind als Wegpunkte 1, 2, 3,...durchnummeriert und – zur besseren Orientierung – mit dem selben Symbol in den Karten wieder zu finden. Unterbrochen wird dieser Text gegebenenfalls durch orangefarbige Absätze, die Varianten und Ausflüge beschreiben.

TIPP Textabschnitte in Violett heben Stellen hervor, an denen Sie Entscheidungen über Ihre weitere Fahrstrecke treffen müssen, z. B. wenn die Streckenführung von der Wegweisung abweicht oder mehrere Varianten zur Auswahl stehen u. ä.

AUSFLUG Sie weisen auch auf Ausflugstipps, interessante Sehenswürdigkeiten oder Freizeitaktivitäten etwas abseits der Route hin.

Ferner sind alle wichtigen **Orte** zur besseren Orientierung aus dem Text hervorgehoben. Gibt es interessante Sehenswürdigkeiten in einem Ort, so finden Sie unter dem Ortsbalken die jeweiligen Adressen, Telefonnummern, Öffnungszeiten-Kategorien und Weblinks.

Die Beschreibung der einzelnen Orte sowie historisch, kulturell oder naturkundlich interessanter Gegebenheiten entlang der Route trägt zu einem abgerundeten Reiseerlebnis bei. Diese Textblöcke sind kursiv gesetzt und unterscheiden sich dadurch auch optisch von der Streckenbeschreibung.

Öffnungszeiten – Kategorien

- Öffnungszeiten
- frei zugänglich
- täglich
- häufig (5-6 Tage/Wo.)
- durchschnittlich (3-4 Tage/Wo.)
- selten (bis 2 Tage/Wo.)
- nach tel. Anfrage

Diese Angaben gelten während der Radsaison und dienen als Orientierungshilfe. Die tagesaktuellen Öffnungszeiten finden Sie über den Weblink.

Weblink

Im Ortsdatenblock bei dem jeweiligen touristischen Eintrag befindet sich nach dem @ Symbol eine sechsstellige Zahlen- und Buchstabenkombination ***(z. B. @ abc123)***. Die Eingabe dieser Weblink-ID auf unserer Internetseite www.esterbauer.com leitet Sie direkt auf die entsprechende Webseite weiter und ersetzt somit die mühsame Eingabe ellenlanger Webadressen.

Übernachtungs- und Serviceverzeichnis

Auf den letzten Seiten dieses Radtourenbuches sind zu fast allen Orten entlang der Strecke eine Vielzahl von Übernachtungsmöglichkeiten aufgelistet, vom einfachen Zeltplatz bis zum 5-Sterne-Hotel. Zusätzlich finden Sie umfangreiche Informationen zu Radwerkstätten und Radverleihstationen.

Mit dem E-Bike

Mittlerweile sind immer mehr Radler mit einem E-Bike unterwegs. Im Grunde sind dabei die Anforderungen dieselben, auch wenn mit dem E-Bike längere Etappen und mehr Steigungen zurückgelegt werden können. Da auch die Leistungsfähigkeit bei unmotorisierten Radlern sehr unterschiedlich ist, haben wir schon bisher keine Etappenlängen vorgegeben. Engstellen, Treppen oder Tragestellen, die wegen des Gewichts des E-Bikes schwer zu überwinden sind, sind in den Karten verzeichnet und wo möglich Alternativen angegeben.

Wir verzichten bewusst auf das systematische Erfassen offizieller Ladestationen, da die „inoffiziellen" Ladestationen (Steckdosen) ungleich häufiger sind. Vergessen Sie das Ladekabel nicht.

Von Metz nach Perl/Schengen

65,2 km

HM/km: ↗ 0,7 (47m) ↘ 1,1 (69m) Radweg: 83 % Unbefestigt: 0 % Verkehr: 4 %

Das lothringische Metz bildet den Ausgangspunkt der Mosel-Radtour. Über das französische Städtchen Thionville geleitet Sie der Radweg ins Dreiländereck von Deutschland, Frankreich und Luxemburg. Ab hier bildet die Mosel nun die deutsch-luxemburgische Grenze. Bevor Sie Ihre Reise jedoch fortsetzen, sollten Sie noch Schengen, das aufgrund des Schengener Abkommens bekannt geworden ist, besichtigen.

Dieser Abschnitt verläuft eben und fast durchgehend auf Asphalt. Von Metz bis zum Dreiländereck radeln Sie auf Radwegen und verkehrsarmen Straßen. Zwischen Mondelange und Koenigsmacker verläuft auf beiden Seiten der Mosel ein gut ausgebauter Radweg.

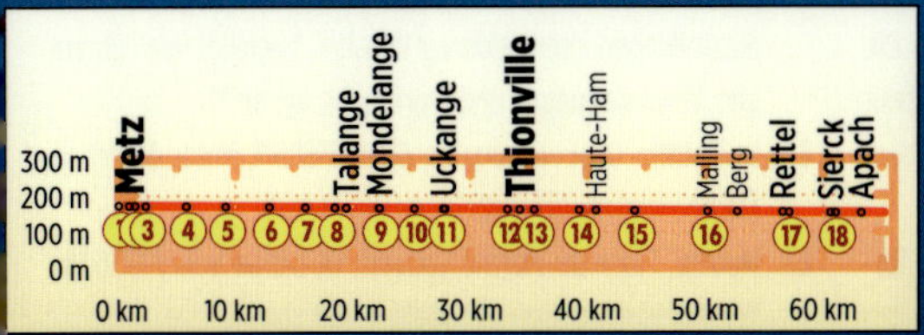

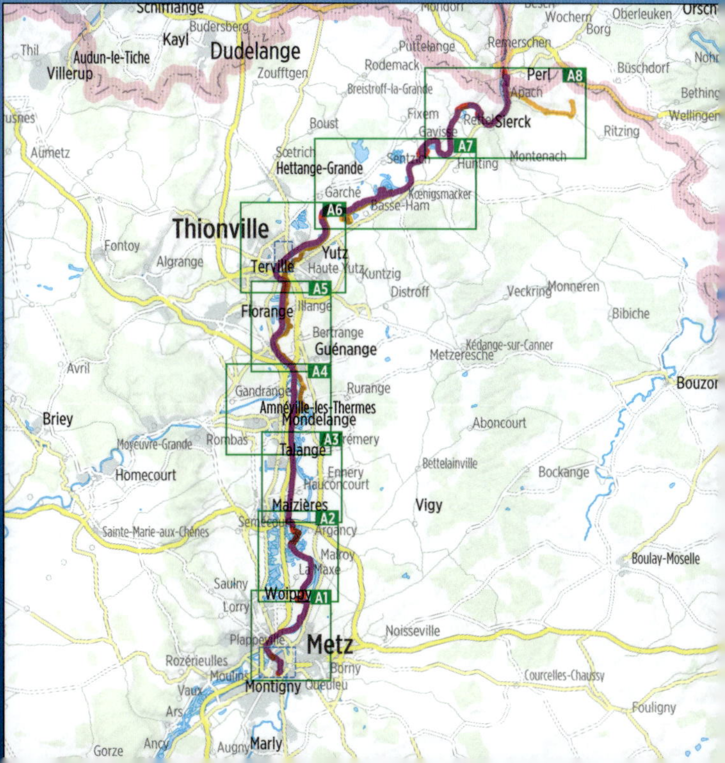

Metz (F)

Moselle Tourisme, 2-4 rue du Pont Moreau, 0387375780, @ tsa736

Office de Tourisme de Metz - Agence Inspire Metz, 2 place d'Armes, 0387390000, @ ebs541

Vedette Solaire, Quai des Régate, Plan d'eau, 0771757294, 0750509513. Tägl. regelmäßige Rundfahrten. @ yrw237

Centre Pompidou-Metz, 1 parvis des Droits de l´Homme, 0387153939 Es erwartet Sie ein modernes, zeitgenössisches, architektonisch beeindruckendes Museum mit drei Galerien. @ qwt525

Metz, Porte des Allemands

La Cour d'Or, 2 rue du Haut Poirier, 0387201320 Das Architekturmuseum befindet sich in einem Gebäudekomplex verschiedener Epochen. Es werden Sammlungen gallorömischer Ausgrabungen, mittelalterlicher Kunst und der Bildenden Kunst ausgestellt. @ btg611

Cathédrale Saint-Etienne (Stephansdom), Place Jean Paul II, 0387755461 Die Kathedrale gehört mit ihrem 42 m hohen Kirchenschiff zu den größten gotischen Kirchengebäuden in Europa und ihre Kirchenfenster mit einer Gesamtfläche von 6.500 m² (aus dem 13. bis 20. Jh., darunter einige auch von Chagall) haben ihr den Beinamen „die Laterne Gottes“ verliehen. @ yeh117

Saint Maximin, 61 rue Mazelle, 0357289137 In der romanischen Kirche (12.-15. Jh.) befinden sich wunderschöne Glasmalereien von Jean Cocteau. @ vlc223

Saint-Pierre-aux-Nonnains (Sankt Peter auf der Zitadelle), 1 rue de la Citadelle, 0387399200 Diese Kirche wurde im 4. Jh. erbaut und gilt als eines der ältesten Kirchengebäude Frankreichs. Sie wird heute als Kulturstätte genutzt. @ yww335

Temple Neuf, Place de la Comédie, 0769/658941 Die mittelalterliche Architektur der evangelischen Kirche (erbaut im 20. Jh.) wurde dem Dom zu Speyer nachempfunden. @ ehr681

Chapelle des Templiers (Tempelritterkapelle), Rue de la Citadelle, 0387399200. Die spätromanische Kapelle wurde in den Jahren von 1180 bis 1220 errichtet und dient heute als Ausstellungsraum. @ fyg784

Cloître des Récollets, 1 rue des Récollets Das Kloster aus dem 13. Jh. besticht durch seine Eleganz und Schlichtheit. Darin befinden sich heute der Sitz des europäischen Instituts für Ökologie, das Stadtarchiv und ein Garten mit medizinischen Heilpflanzen. @ cag828

Palais du Gouverneur, 6 rue de la Citadell, 0387555376. Das Gebäude wurde in den Jahren von 1902 bis 1905 im Stil der Neorenaissance errichtet. @ hgt448

Opéra-Théâtre - Metz Métropole, 4-5 place de la Comédie, 0387156060. Entlang der Balustrade zieren Statuen des Künstlers Charles Pêtre (1858) die älteste, sich noch in Betrieb befindliche Oper Frankreichs. @ obu272

Arsenal, 3 avenue Ney, 0387741616. Das Militärarsenal stammt aus der Zeit Napoleons III., in dem großen Konzertsaal mit 1.354 Plätzen finden Vorstellungen aus allen künstlerischen Bereichen statt. @ pff127

Frac Lorraine, 1B Rue des Trinitaires, 0387742002 Wechselausstellungen internationaler Künstler, begleitet von Führungen, Veranstaltungen und Workshops. @ bgj317

La Flottille, Quai des régates, 0387368671. Motor-,Ruder- u. Tretbootverleih. @ suf871

Marché, Place du Marché Couvert. Di bis Sa von 7-17.30 Uhr Verkauf von regionalen Produkten. @ xqd587

Metz, Cathédrale Saint-Etienne

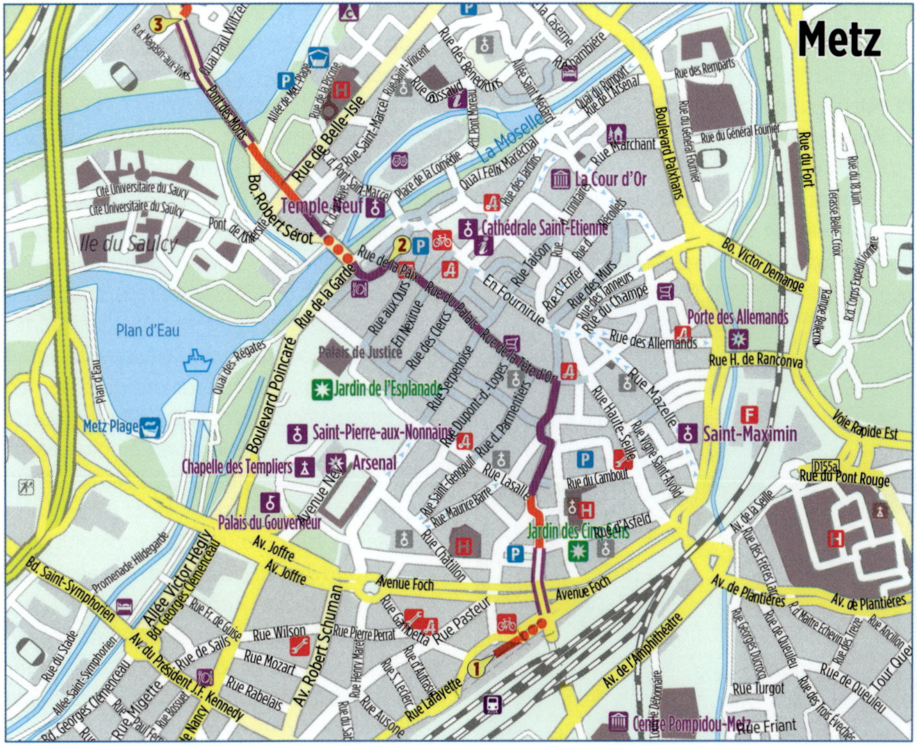

Porte des Allemands (Deutsches Tor), Boulevard André Maginot, ✆ 0387555376 Die beiden schlanken Rundtürme des mächtigen Stadttores wurden schon im Jahre 1230 errichtet. Der Bau der zwei größeren Befestigungstürme erfolgte im Jahre 1445. @ bpn483

Jardin de l'Esplanade, Avenue Ney, ✆ 0387555400 24 Parkanlage im französischen Stil angelegt, umringt von prestigeträchtigen Gebäuden. @ qdn764

Jardin des Cinq Sens (Garten der fünf Sinne), 4 avenue Jean XXIII, ✆ 0800891891 Obstbäume, Rosen, aromatische Pflanzen und Gemüsegärten. @ jng468

Parc de la Seille, Jardins Jean-Marie Pelt, ✆ 0800891891. Der Park bietet auf einer Fläche von 20 ha kulturelle und sportliche Freizeitaktivitäten. @ cht235

Metz Plage, Plan d'eau, ✆ 0387555613, @ alh287

Piscine de Belletanche, 33 rue de Belletanche, ✆ 0800891891, @ xaw313

Piscine du Square du Luxembourg, 1 rue de la Piscine, ✆ 0800891891, @ ivl731

Piscine Lothaire, 44 rue Lothaire, ✆ 0800891891, @ wpu512

Der Jardin de l'Esplanade in Metz

Metz, die Hauptstadt Lothringens, ist mit seinen knapp 120.000 Einwohnern heute eine moderne Stadt, in der die industrielle Entwicklung im Laufe der Zeit das Stadtbild rund um das Zentrum verändert hat. Die Altstadt nahe der Mosel bezaubert den Besucher jedoch weiterhin mit historischen Bauwerken, zahlreichen gotischen Kirchen und barocken Platzanlagen. Die Geschichte der Stadt begann schon vor rund 3.000 Jahren. Sie war einst die Hauptstadt der keltischen Mediomatriker. Nach der römischen Eroberung wurde das keltische Oppidum zu einer ansehnlichen Stadt mit dem Namen Divodorum Mediomatricorum. Daraus wurde in der Folge die Bezeichnung Mediomatrici, später Mettis, der Sprung zum Namen Metz war dann nicht mehr weit. Metz entwickelte sich damals zum größten gallo-romanischen Zentrum und überflügelte sogar das alte Paris. Die reiche Anzahl an Kirchen stammt aus dem Mittelalter, als Metz eine Bischofsstadt war. Handel und Wirtschaft blühten auf, die Bürger wurden selbstbewusster und erkämpften sich das Recht zur freien Reichsstadt.

Die Reformation brachte erneut Bewegung in die messinische Geschichte. Ein Großteil der Bürger bekannte sich zum evangelischen Glauben und erbat sich die Hilfe Frankreichs. Der damalige französische König Heinrich II. erhielt im Gegenzug die Souveränität über die drei Bistümer Metz, Toul und Verdun. In der Folge wurde Metz ein wichtiger militärischer Standpunkt der Franzosen und zu einer starken Festung umgebaut. In den letzten 130 Jahren wurde Metz zweimal von den Deutschen besetzt, 1944 von den Amerikanern endgültig befreit und Frankreich wieder zugesprochen.

Von Metz nach Thionville — 34,5 km

1 Vor dem Bahnhof wenden Sie sich nach rechts und folgen der **Rue Vauban** in Richtung des Turms ~ beim Turm nach links auf den straßenbegleitenden Radweg der **Rue des Augustins** ~ die stark befahrene, breite Avenue Foch kreuzen ~ geradewegs über den Platz ~ im Linksbogen der Straße auf der für Radfahrer freigegebenen Busspur geradeaus weiter ~ bei der nächsten Gelegenheit nach rechts in die Fußgängerzone ~ auf der **Rue de la Fontaine** bis vor zum Place du Quarteau ~ am Ende der Fußgängerzone fahren Sie nach links ~ nach rechts abbiegend gelangen Sie erneut in die Fußgängerzone ~ wieder rechts, Sie befinden sich kurz darauf am **Place Saint-Louis** ~ geradeaus über den Platz und bei der nächsten Gelegenheit nach links in die **Rue de la Tête d'Or** ~ geradeaus weiter geht es jetzt auf der **Rue du Petit Paris** ~ weiter nun in Richtung Cathédrale ~ an der Rue Ambroise Thomas lässt sich ein erster kurzer Blick auf die beeindruckende Kathedrale St. Etienne erhaschen ~ **2** nach links in die **Rue Sainte-Marie** ~ im Rechtsbogen leicht bergab bis vor zur Brücke ~ über den Fluss und gleich halbrechts in die **Rue du Pont des Morts** ~ geradeaus weiter und die Mosel überqueren ~ **3** vor der nächsten Brücke zweigen Sie rechts ab, wenden sich dann aber sofort nach links und radeln zum Ufer, wo Sie rechts in den Radweg einbiegen.

Charles le Téméraire

Charles le Téméraire (Karl der Kühne), der letzte Herzog aus dem Hause Valois-Burgund, ist der Namensgeber des Radweges von Metz nach Apach. Der 1433 geborene Karl kam 1467 an die Macht und eroberte 1475 mit Nancy die Hauptstadt von Lothringen. Lothringen konnte er allerdings nicht lange halten und starb 1477 bei einer Schlacht vor den Toren Nancys. Nach seinem Tod wurde Burgund an das Königreich Frankreich angegliedert, die Gebiete im Norden (um Thionville) erhielten die Habsburger.

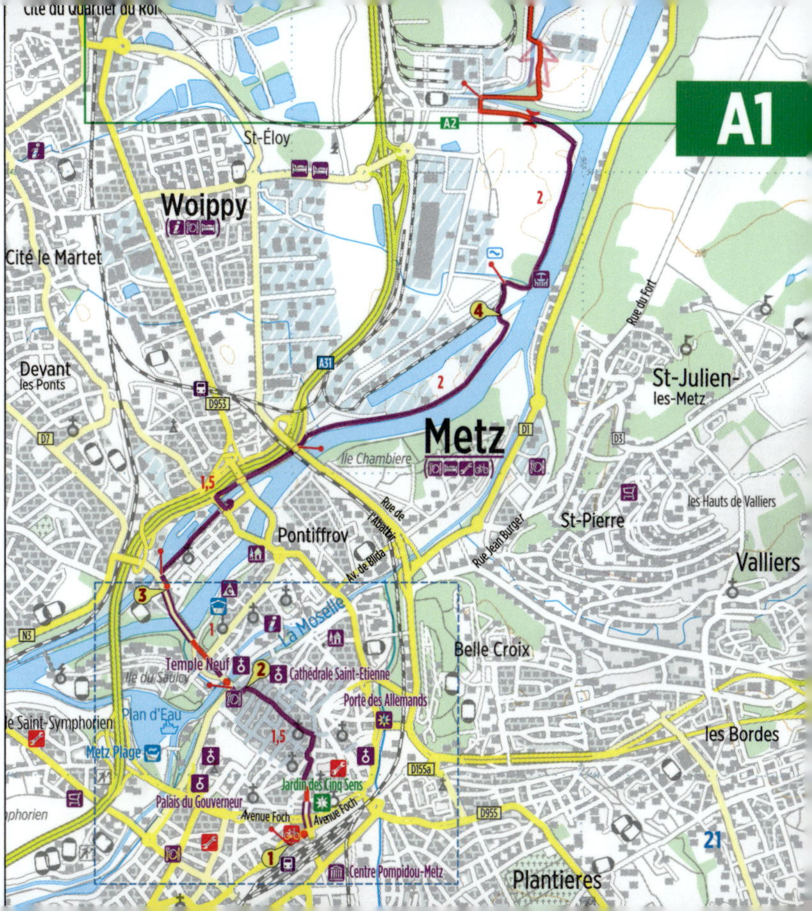

Unter der nächsten Brücke hindurch, dann gleich danach dem Bogen des Radweges hinauf folgen und über die Brücke ~ gleich nach der Brücke und noch vor der Autobahn zweigen Sie rechts ab und fahren auf dem asphaltierten Radweg am **Canal de Metz** entlang ~ nach der zweiten Brücke dem asphaltierten Radweg nach rechts parallel zur Mosel folgen ~ **4** nach dem Linksbogen über die Brücke ~ auf der Veloroute in Richtung Thionville ~ im Rechtsbogen wieder zur Mosel ~ auf dem Weg ca. 1 km direkt an der Mosel entlang, dem Linksbogen folgen ~ am Ende des Radweges geradeaus auf das Sträßchen ~ an der Vorfahrtsstraße nach rechts und über die Brücke ~ nach wenigen Metern biegen Sie zwischen den beiden Kanalbecken rechts ab und radeln auf der Straße entlang ~ im Linksbogen unter der Förderbrücke hindurch und auf dem Sträßchen zwischen Kanal und Feldern entlang ~ auf Höhe der Gewächshäuser links über die Brücke, gleich dahinter dem Weg nach rechts folgen ~ **5** am gleich darauf folgenden Parkplatz zweigen Sie rechts ab auf den Radweg in Richtung Argancy ~ Sie umfahren **La Maxe** ~ am Beobachtungspunkt vorbei ~ **6** an der Schranke vorbei und über die kleine Brücke hinüber, gleich danach zweigen Sie rechts ab in Richtung Thionville ~ auf der Brücke über den **Canal de Mines** und dem asphaltierten Sträßchen folgen ~ links um das **Kraftwerksgelände** herum ~ an der Gabelung bei den Häusern bleiben Sie links auf Asphalt ~ an der Kreuzung zwischen den Wasserflächen folgen Sie der Asphaltspur nach links, geradeaus führt ein Schotterweg weiter ~ nach dem Rechtsbogen unter den Bahngleisen hindurch und geradeaus weiter ~ vor der Linkskurve beginnt linker Hand ein Radweg, der wenig später auf die rechte Straßenseite wechselt ~ unter der **Autobahn** hindurch, gleich dahinter wechselt der Radweg erneut auf die linke Straßenseite ~ **7** Sie unterqueren die Förderbrücke und fahren gleich danach links auf den Radweg direkt am Moselkanal entlang ~ am Rastplatz vorbei und in der Nähe von Hauconcourt unter der Straße D 52 hindurch.

Maizières-lès-Metz Ⓕ L

Le TRAM, 1 avenue Marguerite Duras, ✆ 0387505152. Lokale, regionale oder nationale Künstler bieten ein vielfältiges Programm für jedes Publikum. @ gyc645

Walygator Parc, Voie Romaine, ✆ 0387307007. Der Vergnügungspark lockt mit über 60 verschiedenen Attraktionen und seit dem Jahre 2010 mit der größten Achterbahn Europas (Fahrtzeit: 2,28 Min., Beschleunigung: 110 km/h). @ wxs545

Plein Soleil, Pl. Marcel Cerdan, ✆ 0387805278, @ xhg346

8 An der **Schleuse Talange** vorbei ~ den Abzweig Richtung Ay lassen Sie hinter sich ~ auf der Höhe von Talange unterqueren Sie eine Brücke, kurz darauf eine weitere ~ nahezu unbemerkt geht es an **Hagondange**, das auf der anderen Seite des Kanals liegt, vorbei.

Hagondange Ⓕ L

Office de Tourisme, Place Jean Burger, ✆ 0387703527, @ gew178

Espace Mémoire AS.CO.ME.MO., 7 rue des Artisans, ✆ 0387720865 Historisches Museum über die Kriegszeit von 1939-1945. @ qmf276

Le chemin de la Sculpture (Skulpturenweg), Parc Municipal. Skulpturen lothringischer Künstler vermitteln das kulturelle und künstlerische Erbe der Stadt.

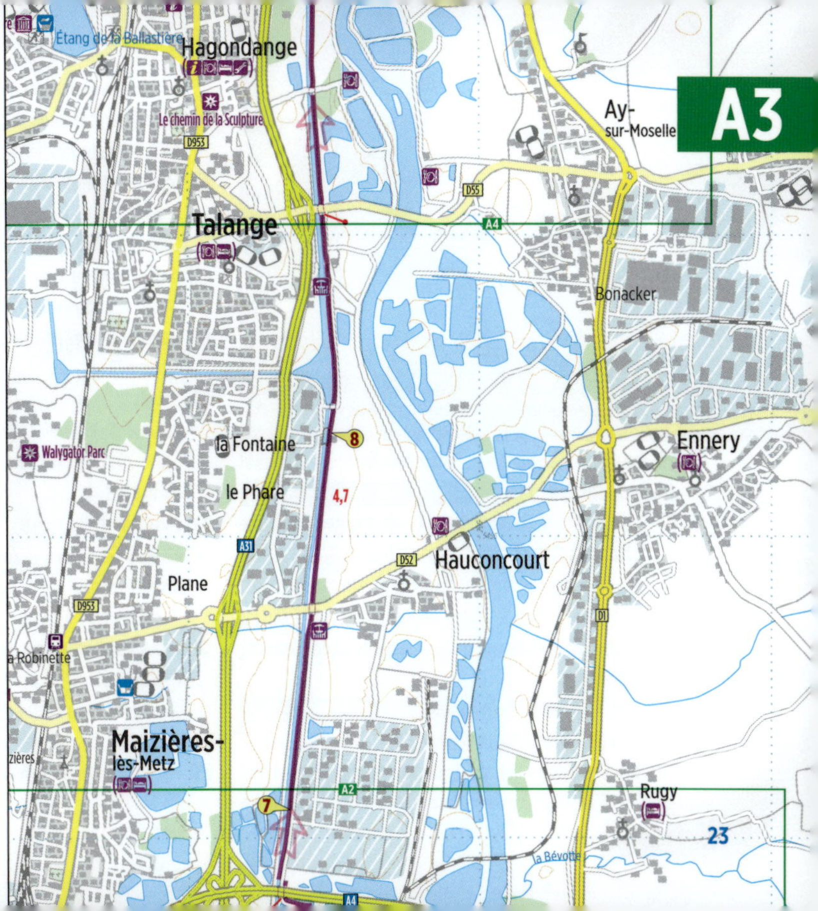

Am Kanal bei Mondelange

Freizeitsee „La Ballastière“, Espace de la Ballastière, @ lbr548

Mondelange (F)

Archeosite celte de Mondelange (Freilichtmuseum keltische Totenstadt), 6 avenue de l'Europe, ✆ 0387172606 Im Jahre 1993 wurde hier eine keltische Nekropole (Totenstadt) entdeckt.

Saint-Maximin, Rue de l'Église. Die katholische Kirche stammt aus dem 18. Jh. Im Inneren befindet sich eine Barock-Orgel mit 3500 Pfeifen.

Amnéville-les-Thermes (F) L

Office de Tourisme, Rue de l'Europe, ✆ 0387701040, @ grw655

Musée d'Histoire et de Tambow, 44 rue Clémenceau, ✆ 0387588333 Das Geschichtsmuseum befasst sich vor allem mit dem Zweiten Weltkrieg und dem russischen Kriegsgefangenenlager in Tambow, in dem vor allem französische Zwangsrekrutierte festgehalten wurden.

Centre thermal et touristique Docteur Jean Kiffer d'Amnéville-les-thermes, Rue du Tigre, ✆ 038787701040. Auf dem 800 ha großen Gebiet warten unzählige touristische Attraktionen: Ein Abenteuerpark, ein Aquarium, ein Golfplatz, ein 3D-Kino, ein See mit Bootsverleih, eine Eishalle, ein Hochseilgarten u. v. m. @ chd438

France Aventures, Bois de Coulange, ✆ 0387734560. Kletterpark. @ kqq873

Snowhall, Centre Thermal et Touristique, Chem. des Terrasses du Soleil, ✆ 0356719990. Hier befindet sich mit einer Länge von 620 m eine der längsten überdachten Skipisten der Welt. @ hem783

Zoo d'Amnéville, 1 rue du Tigre, ✆ 0387702560 Der Zoo gilt als einer der schönsten Zoos in Europa. Ein ganz besonderes Highlight ist das 1 ha große Gorillaareal, auf dem zwei Gorillagruppen leben. @ xuj146

Imperator-Aquarium, Centre thermal et touristique, ✆ 0387703661 Bei einer Reise durch die Wasserwelt entdecken Sie in 32 Aquarien unzählige Fischarten in ihrer natürlichen Umgebung. @ jkh616

Piscine Olympique - Patinoire, Rue des Thermes, ✆ 0387711126, @ hqy238

Thermalbad Saint-Éloy, Rue des Thermes, ✆ 0387709943, @ cyx532

Thermapolis, Avenue de l'Europe, ✆ 0387709943, @ krw242

Villa Pompéi, Avenue de l'Europe, ✆ 0387709943, @ lvk842

Amnéville ist einer der fünf Thermalkurorte Lothringens und verfügt über ein sehr breites touristisches Freizeitangebot.

9 Die Brücke nach Mondelange unterqueren Sie ~ gleich dahinter zweigt rechts eine beschilderte Radroute ab.

VARIANTE **Ab hier können Sie auch auf dem rechten Moselufer auf einem gut ausgebauten Radweg weiterfahren.**

Am rechten Ufer nach Thionville 14 km

Um am rechten Ufer der Mosel weiterzufahren, zweigen Sie der Beschilderung folgend rechts ab ~ kurz auf dem Betonplattenweg zur Straße, hier nach links und auf dem asphaltierten Radweg weiter ~ der Weg führt von der Straße weg und zwischen den Teichen hindurch ~ am Ende des Radweges an der T-Kreuzung nach rechts ~ **A** an der Vorfahrtsstraße nach links und über die Brücke, gleich dahinter folgen Sie der Straße nach links ~ nach wenigen Metern zweigen Sie links ab und radeln auf dem asphaltierten Radweg an der Mosel entlang weiter ~ in Kurven bergauf in den Ort hinein.

Bousse (F)

Notre-Dame de Bousse. Die Kirche ist eines der schönsten Beispiele der Spätgotik im Osten Frankreichs. @ msf545

Am Ende des Radweges geradeaus auf die Straße ~ **B** am Stoppschild nach links, dann sofort wieder links abzweigen ~ dem Rechtsbogen der Straße folgen, dann an der Gabelung nach links in die **Rue Maurice Ravel** und am Ortsrand entlang ~ im Rechtsbogen der Straße geradeaus auf den Radweg und quer über die Felder in sanften Kurven wieder ins Tal hinab rollen ~ am Ende des Radweges auf der ruhigen Straße am Rande von Guénange entlang.

Guénange (F)

Sie radeln geradeaus in die für Radfahrer freigegebene Einbahn ~ am Ortsausgang im Rechtsbogen der Straße geradeaus auf den Radweg ~ **C** die Autobahn unterqueren,

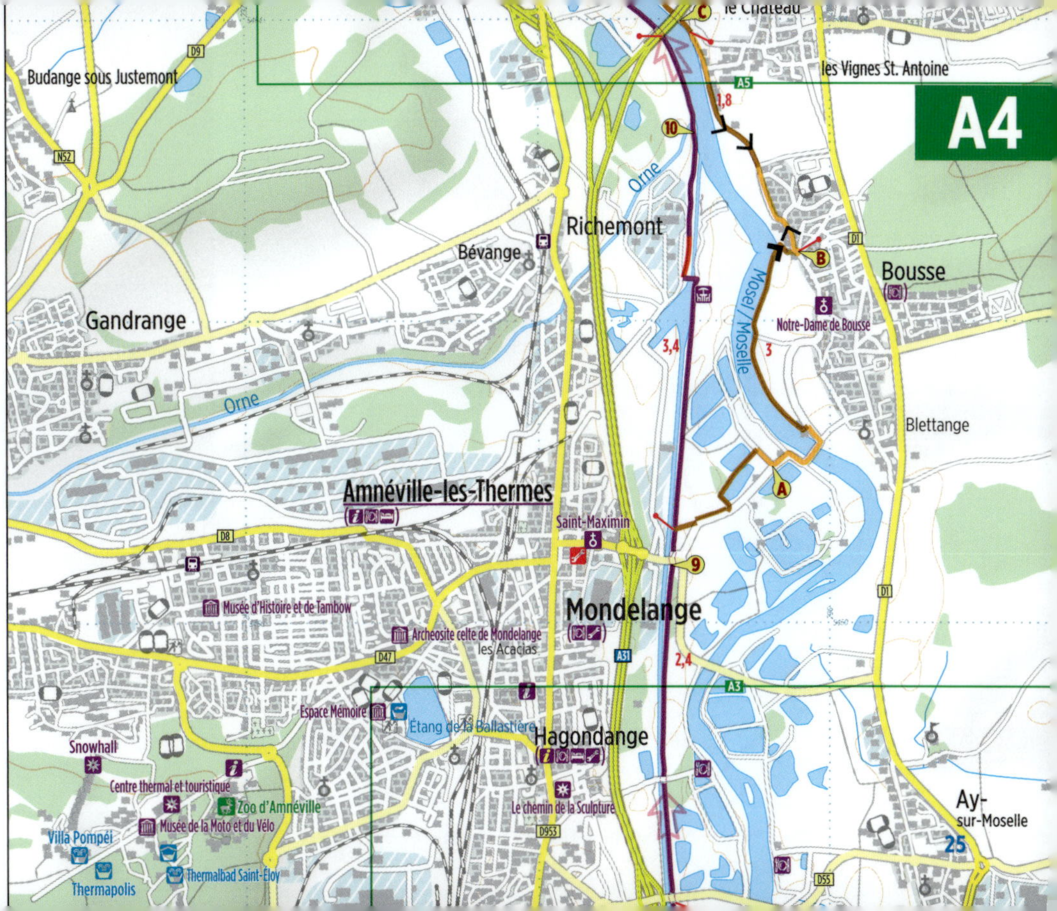

An der Mosel bei Illange

dann an der T-Kreuzung nach links und auf dem asphaltierten Radweg am Moselufer entlang ~ erneut unter einer Brücke hindurch, am anderen Ufer ist der Hochofen von Uckange zu sehen; dieser steht heute unter Denkmalschutz und beherbergt ein Museum ~ wenig später kommen Sie beim Parkplatz kurz zu einem Sträßchen, hier nach links auf den Radweg in Richtung Illange ~ nach dem langgezogenen Rechtsbogen endet der Radweg und es geht auf einer asphaltierten Straße geradeaus weiter ~ an der Talsperre **Barrage d'Illange** vorbei, gleich danach biegen Sie links ab auf den Radweg ~ die Radroute führt vom Ufer weg ~ **D** in einem scharfen Linksbogen über das Bächlein, dahinter wieder links zur Mosel und leicht bergauf ~ am Acker entlang und im Rechtsbogen zum Ortsrand von Illange hinauf ~ an der Kreuzung bei den Häusern bleiben Sie auf dem Radweg in Richtung Thionville und rollen bergab ~ oberhalb des Flusses entlang am Rastplatz vorbei ~ an der gleich darauf folgenden Gabelung halten Sie sich links, rechts geht es nach Illange hinein.

Illange (F)

Fort d'Illange (24) Nachdem in Folge des Deutsch-Französischen Krieges (Juli 1870 bis Mai 1871) Elsass-Lothringen an das Deutsche Reich gegangen war, wurde am östlichen Moselufer auf einem Hügel diese Festung errichtet. Sie war Teil der sogenannten „Moselstellung", einer Ansammlung von 11 Befestigungsanlagen rund um Thionville und Metz, um einen eventuellen Angriff Frankreichs abwehren zu können. Das Gelände kann heute als Freilichtmuseum besichtigt werden.

Am linken Moselufer ist der Hafen Thionville-Illange zu sehen, der als der größte Binnenhafen Frankreichs für den Transport von metallurgischen Produkten gilt. Vor allem aufgrund der

Thionville

guten Anbindung sowohl an das Straßen- als auch an das Schienenetz wird die Anlage viel genutzt.

Im Rechtsbogen entfernen Sie sich vom Ufer, dann gleich darauf links über die kleine Brücke ~ der Radweg endet, Sie biegen kurz nach rechts ab, dann aber nach wenigen Metern nach links auf die ruhige Nebenstraße ~ am Rastplatz vorbei und auf dem Radweg in Ufernähe weiter ~ es geht über eine Anhöhe hinüber ~ **E** unter der Autobahn hindurch ~ hinter den ersten Häusern von Yutz entlang ~ am Parkplatz links in die Straße einbiegen ~ der Radwegbeschilderung links in die **Rue des Artisans** folgen ~ an der T-Kreuzung wenden Sie sich nach links und radeln unter der Straße hindurch ~ hinter der Brücke rechts, vor dem Kreisverkehrs scharf rechts und auf dem Radweg entlang der Straße über den Kanal, die Eisenbahnschienen und die Mosel nach Thionville.

Thionville

Auf der Hauptroute (s. Karte A4) geht es zunächst geradeaus weiter am Kanal entlang ~ am Rastplatz nach links über den Kanal, dahinter rechts und am **Fabrikgelände** entlang ~ an der Schranke vorbei auf den Radweg ~ **10** über die **Orne**, die hier in die Mosel mündet ~ nun verläuft der Radweg parallel zur Mosel ~ unter der **Autobahnbrücke** der A 31 hindurch ~ erneut eine Brücke unterqueren.

Uckange (F)

Parc du Haut-Fourneau - U4, 1 rue du Jardin des Traces, ✆ 0382573737 In dem unter Denkmalschutz stehenden Hochofen werden Führungen zur Geschichte des Hüttenwesens angeboten. @ wpn618

Jardin des Traces (Garten der Spuren), 1 rue du Jardin des Traces, ✆ 0382865596 Die 4 ha große Industriebrache ist in drei Themenbereiche unterteilt: Garten der Alchemie, Garten des Stahlarbeiters und Garten der Energien. @ cxg681

11 In Uckange berührt der Radweg die Straße **D 953**, links sehen sie den Hochofen U4 ~ weiter an der Mosel entlang ~ am Rastplatz vorbei ~ nach rechts über die Brücke auf die Insel zwischen Kanal und Mosel ~ an der Schranke vorbei ~ am nächsten Rastplatz vorbei ~ nach links über die beiden **Kanalbrücke**n, dahinter rechts auf den Radweg Richtung Manom ~ **12** unter der **Autobahn** und den Bahnschienen hindurch ~ direkt am Ufer der Mosel entlang nach Thionville.

Thionville (F) L

Office du Tourisme, 31 place Anne Grommerch, place du Marché, ✆ 0382533318, @ yya216

Musée de la Tour aux Puces (Museum im Flohturm), Cour du Château, ✆ 0382822552 Im ehemaligen Verlies der Burg des Grafen von Luxenburg (11. Jh.) präsentiert das moderne Museum eine chronologische Reise durch die Lokalgeschichte - von der Vorgeschichte bis zur Renaissance. @ uep554

Musée Géolor (Museum für Geologie, Mineralogie und Paläontologie), 2 rue de la scierie, ✆ 0382532006, ✆ 0782/252139

Paläontologische Sammlung von Tier- und Pflanzenfossilien, Mineralien und Sand. @ mmc565

Saint-Maximin, 3 place de l'Église, ✆ 0382543606 In der im neoklassischen Stil erbauten Kirche gibt es eine prächtige Barock-Orgel mit 3500 Pfeifen. @ bgh153

Château de Volkrange, Montée du Donjon, ✆ 0382880379 Das Schloss, erbaut im 13. Jh., ist von einem 30 ha großen Park umgeben. Die Nebengebäude wurden zu einem Hotelkomplex umgewandelt. @ qdj837

Beffroi (Belfried), Place du Marché Der Wachturm wurde im 14. Jh. mit einer Höhe von 45 m errichtet. @ gnp456

Fort de Guentrange (Feste Obergentringen), Chemin du Fort, ✆ 0382881215 Die um 1900 errichtete Anlage sollte Thionville und seinen wichtigen Eisenbahnknoten vor feindlichen Angriffen schützen. Charakteristisch ist die Komplexität der Elektromechanik und Telefonausrüstung und der Luxus für die Besatzung. @ nip316

Hôtel de Ville (Rathaus), Rue Georges-Ditsch, ✆ 0382822525. Das Gebäude stammt aus dem Jahr 1629 und war früher ein Klarissenkloster. @ pab283

Puzzle - Centre Jacques Brel, 1 place André Malraux, ✆ 0382801730 Eine Vielzahl von Aktivitäten und Ausstellungen, die die Verbindung zwischen der Kunstgeschichte und dem Einfluss von Technologien auf das zeitgenössische Kunstschaffen herstellen. @ exw668

La roseraie (Rosengarten), Avenue Albert 1er. Der 1.500 m² große Rosengarten liegt im Herzen des Napoleonparks. @ dko326

Centre de Loisirs Nautiques, 21 rue des Pyramides, ✆ 0382548020, @ uhf881

Thionville (Diedenhofen) ist die drittgrößte Stadt Lothringens und nach Metz das wichtigste Stadtgebiet des nördlichen Moselraums.

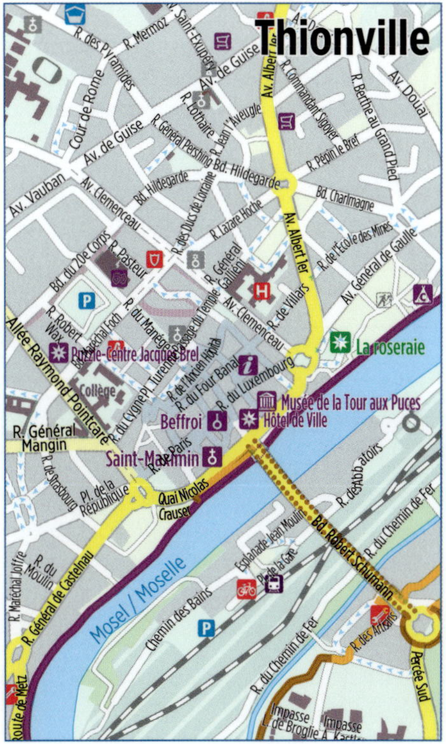

Von Thionville nach Perl 31,5 km

VARIANTE Von Thionville bis Koenigsmacker haben Sie erneut die Möglichkeit, Ihre Tour am rechten oder am linken Moselufer fortzusetzen.

Am rechten Ufer nach Koenigsmacker 12 km

Um am rechten Ufer weiterzufahren, verlassen Sie den Radweg am linken Moselufer und biegen kurz vor der Brücke links ab und folgen der Ausschilderung Richtung Gare de Thionville und Yutz ⇝ über den Parkplatz parallel zum Radweg, dann fahren Sie über die Brücke und überqueren die Mosel, den Bahnhof von Thionville und einen Kanal ⇝ am Kreisverkehr links in die **Rue de Couronné** ⇝ noch vor der Brücke nach rechts auf den Radweg und zum Kanal hinab ⇝ am Ende des Radweges an der Straßengabelung der Markierung folgend links halten.

Mosel bei Cattenom

Yutz (F) R

F An der T-Kreuzung nach links und unter den Bahngleisen hindurch ⇝ auf den Radweg rechts vom Parkplatz ⇝ an den **Sportanlagen** vorbei, dann entlang einer Allee ⇝ an den Rastplätzen rechts und kurz darauf links über die Brücke Richtung Basse-Ham ⇝ bald sind die Kühltürme vom Kernkraftwerk Cattenom zu sehen ⇝ am **Fabrikgelände** an der Straße links halten und auf dem Radweg bleiben ⇝ vor der Straße links halten, weiter am Ufer entlang ⇝ unter einer Förderbandbrücke hindurch ⇝ **G** an der Gabelung links an der Mosel bleiben.

Haute-Ham (Basse-Ham) (F)

Moselle Glisse, Rue de la Seine, ✆ 0771104697. Segeln, Bootfahrt, Jet-Ski, Überfahrt von Basse-Ham nach Thionville.

Am Hochspannungsmast nach rechts in die **Rue du Canal** ⇝ nach ca. 350 m an der Querstraße links abbiegen ⇝ am Ende des rechten Teichs der Rechtskurve des Weges folgen ⇝ an der T-Kreuzung nach links ⇝ bei der nächsten Möglichkeit erneut nach links abbiegen ⇝ am Campingplatz vorbei ⇝ nach der zweiten Linkskurve der Straße, rechts zum Ufer ⇝ entlang der Mosel geht es nach Basse-Ham.

Basse-Ham (F)

Saint-Willibord. Die Kirche stammt ursprünglich aus dem 18. Jh.

Über den Bach **La Bibiche** ⇝ **H** am Ende des Radweges auf der Straße weiter geradeaus ⇝ kurz darauf knickt die Straße nach rechts, hier fahren Sie geradeaus auf den Radweg ⇝ an der **Schleuse** geradeaus auf die Straße und weiter zur Hauptroute Richtung Apach, rechts geht es nach Koenigsmacker.

Kœnigsmacker (F) R

Auf der Hauptroute in Thionville immer am Ufer der Mosel bleiben ⇝ an der **Promenade** muss

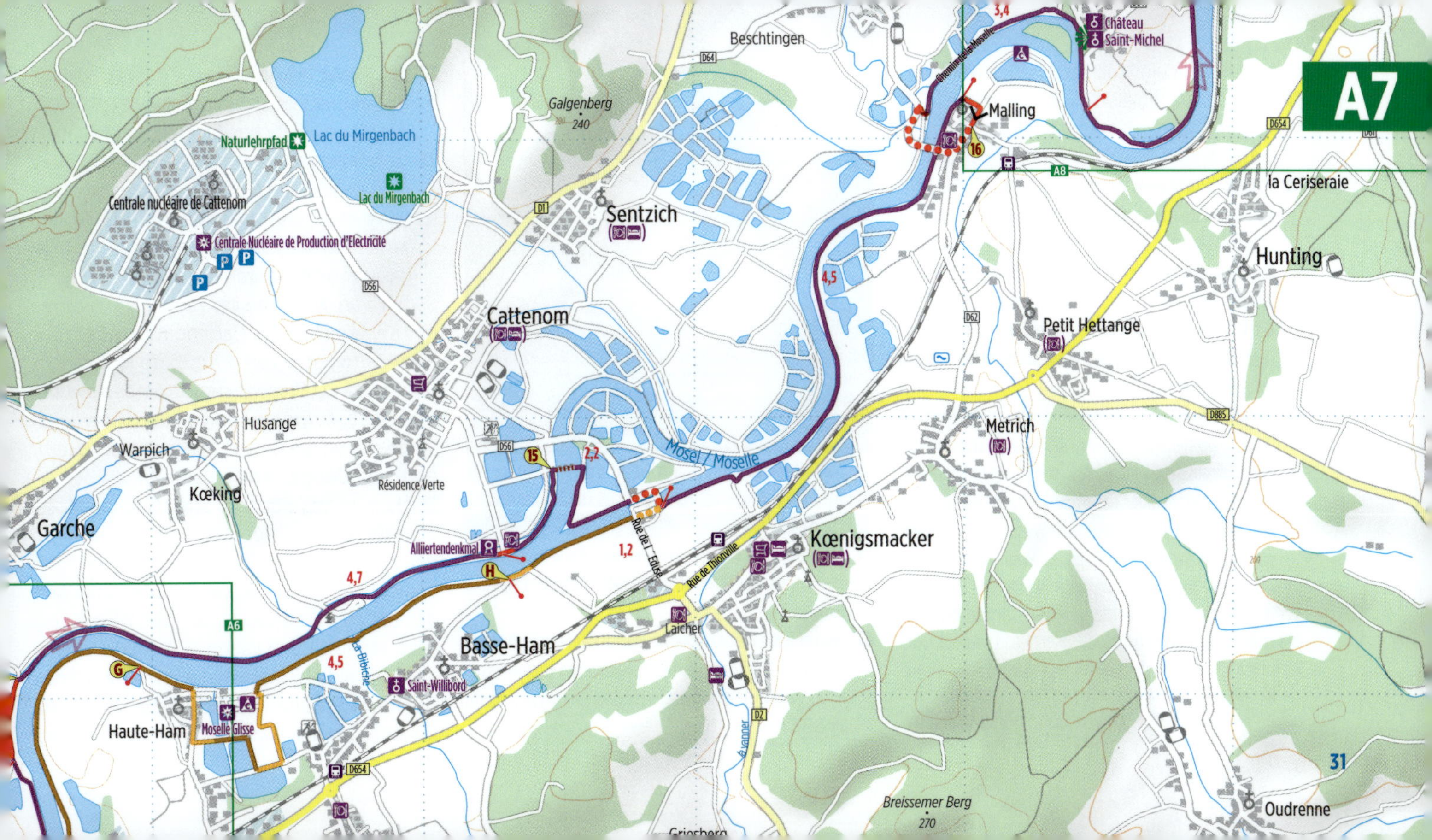
A7
Beschtingen
D64
3,4
Chemin de la Moselle
Château
Saint-Michel
Malling
16
D654
D61
A8
la Ceriseraie
Galgenberg
240
Naturlehrpfad
Lac du Mirgenbach
Lac du Mirgenbach
Centrale nucléaire de Cattenom
Centrale Nucléaire de Production d'Electricité
D1
Sentzich
D56
4,5
Hunting
Cattenom
D62
Petit Hettange
D885
Metrich
Husange
Warpich
D56
15
2,2
Mosel / Moselle
Résidence Verte
Kœking
Garche
Rue de l'Eglise
1,2
Kœnigsmacker
Rue de Thionville
Alliiertendenkmal
H
4,7
Laicher
A6
Basse-Ham
La Bibiche
4,5
G
Saint-Willibord
D2
Haute-Ham
Moselle Glisse
D654
Breissemer Berg
270
Oudrenne
Griesberg

das Fahrrad für ein Stück geschoben werden ⁓ **13** unter den Bahngleisen hindurch und die Stadt verlassen ⁓ linker Hand liegt der Ort Manom.

Manom Ⓕ

Château de La Grange, Route de Luxembourg, ✆ 0382538503 Ⓣ Die Residenz aus dem 18. Jh. besitzt ein bemerkenswertes Ensemble von Epochenmöbel, Familienporträts, alten Keramiken und wird von einem Wiesengarten umhüllt. @ ulw848

Domaine de Kiesbruck, Lieu Dit Sainte-Marie, ✆ 0382582389, ✆ 038751501. Dieser Park ist ein Paradies für Anglerfreunde, denn die gesamte 7 ha große Wasserfläche ist dem Angeln vorbehalten. @ mqh722

Jardin des Prairiales, Route de Luxembourg, ✆ 0382538503 Ⓣ Der Schlossgarten wurde im Jahre 2007 in Anlehnung an seinen Vorgänger aus dem 18 Jh. angelegt und gehört zum grenzübergreifenden Netzwerk der „Gärten ohne Grenzen". Ein moderner Wiesengarten, der die ursprüngliche Wiesen- und Waldlandschaft mit ihren heimischen Wildpflanzen mit Erinnerungsstücken an die Steingutfabrik verbindet. @ hfq121

Weiter an der Mosel entlang ⁓ Sie fahren nun auf die mächtigen Kühltürme des Kernkraftwerkes Cattenom zu ⁓ am kleinen Parkplatz weiter geradeaus ⁓ **14** vor der Brücke nach rechts ⁓ einen Wirtschaftsweg queren ⁓ über einen Parkplatz, vorbei

Alliiertendenkmal bei Cattenom

am **Alliiertendenkmal** ⁓ am Restaurant weiter rechts an der Mosel entlang, links geht es nach Cattenom.

Cattenom Ⓕ L

Alliiertendenkmal. An der Mosel erinnert ein Denkmal an die Überquerung des Flusses am 09.11.1944 durch amerikanische Soldaten.

Centrale Nucléaire de Production d'Electricité (Kernkraftwerk), ✆ 0382517041 Ⓘ Das Informationszentrum im Kraftwerk Cattenom ist das ganze Jahr über für die Öffentlichkeit zugänglich. @ erl313

Naturlehrpfad, Parkplatz hinter dem AKW, D 56 Ⓣ 6 km langer Rundweg um den See, Lehrtafeln veranschaulichen das Zusammenspiel von Industrie, Mensch und Natur. @ kdg354

Lac du Mirgenbach, Allée des platanes, ✆ 0787797562. Der Lac du Mirgenbach wurde 1985 mit abgepumptem Moselwasser geschaffen und dient als Sicherheitsreserve für das Kernkraftwerk. Der See ist auch Naherholungsgebiet und wird zum Angeln und Surfen genutzt. @ utv115

Schon von Weitem sind die vier Kühltürme des Kernkraftwerkes Cattenom zu sehen. Das Kernkraftwerk ist das drittgrößte Frankreichs und deckt 70 Prozent des Strombedarfs der Region ab. Aufgrund mangelnder Sicherheitsstandards ist die Anlage besonders in Luxemburg und Deutschland umstritten.

15 Nach rechts über die **Staustufe** die Mosel überqueren, dahinter rechts abzweigen ⁓ an der Straße geradeaus und auf dieser nach rechts über die **Schleuse**, dahinter links wieder auf den Radweg ⁓ an der T-Kreuzung links, rechter Hand liegen nun einige Weiher ⁓ unter einer Brücke hindurch ⁓ am Ende des Radweges nach rechts weiter der Straße folgen ⁓ an der T-Kreuzung rechts.

Malling Ⓕ

16 An der Kreuzung weiter geradeaus, kurz darauf rechts Richtung Gavisse und die Mosel wieder überqueren ⁓ in der Linkskurve der Straße rechts auf den asphaltierten Weg, kurz darauf links auf den Radweg ⁓ unterhalb des Ortes Berg-sur-Moselle entlang.

Berg-sur-Moselle Ⓕ

- **Saint-Michel**, 1 place Saint-Michel. Die Barockkirche wurde 1737 erbaut.
- **Château de Berg-sur-Moselle**, Chemin den calvaire. Das Schloss wurde im 18. Jh als Residenz der Äbte von Echternach erbaut. Es kann nicht besichtigt werden.

Auf einer kleinen Brücke die **Gander** in der Nähe ihrer Mündung überqueren ⁓ 17 an der **D 64** rechts, oberhalb liegt Haute-Kontz, nun beginnen die Weinberge und das Tal wird merklich enger.

Haute-Kontz Ⓕ

- **Saint-Hubert**, 14B rue Principale. Die Kirche wurde im Jahre 1734 auf einem Felsen über dem Moseltal erbaut.

Noch vor dem Ortseingangsschild von Contz-les-Bains geht es rechts wieder auf einen Radweg.

Sierck-les-Bains

Contz-les-Bains Ⓕ

- **Saint-Jean-Baptiste**, Rue Saint Vincent. Die Kirche wurde in den Jahren 1869-1871 errichtet. @ llv183
- **Marcel-Levy Denkmal**, Rue du Vin. Der Pilot des Fliegers starb bei der Landung der Alliierten in der Provence am 15.08.1944.

Die Brücke unterqueren ⁓ am **Marcel-Levy-Denkmal** vorbei ⁓ in einem Linksbogen zur Straße, auf Ihr links und auf der Brücke über die Mosel ⁓ nach der Brücke links Richtung Campingplatz ⁓ vor den Gleisen links ⁓ am **Campingplatz** vorbei ⁓ durch den zweiten Durchgang unter den Gleisen gelangen Sie ins Zentrum von Sierck-les-Bains, die Hauptroute führt aber weiter geradeaus an der Mosel entlang.

Sierck-les-Bains Ⓕ R

- **Trois Frontières Tourisme**, 3 place Jean de Morbach, ✆ 0382837414, @ vyc271
- **Musée Lorrain des Cheminots (Eisenbahnmuseum)**, 3 rue du Puits, Rettel, ✆ 0607807618 Zahlreiche Exponate dokumentieren die Eisenbahngeschichte der Region - Schalthalle, alte Lampenwerkstatt, Führerstand, Holzkasse am Bahnhof u.v.m. @ bkd431

Château de Malbrouck

Chapelle de Marienfloss, Rue de Marienfloss, ✆ 0382837414 (24) Die Kapelle, ein Überrest von einem Kloster, ist heute noch ein Ort der Wallfahrt. Im Jahre 1415 wurde hier der Rosenkranz, das Lieblingsgebet von Marie von Adolphe d'Essen, verfasst. @ qog154

Château des Ducs de Lorraine, Rue du Château, ✆ 0382836797 Einst war das Schloss eine der beliebtesten Residenzen der Herzöge von Lothringen. Heute kann man hier die Türme, den Speicher, das Pulvermagazin, das Arsenal und das Proviantmagazin besichtigen. @ udi415

Balade fleurie (Blumenbalade), 3 place Jean de Morbach, ✆ 0382837414. Beim Stadtrundgang erkunden Sie die Garten- und Blumenbereiche, die originell in das historische Erbe der Stadt integriert sind. @ hba586

Über den Bach **Ruisseau de Montenach** ⁓ **18** nach rechts durch den schmalen Durchgang die Gleise unterqueren, dahinter an der Straße links ⁓ weiter auf dem Radweg ⁓ in Apach den Bach **Ruisseau de Manderen** überqueren.

Apach (F)

Apacher Eiffelturm. An der Grenze zwischen Deutschland und Frankreich steht eine 9 m hohe Nachbildung des Pariser Eiffelturms.

AUSFLUG Am Bahnhof in Apach zweigt rechts ein Abstecher zu der auf einem Hügel östlich der Mosel gelegenen Burg Malbrouck ab. Aufgrund der zu bewältigenden Höhenmeter ist eine gute Kondition notwendig. Die Mühen für die teils steile Anfahrt werden mit einem Besuch der mittelalterlichen Burganlage und einem schönen Blick über das Moseltal belohnt.

Ausflug zum Château de Malbrouck 6,5 km

Am Bahnhof Apach zweigen Sie rechts ab auf die **Rue de la Gare** ⁓ die Vorfahrtsstraße leicht nach rechts versetzt kreuzen und auf der **Rue de l'Eglise** weiter ⁓ rechts in die **Rue de l'Ecole** einbiegen ⁓ an der Schule vorbei ⁓ kurz etwas bergauf, dann steiler hinab ⁓ unten an der T-Kreuzung nach links ⁓ an der Gabelung halten Sie sich rechts und bleiben auf der Asphaltstraße ⁓ zwischen den Weiden entlang ⁓ im Auf und Ab in das Tal hinein ⁓ an der Kapelle vorbei in die kleine Siedlung.

Kitzing (Merschweiller) (F)

Im Ort an der T-Kreuzung nach rechts ⁓ über die Brücke und steil hinauf zur **D 64**, hier biegen Sie links ein ⁓ leicht bergab in den nächsten Ort hinein.

Manderen (F)

Im Rechtsbogen verlassen Sie die Vorfahrtsstraße und radeln geradeaus in Richtung Château de Malbrouck ⁓ über die steinerne Brücke hinüber, dann bergauf durch den Ort ⁓ im Linksbogen der Straße geradeaus weiter und der sehr steilen Straße hinauf folgen ⁓ am Parkplatz vorbei und weiter steil bergauf ⁓ nach den Serpentinen kommen Sie zum Eingang der Burg.

A8
Oberperl
Schneeberg 430
Perl
Barockgarten Park von Nell
Mailmühle
Schengen
Europäisches Museum
Kräutergarten
Château de Schengen
Apacher Eiffelturm
Hammelsberg 354
Naturschutzgebiet Hammelsberg
Deutschland
Killebësch
Luxembourg
France
Gandren
Gander
Merschweiller
Belmach
Apach
Ruisseau de Manderen
Château de Mensberg
Château de Malbrouck
Kitzing
Manderen
Haute-Kontz
Saint-Hubert
Saint-Jean-Baptiste
Contz-les-Bains
Stromberg 310
Mosel / Moselle
Marcel-Levy-Denkmal
Milchen
Rustroff
Kirsch
370
Kasserkopp 355
Musée Lorrain des Cheminots
Rettel
Balade fleurie
Château des Ducs de Lorraine
Sierck-les-Bains
Chapelle de Marienfloss
Ruisseau de Montenach
Berg-sur-Moselle
Château Saint-Michel
Maison de la Nature
N10
L170
CR152
D64
D654
D61
A7
0,4
0,5
1,8
3,5
4,2
2
1
4
17
18

Château de Malbrouck (Manderen) Ⓕ

- **Château de Malbrouck**, ✆ 0387350387 Das Ensemble mit Wechselausstellungen bietet die Möglichkeit, Architektur und Leben im Mittelalter zu entdecken. @ tvm243

Die weithin sichtbare Burg befindet sich auf dem Gipfel des kegelförmigen Meinsberg in unmittelbarer Nähe zu Deutschland und Luxemburg. Die auch als Burg Meinsberg bekannte Anlage wurde zwischen 1419 und 1432 erbaut. Ende des 20. Jahrhunderts erfolgte eine umfassende Renovierung, sodass der Besucher heute eine imposante, vollständig erhaltene lothringische Burganlage besichtigen kann.

Auf der Hauptroute in Apach am **Bahnhof** vorbei, kurz dahinter an der Gabelung halbrechts halten und entlang des Bahngeländes ~ an der nächsten Weggabelung links auf den Radweg ~ am Ende des Radweges rechts und bergan ~ rechter Hand der Apacher Eiffelturm, noch vor der Straße links auf den straßenbegleitenden Radweg ~ Sie überqueren nun die **deutsche Grenze** und befinden sich im Saarland ~ vor dem Kreisverkehr links bergab.

TIPP: Wenn Sie im Kreisverkehr links fahren und auf der Brücke die Mosel überqueren, gelangen Sie nach Schengen in Luxemburg.

Schengen Ⓛ R

- **Tourist-Information**, Rue Robert Goebbels, Ponton auf der Mosel, ✆ 23609311, @ egi344
- **Europäisches Museum**, 6 rue Robert Goebbels, ✆ 226665810 Das interaktive Museum bietet Informationen zum Schengener Abkommen und Einblicke in das Winzerdorf Schengen. @ myb583
- **Château de Schengen**, 2, beim Schlass. Von der ursprünglichen Wasserburg aus dem 13. Jh. ist nur mehr ein Rundturm erhalten. Nach vielen Besitzerwechseln wurde das heutige Ensemble 1812 vom Industriellen Jean-Nicolas Zollamt errichtet. Der dazugehörige Barock- und Kräutergarten ist Teil des Projekts „Gärten ohne Grenzen".
- **Grenzlehrpfad Dreiländereck**, Rue Robert Goebbels, nahe der Touristinformation Entlang des 2,1 km langen Pfades erläutern 25 viersprachige Tafeln die historischen Meilensteine der Grenzgeschichte des Dreiländerecks, von 2000 Jahren Einheit und Trennung.
- **Kräutergarten**, Beim Schlass 2, ✆ 0226665810 Nach klösterlichem Vorbild angelegter Kräutergarten. @ ddr416

Das kleine Winzerdorf an der Mosel wurde wegen des Schengener Abkommens von 1985 bekannt. Dieses Abkommen garantiert den freien Waren- und vor allem den freien Personenverkehr innerhalb jener Länder, welche diesem Abkommen beigetreten sind.

An der T-Kreuzung rechts und unter der Brücke hindurch ~ geradeaus zum **Bahnhof** von Perl.

Perl

Vorwahl: 06867

- **Touristinformation Perl**, Trierer Str. 32, ✆ 66101, @ dgh624
- **Barockgarten Park von Nell**, Biringerstr. 8, ✆ 06861/911070 Der 2.900 m² große Garten befindet sich gegenüber dem 1733 errichteten Palais von Nell. Die Anlage wurde im Rahmen des grenzenlosen Gartennetzwerkes „Gärten ohne Grenzen" nach alten Plänen zum Barockgarten umgestaltet. @ nom785

Die Mosel fließt als breiter Strom durch ihr Tal, das von Weingärten und hohen Wäldern an den sanften Hängen geprägt ist. Sie bildet auch die Grenze zwischen Deutschland und Luxemburg. Die Gemeinden Perl (D), Schengen (Lux) und Apach (F) bilden das länderübergreifende touristische „Schengener Eck".

Von Perl/Schengen nach Trier am linken Ufer 52 km

HM/km: ↗ 0,6 (30m) ↘ 0,8 (43m) **Radweg:** 98 % **Unbefestigt:** 0 % **Verkehr:** 24 %

Die Hauptroute des Mosel-Radweges verläuft von Perl nach Trier am rechten Moselufer. Wenn Sie allerdings ein wenig luxemburger Luft schnuppern wollen, empfiehlt sich die Route auf der linken Moselseite. Sie radeln durch das Städtchen Remich, das mit seinem französischen Flair zu einem Aufenthalt in einem der zahlreichen Cafés lockt. An der Sauer überqueren Sie die deutsche Grenze und kommen nach Igel mit der bekannten Igeler Säule, bevor Sie in die sagenhafte Stadt Trier gelangen. In 2.000 Schritten kann man hier 2.000 Jahre Geschichte erleben. Die Römer haben diesen Platz zu ihrem Regierungssitz erkoren und errichteten die berühmte Porta Nigra, ein Stadttor von gigantischem Ausmaß. Das Amphitheater, die Kaiserthermen und die zahlreichen Paläste in der Umgebung zeugen von dieser wichtigen Epoche des Mosellandes.

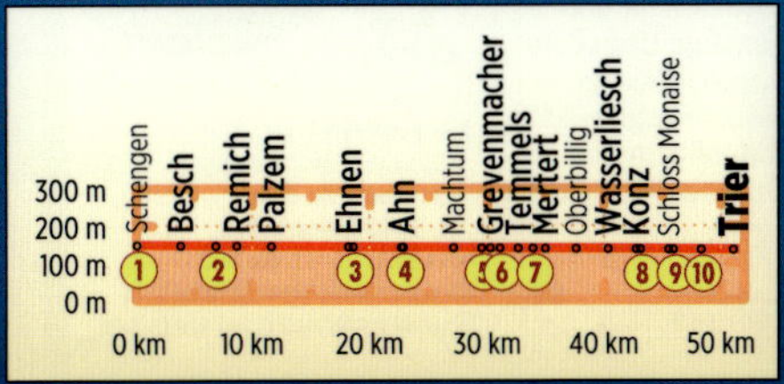

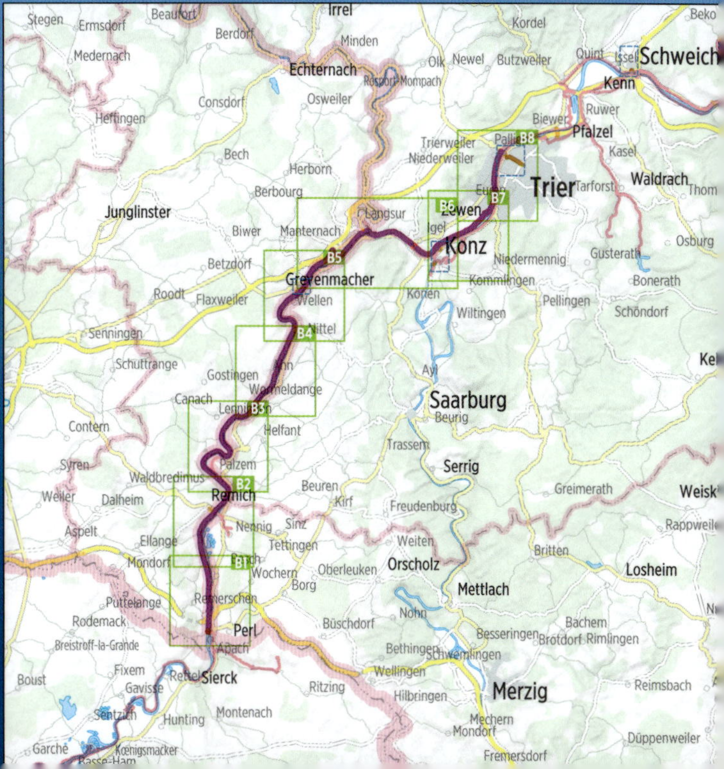

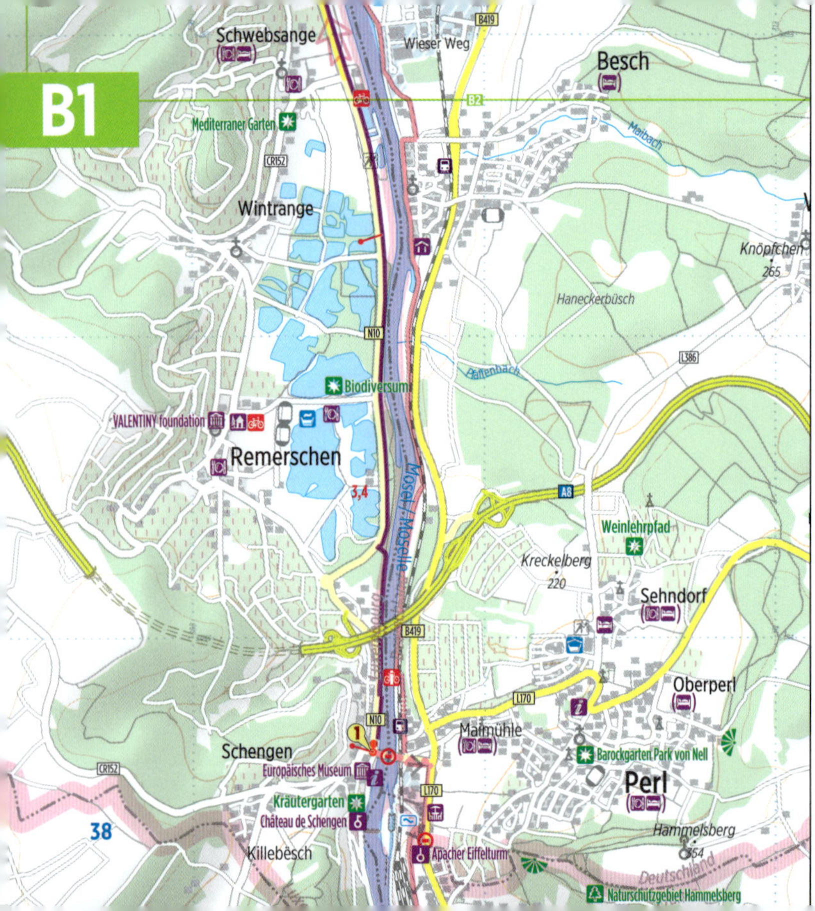

Schengen (Lux)/Perl s. S. 36

Von Schengen/Perl nach Wormeldange *19,5 km*

1 Dem Flussverlauf der Mosel folgend aus Schengen hinaus ~ unter der **Autobahn** hindurch, gleich darauf trifft der Radweg auf die N 10 ~ die Route verläuft nun zwischen Mosel und **N 10**.

AUSFLUG Ca. 2,4 km hinter Schengen besteht die Möglichkeit, einen kurzen Abstecher ins Biodiversum in Remerschen zu unternehmen. Neben einem Natur- und Waldzentrum gibt es u. a. einen Lehrpfad und Rastmöglichkeiten.

Remerschen

VALENTINY foundation, 34, route du vin, ✆ 0621/175781 Zeichnungen, Skizzen, Skulpturen und Modelle repräsentieren das architektonische und künstlerische Schaffen des Luxemburger Stararchitekten François Valentiny. @ caq288

Biodiversum, 5, Bréicherwee, ✆ 24756531 Das Natur- und Waldzentrum lädt mit interaktiven Ausstellungen, Beobachtungshütten und einem Lehrpfad zur Entdeckungstour durch den Rastplatz und Lebensraum vieler Vogelarten ein. @ qxl471

Baggerweiher Remerschen, Breicherwee, ✆ 691200220. Freizeit-, Erholungs- und Sportbereich. @ kuw135

Remich

Schwebsange Ⓛ L

✳ **Mediterraner Garten - Zentrum für ökologische Gartenkultur**, 89 route du Vin, ✆ 26665537 Der Garten ist mit einem breit gestreuten Sortiment von subtropischen und tropischen Pflanzen ausgestattet. Das Zentrum für ökologische Gartenkultur befasst sich u. a. mit der Vermehrung historischer Kulturpflanzen. @ vuq676

2 Vorbei an **Bech-Kleinmacher** auf dem Radweg weiter nach Remich.

Remich Ⓛ L

ℹ **Centre visit Remich**, 1, route du Vin, ✆ 27075416, @ lxt654

⛴ **Mosel-Schifffahrt, Navitours**, Quai de la Moselle, ✆ 758489. Rund-, Schleusen- u. Schlemmerfahrten. @ joj875

✳ **Historische Altstadt**, ✆ 27075416. Im Rahmen einer Kultur-Tour lassen sich die verborgenen Schätze aus der Vergangenheit, die jahrhundertealte Geschichte widerspiegeln, entdecken.

✳ **Minigolf & Mini-Cars**, Esplanade, ✆ 23669363. Moderne 18-Loch-Minigolfanlage und eine

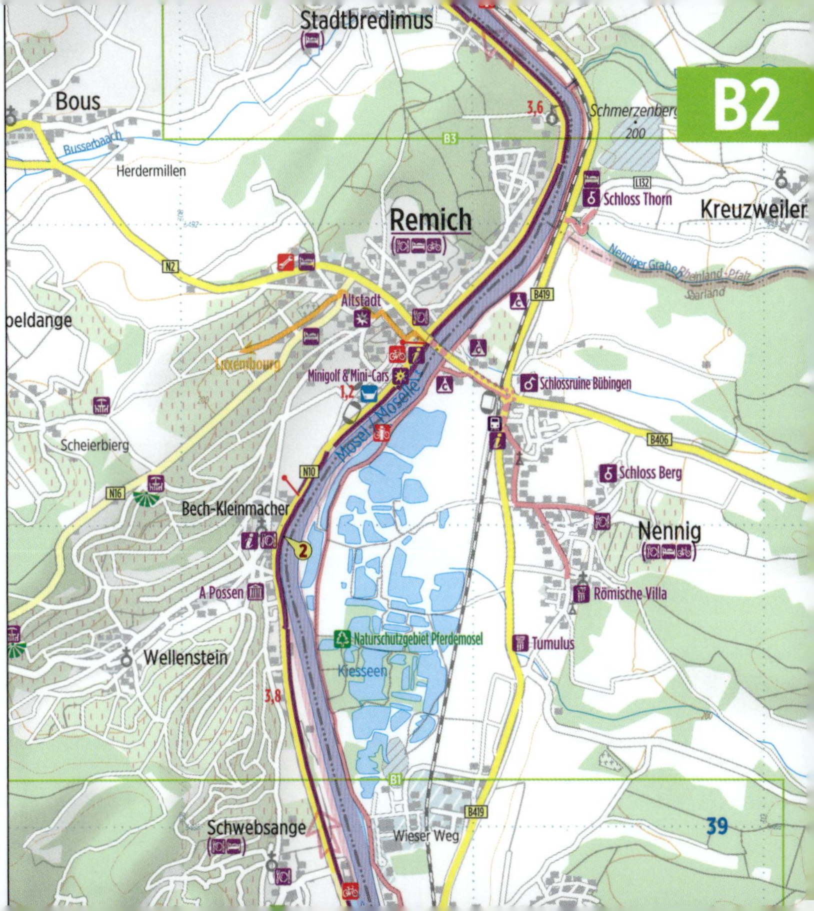

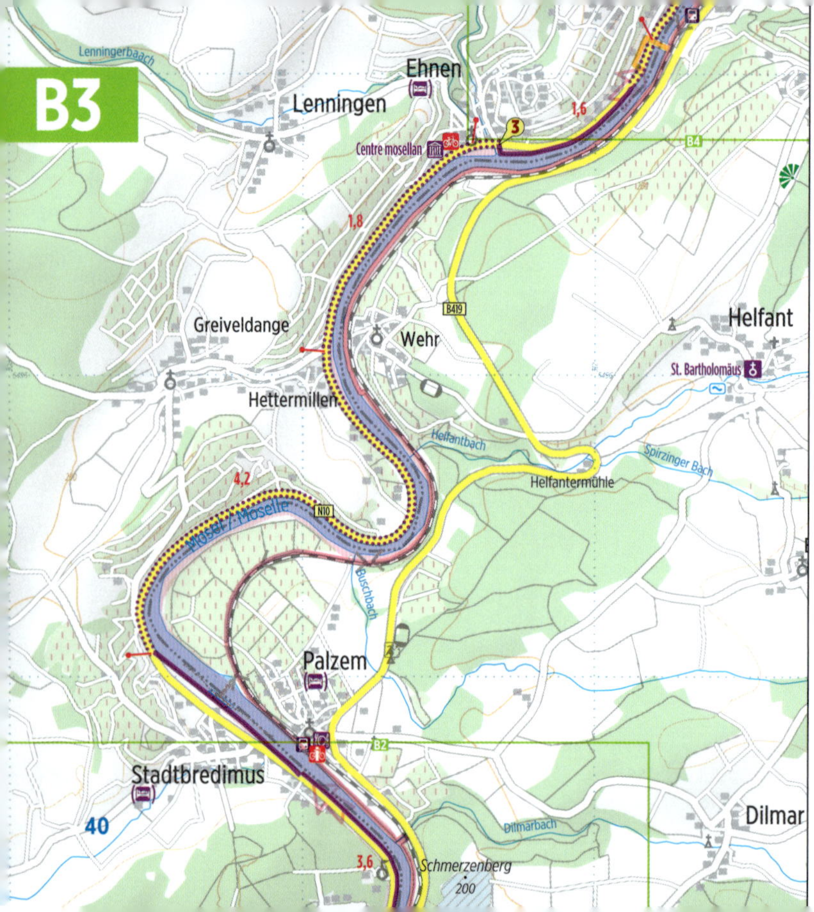

Ehnen

kleine Rennstrecke mit Elektroautos. @ wxn315

✲ **Uferpromenade.** Die zahlreichen Gastronomiebetriebe entlang dieser scheinbar endlosen Promenade laden zum Verweilen ein.

Piscine, Route du vin, ✆ 23698111, @ jao566

In Remich wird französisches Flair spürbar, Cafés und Bistros bevölkern die breite Esplanade an der Mosel. Hier kann man die Seele baumeln lassen, während auf der Mosel die Ausflugsschiffe vorbeiziehen.

Der Radweg führt weiter zwischen Mosel und **N 10** nach Stadtbredimus.

Stadtbredimus Ⓛ

Entlang der Mosel aus Stadtbredimus hinaus der Radweg wird zu einem Radstreifen, kurz darauf auf beiden Straßenseiten auf dem Radstreifen dem Verlauf der **N 10** nach Ehnen folgen.

Ehnen Ⓛ

L

Centre mosellan - Ehnen, 115, Route du Vin, ✆ 760026, ✆ 758888 Das Weinmuseum ist aufgrund von Bauarbeiten bis auf Weiteres geschlossen. Die Tourist-Information und Rentabike Miserland sind weiterhin geöffnet. @ mcx656

3 In Ehnen nach der Brücke über den Bach rechts auf den Radweg und am Ufer der Mosel entlang ~ am Ende des Radweges auf dem Radstreifen nach Wormeldange.

Wormeldange Ⓛ

Wormeldange liegt an der luxemburgischen Route du Vin und verfügt über die berühmteste und weitläufigste Weinlage mit über 1.465 Hektar Fläche. Auf dem Muschelkalkboden gedeiht, begünstigt durch die intensive Sonneneinstrahlung, ein besonders vorzüglicher Riesling.

Von Wormeldange nach Wasserbillig 17 km

Entlang der **Nationalstraße** durch den Ort ~ unter der Brücke hindurch und aus Wormeldange hinaus ~ auf dem Radstreifen nach Ahn.

Ahn Ⓛ

4 Durch den Ort hindurch ~ vor der nächsten Ortschaft, **Machtum** beginnt ein rechtsseitiger straßenbegleitender Radweg, diesem folgen Sie bis nach Grevenmacher.

Grevenmacher Ⓛ L

Tourist-Info, 10 route du Vin, ✆ 758275, @ yqq743

M.S. Princesse Marie-Astrid, 10 route du Vin, ✆ 758275. Die

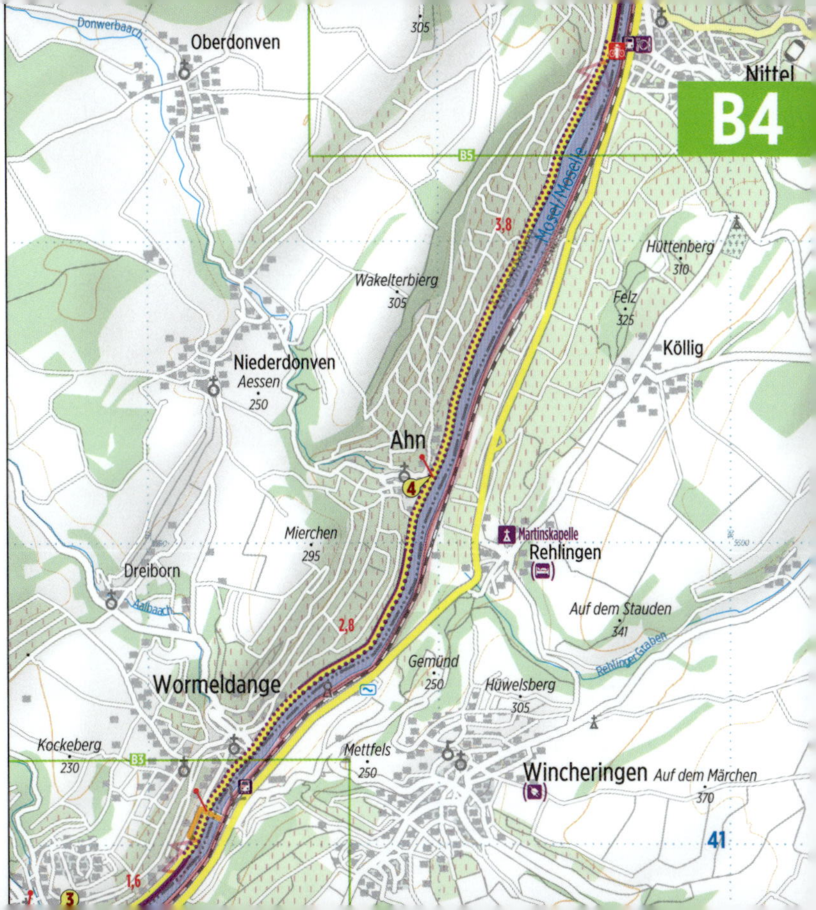

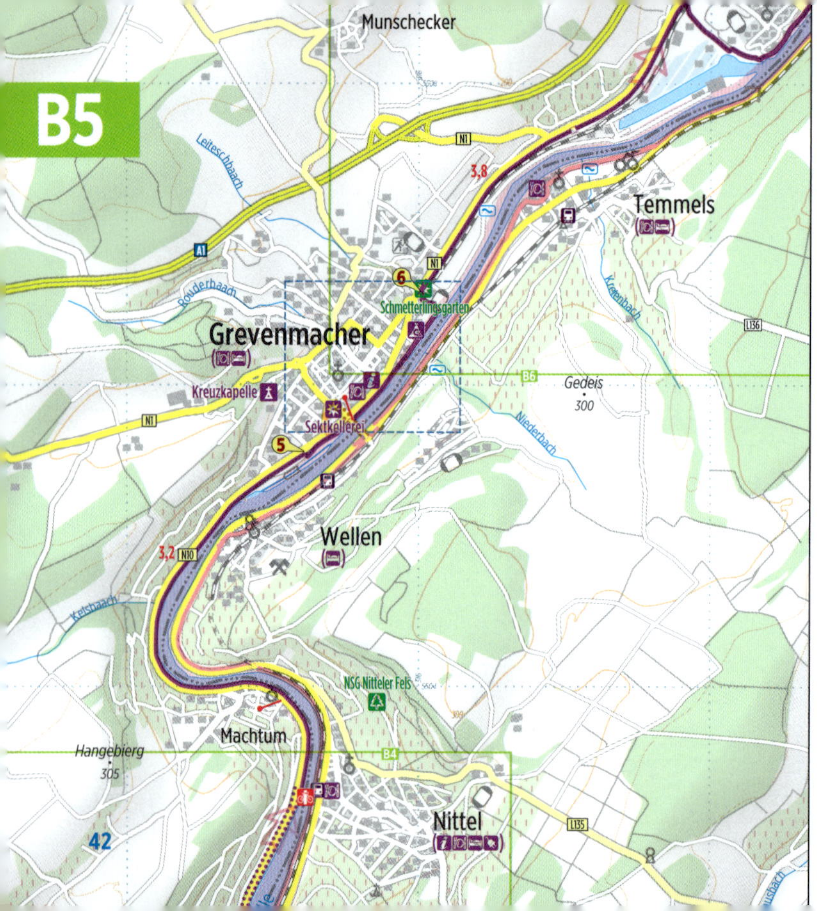

Schiffe verkehren zwischen Schengen und Wasserbillig. @ oin878

Kulturhuef, 54 rte de Trèves, ✆ 2674641. Museum, Kino und Bistro. @ mmv887

Kreuzkapelle, Kahlenberg. Die Kapelle stammt aus dem Jahr 1737.

Sektkellerei Bernard-Massard, 22 route du vin, ✆ 750545228, Vinothek: Mo-Fr 10-18 Uhr, Sa 10-13 Uhr. Dia-Show, Kellerführung und Schaumwein-Verkostung. @ jtr324

Schmetterlingsgarten, Route de Trèves, ✆ 758539, @ ukt844

Freibad, Rue Kurzacht, ✆ 7503115501

Grevenmacher ist Sitz der ältesten Genossenschaftskellerei Luxemburgs, 1921 gegründet. Ebenfalls seit diesem Jahr unterhält die Firma Bernhard-Massard eine bekannte Sektkellerei. Die Schaumweine werden nach der Champagner-Methode gefertigt. Dies bedeutet, dass jede Flasche mit allergrößter Sorgfalt behandelt wird, ein besonderes Merkmal ist das periodische Wenden der Flaschen.

5 Kurz nach Ortsanfang entfernt sich der Radweg etwas von der Straße und führt unter der Brücke hindurch ~ am Moselufer entlang

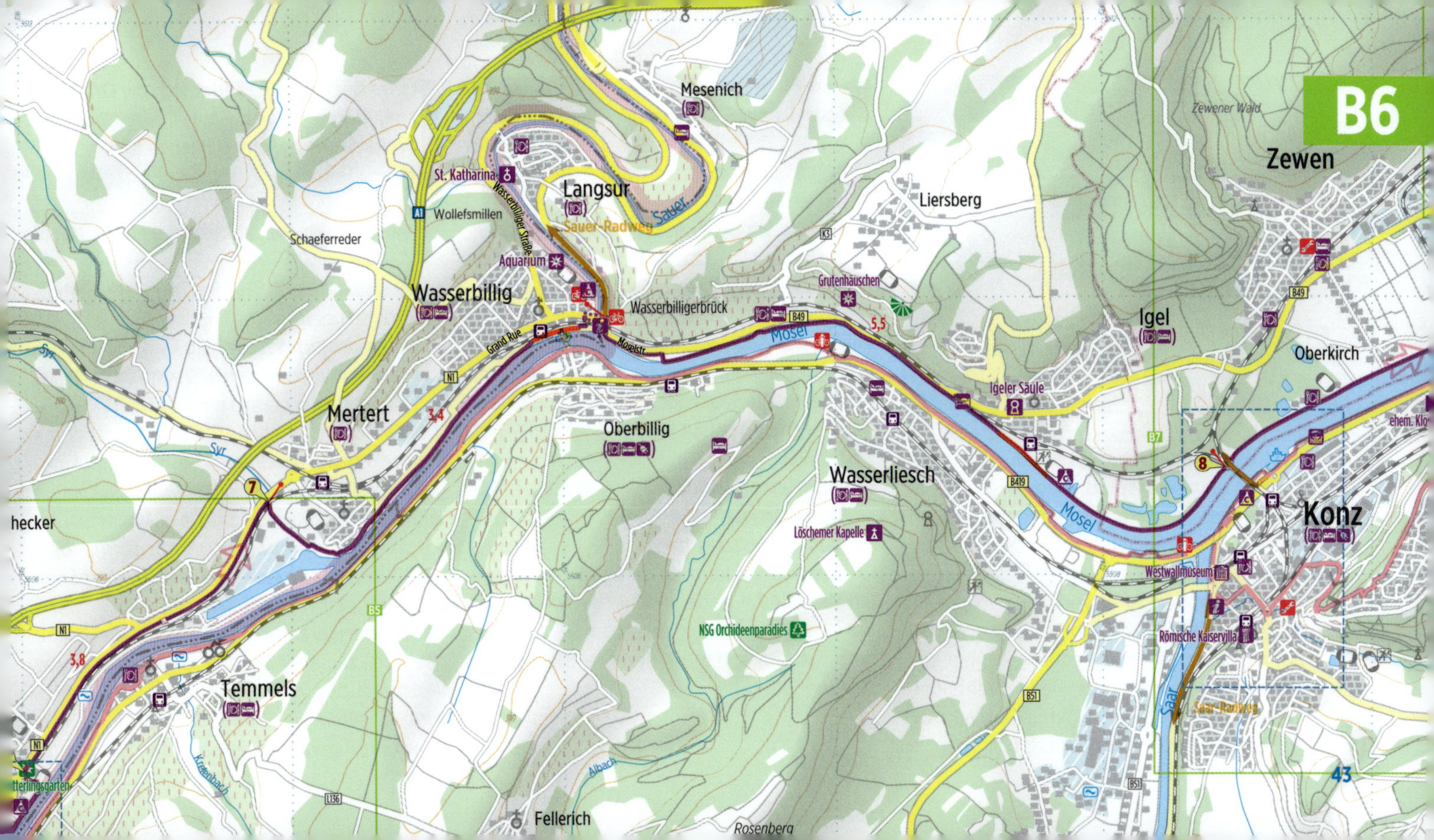

B6
Mesenich
Zewener Wald
Zewen
St. Katharina
Langsur
Liersberg
Wollefsmillen
Sauer
Sauer-Radweg
Schaeferreder
Wasserbilliger Straße
Aquarium
Grutenhäuschen
Wasserbillig
Wasserbilligerbrück
B49
5,5
Igel
Grand Rue
Moselstr.
Mosel
Oberkirch
Syr
N1
Igeler Säule
Mertert
3,4
Oberbillig
ehem. Kl
B7
8
Wasserliesch
7
B419
hecker
Konz
Löschemer Kapelle
Westwallmuseum
B5
NSG Orchideenparadies
Römische Kaiservilla
3,8
Temmels
B51
Saar
Saar-Radweg
terlingsgarten
Kreenbach
L136
Albach
Fellerich
Rosenberg
43

Das Grutenhäuschen bei Igel

geht es weiter bis zum **Freibad** ~ zwischen Freibad und Tennisplatz biegen Sie links ab ~ **6** weiter auf dem rechtsseitigen straßenbegleitenden Radweg bis nach Mertert.

Mertert (L)

7 Noch vor dem Kreisverkehr zweigen Sie rechts ab und folgen dem Radweg unter der Bahn hindurch am Bach entlang ~ über eine kleine Brücke und gleich wieder rechts dem Weg Richtung Mosel folgen ~ entlang der Mosel bis zur Fähre von Wasserbillig.

Wasserbillig (L)

Elektro-Solarfähre „Sankta Maria II“, 7 Esplanade de la Moselle, ✆ 0172/3156126. Fährzeiten: Mo-Fr 6.30-20 Uhr, Sa, So/Fei 9-20 Uhr. Autofähre von Wasserbillig nach Oberbillig in Deutschland. @ uvx185

Aquarium, Rue des Pépinières, Promenade de la Sûre, ✆ 26740237 (7d) 19 verschiedene Becken führen Sie in die farbenfrohe Vielfalt der Unterwasserwelt. @ igh417

Von Wasserbillig nach Trier 14,5 km

In Wasserbillig links unter der Bahn hindurch und rechts über die **Sauer** nach Deutschland fahren.

Wasserbilligerbrück (Langsur)

Vorwahl: 06501

Deutsch-Luxemb. Tourist-Information, Moselstr. 1, Langsur, ✆ 602666, @ jhi274

An der T-Kreuzung nach der Flussüberquerung rechts und kurz auf den Radstreifen entlang der **B 49** ~ es beginnt ein Radweg neben der Mosel, diesem folgen ~ vom Radweg aus sieht man linker Hand in den Weinbergen das „Grutenhäuschen“.

TIPP Links der Route befindet sich die Ortschaft Igel, deren „Igeler Säule“, ein UNESCO-Weltkulturerbe, einen Besuch lohnt.

Igel

Vorwahl: 06501

Deutsch-Luxemb. Tourist-Information, Moselstr. 1, Langsur, ✆ 602666, @ jhi274

Igeler Säule, Trierer Str. 39 (24) Original erhaltene, 23 m hohe, römische Grabsäule aus dem 3. Jh. @ gjn753

Das „Grutenhäuschen“. Der Tempel befindet sich ca. 1,5 km von Igel entfernt in den Weinbergen. Er wurde auf den Mauern einer römischen Grabkammer errichtet. @ rnk161

Die Ortschaft Igel beherbergt ein besonders bemerkenswertes Objekt, die sogenannte Igeler Säule. Diesen 23 Meter hohen Obelisk ließen die Gebrüder Lucius Secundinius Aventinus und Lucius Secundinius Securus im 3. Jahrhundert als Denkmal für sich und die verstorbenen Angehörigen ihrer Familie aufstellen.

Die Brüder waren ihrer Herkunft nach keltische Treverer, die aber Land besaßen, das sie von Pächtern bewirtschaften ließen. Als Pachtzins erhielten die Brüder Tuche, die sie sehr gewinnbringend auf den Märkten der Städte verkauften. Obwohl sie rechtlich als Römer anerkannt waren, trugen sie die gleiche Kleidung wie ihr Volk und sprachen auch deren Dialekt. Die Villa der wohlhabenden Familie und vermutlich auch die Gräber lagen auf der Anhöhe, wo heute die Dorfkirche steht. Die Säule sollte die Verdienste und die Bedeutung der Tuchmanufaktur beweisen. Die aufwändig gestalteten Reliefs erzählen vom Alltag in der Manufaktur, zum anderen symbolisieren sie gemäß der antiken Mythologie auch das Eingehen der Sterblichen in ein besseres Leben und die verdiente Aufnahme ihrer Seelen in den Himmel. Das Bauwerk wäre aber über die Jahrhunderte nicht erhalten geblieben, wenn im Mittelalter das Familienbild auf der Vorderfront nicht als die Vermählung der Kaiserin Helena mit Constantius Chlorus gedeutet worden wäre. Helena galt als Heilige, und deshalb wurden die Bilder auf der Säule christlich interpretiert. Erst im 16. Jahrhundert erkannte man den wahren Sinn.

8 Unter der Eisenbahnbrücke hindurch, auf der rechten Seite ist nun Konz zu sehen.

TIPP **Hier können Sie auf der Eisenbahnbrücke das Ufer wechseln, um die Stadt Konz und das Freilichtmuseum Roscheider Hof zu besuchen (s. S. 59).**

Nächster Blickfang ist das Schloss Monaise ⁓ in Höhe des Schlosses auf den oberen Radweg wechseln.

Schloss Monaise (Trier)

Vorwahl: 0651

♿ **Schloss Monaise**, Schloss Monaise 7, ✆ 828670. Das Schloss wurde in den Jahren 1779-83 von dem Franzosen Mangin als Sommersitz für den Dompropst Nikolaus von Walderdorff erbaut. Von außen ähnelt die Anlage den

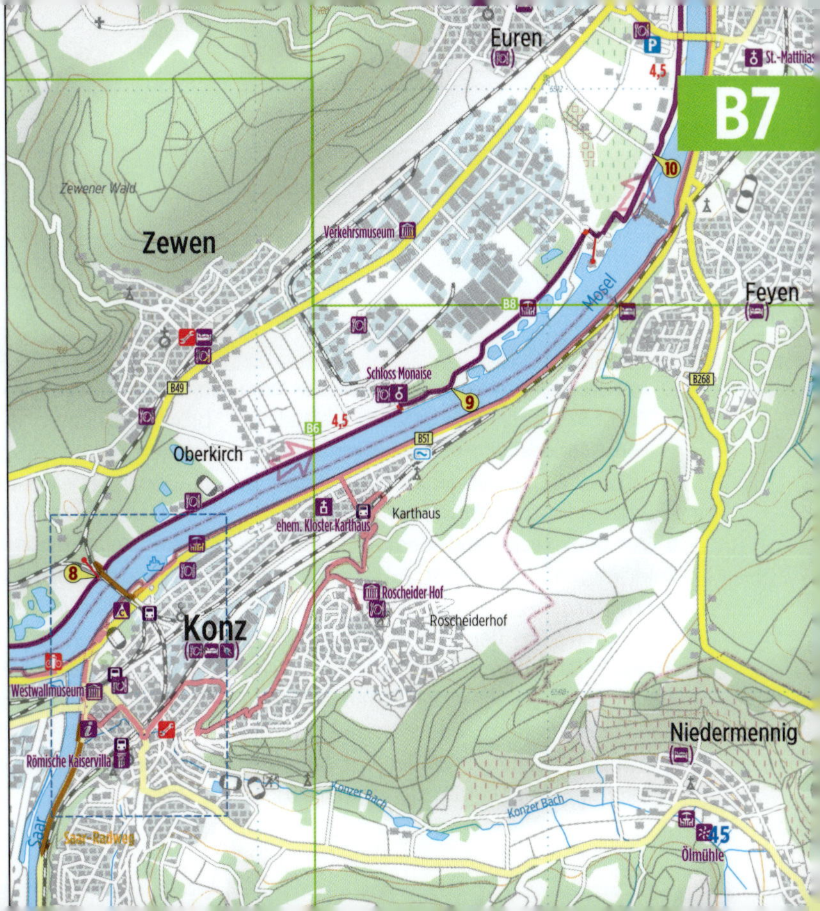

norditalienischen Landvillen des großen Baumeisters Andrea Palladio. Innen wurde weniger auf Schönheit, dafür sehr viel Wert auf Bequemlichkeit gelegt. Schließlich heißt das Anwesen „Monaise", also „meine Behaglichkeit". Heute beherbergt das Schloss ein Restaurant. @ fna273

9 Vor dem Yachthafen dem Radweg nach links folgen ~ am Rastplatz und an der Werft vorbei ~ beim Kreisverkehr wieder nach rechts ~ dem Radweg nach links folgen ~ **10** hinter der Rechtskurve zweigt links ein Weg nach Trier Euren ab, doch der Radweg führt weiter geradeaus ins Zentrum ~ die Häuser beiderseits der Mosel verdichten sich ~ unter der ersten Brücke hindurch ~ ca. 1 km später ist die Römerbrücke erreicht.

Römerbrücke (Trier)

Römerbrücke. Die Römerbrücke wurde im 2. Jahrhundert über den Fluss geschlagen und ist damit die älteste Brücke Deutschlands. Fünf der ursprünglichen neun römischen Pfeiler der Brücke sind heute noch zu sehen und fest im Flussbett gegründet. Einst trugen die Pfeiler eine Holzbrücke in 14 Meter Höhe, die erst im Mittelalter durch eine Steinkonstruktion ersetzt wurde. Gleich danach stehen am Ufer zwei runde Gebäude mit eigenartigen Auswüchsen auf dem Dach. Zuerst ist man an eine Windmühle erinnert, tatsächlich handelt es sich jedoch um alte Moselkräne, mit deren Hilfe die Schiffe be- und entladen wurden.

Weiter bis zur **Kaiser-Wilhelm-Brücke**.

INS ZENTRUM: Auf der Kaiser-Wilhelm-Brücke können Sie die Mosel überqueren und so ins Zentrum von Trier gelangen.

Trier

Vorwahl: 0651

Trier Tourismus und Marketing GmbH, An der Porta Nigra, ✆ 978080, @ btx563

Moselschifffahrten, Zurlaubener Ufer, ✆ 26666. Moselrundfahrten (tägl.) und Tagesfahrten von Trier nach Bernkastel-Kues (Di, Do und Sa) von Mai bis Okt., Abfahrt: Personenschifffahrtshafen Trier-Zurlauben. @ iqf616

Domschatzkammer, Mustorstr. 2, Hohe Domkirche, ✆ 7105378 Kirchliche Goldschmiedekunst vom 10. bis ins 19. Jh., liturgische Gewänder und Handschriften des Mittelalters. @ ene157

Karl-Marx-Haus, Brückenstr. 10, ✆ 970680 Geburtshaus des Begründers des wiss. Sozialismus. @ avy145

Museum am Dom Trier, Bischof-Stein-Pl. 1, ✆ 7105255 Sammelstätte kirchlicher Kunst der Trierer Diözese mit frühchristlichen Zeugnissen, eine der beeindruckendsten röm. Deckenmalereien des 4. Jhs. sowie moderne christliche Kunst. @ ekc488

Rheinisches Landesmuseum, Weimarer Allee 1, ✆ 97740 Archäologische Zeugnisse und Kunstwerke des Moselraumes

von der Vorgeschichte und der Römerzeit bis zur frühen Neuzeit. @ xpx158

Schatzkammer der Stadtbibliothek, Weberbach 25, ✆ 7181429 Gutenberg-Bibel, alte Handschriften, Urkunden, barocke Globen, historische Karten sowie das Weltdokumentenerbe des Codex Egberti. @ vfc635

Spielzeugmuseum, Dietrichstr. 51, ✆ 75850 Blechspielzeug, Eisenbahnen, Puppen und Puppenstuben, Kaufläden, Teddys, Schaukelpferde u. v. m. @ srp756

Stadtmuseum Simeonstift, Simeonstr. 60, ✆ 7181451 Das Museum befindet sich im Simeonstift und präsentiert in einer Dauerausstellung Kunst- und Kulturschätze vom Mittelalter bis zum 21. Jh. @ yas641

Dom St. Petrus, Liebfrauenstr. 12, ✆ 9790790 Der Kernbau stammt aus dem 4. Jh., der Westbau ist romanisch; während der Gottesdienste und bei Veranstaltungen gibt es keine Führungen und Besichtigungen. @ hoa614

Konstantin-Basilika, Konstantinpl. 10, ✆ 99491200 Römische Palastaula, heute evang. Kirche. Der römische Thronsaal mit 67 m Länge, 27 m Breite und 30 m Höhe steht auf der Liste des UNESCO-Weltkulturerbes. @ ngo338

St. Paulin, Thebäerstr., ✆ 270850 Barockkirche nach den Plänen von Balthasar Neumann. @ ljh342

St.-Matthias-Basilika, Matthiasstr. 85, ✆ 17090. In der romanischen Basilika wird seit dem 12. Jh. das Grab des Apostels Matthias verehrt. @ fep758

Ehem. Reichsabtei St. Maximin, Maximinstr. 18, ✆ 979079-2 Einer Legende nach wurde das Kloster im 4. Jh. durch den Bischof Maximin von Trier gegründet. Nach einer wechselvollen Geschichte von Zerstörung und Wiederaufbau wurde die Abtei 1802 enteignet und zu einer Kaserne umfunktioniert. Seit den 1970er Jahren wird die Kirche als Turn- und Mehrzweckhalle und Konzertsaal genutzt. Das spätantike Gräberfeld mit rund 1000 Sarkophagen kann im Rahmen einer Führung besichtigt werden. @ gku252

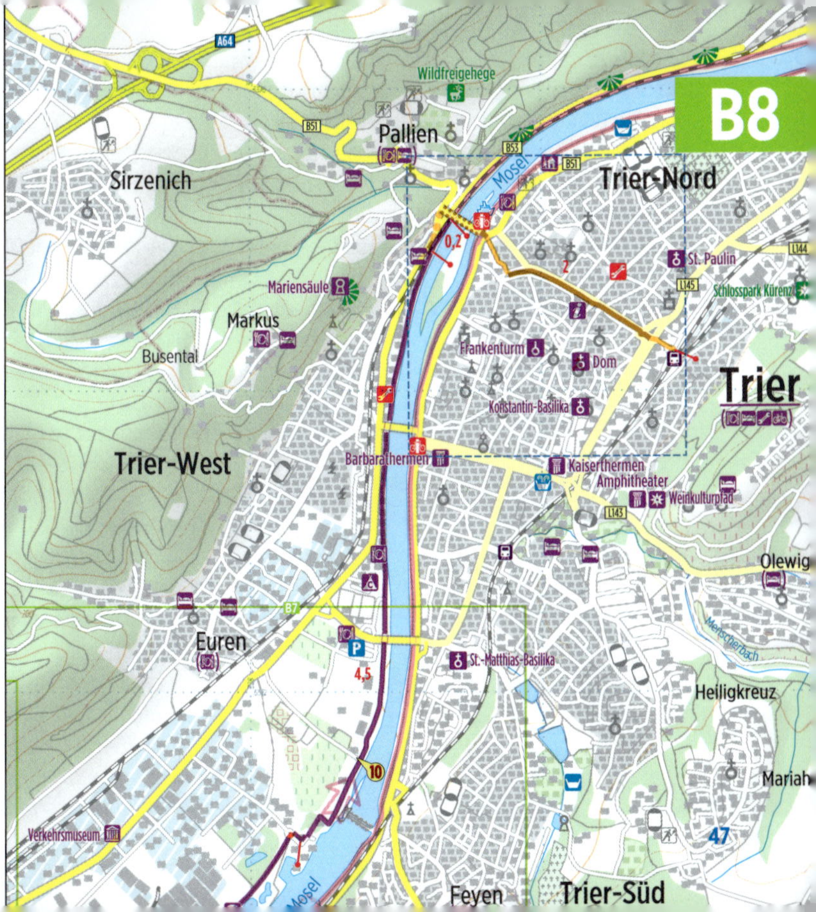

Kurfürstliches Palais, Willy-Brandt-Pl. 3. Rokokopalais aus dem 18. Jh. des Architekten Johannes Seiz. Kunstvolle Ausstattungen des Bildhauers F. Tietz aus Böhmen, des Stukkateurs M. Extel aus Tirol und der Maler J. Zick und J. Zauffally. Derzeit wird das Palais als Verwaltungsgebäude genutzt und kann nur im Zuge von Veranstaltungen besichtigt werden. @ frt215

Amphitheater, Olewiger Str. 25, ✆ 73010 Das um 100 n. Chr. errichtete Bauwerk bot 20.000 Zuschauern Platz. Voranmeldung zur Besichtigung erbeten ✆ 9774147, @ peo475

Die Porta Nigra in Trier

Barbarathermen, Südallee, ✆ 9774216 Römische Badeanlage aus dem 2. Jh. @ gdc734

Kaiserthermen, Weberbach 41, ✆ 4362550 Riesiger römischer Bäderpalast aus dem 4. Jh. Tel. Voranmeldung erbeten ✆ 9774147, @ ppx486

Porta Nigra, Simeonstr. 60, ✆ 4608965 Römisches Stadttor aus dem 2. Jh. @ ppb346

Frankenturm, Dietrichstr. Mittelalterliches Baudenkmal aus dem 11. Jh.

Dreikönigenhaus, Simeonstr. Mittelalterliches Baudenkmal aus dem 13. Jh.

Weinkulturpfad. Der Weinkulturpfad „Sehenswertes und Merkwürdiges vom Anbau und Leben des Weinstocks" befindet sich rund um den Petrisberg (oberhalb des Amphitheaters).

Schlosspark Kürenz. Landschaftsgarten mit Orangerie und Teehaus.

Südbad Trier, An der Härenwies 10, ✆ 1456875, @ upk157

Das Bad an den Kaiserthermen Trier, Südallee 10-12, ✆ 7172350, @ rxe417

In Trier können Sie, so ein Slogan, 2.000 Jahre Geschichte in 2.000 Schritten erleben und nachvollziehen. An kaum einem anderen Ort in Deutschland haben sich die antiken Wurzeln mitteleuropäisch-abendländischer Kultur am

Hauptmarkt in Tirier

Schnittpunkt zwischen romanischen und germanischen Wirkungskreisen so eindrucksvoll erhalten wie in dieser Stadt. Lassen Sie also bei einem Stadtrundgang die letzten 2.000 Jahre im Zeitraffer an sich vorüberziehen.

Sie beginnen an der Porta Nigra, diesem wahrhaft imperialen Stadttor der Römerzeit. Diese monumentale Architektur verkörpert den steingewordenen Willen zur Macht und zugleich die Träume von ewiger Stärke. Weil nach dem Untergang des Römischen Reiches

ein Eremit namens Simeon, der wiederum dem Bischof Poppo sehr nahestand, sich dort eingerichtet hatte, wurde in dem antiken Bauwerk eine Doppelkirche eingerichtet, die den gesamten Raum des römischen Stadttores einnahm.

Westlich der Porta Nigra erhebt sich das Simeonstift mit seinen zweigeschossigen Kreuzgängen, eines der kostbarsten Monumente frühromanischer Klosterarchitektur. Es wurde 1034 von Erzbischof Poppo gegründet. Über die Simeonstraße, die nach einem zur Römerzeit angelegten Grundriss gestaltet wurde, gelangt man in wenigen Minuten zum Hauptmarkt. Auf dem Weg dorthin geht es am Dreikönigenhaus vorbei. Dieses vortreffliche Beispiel romanischer Wohn- und Wehrbauten stammt aus der staufischen Epoche (13. Jahrhundert). 200 Jahre jünger ist die aus den Trümmern nach dem Zweiten Weltkrieg wiederaufgebaute spätgotische Steipe. Zu diesem Ensemble von Fassaden aller Stilperioden gesellt sich noch der wuchtige Bau der Kirche St. Gangolf, das alte Marktkreuz aus dem 10. Jahrhundert und der zur Renaissance errichtete Petrusbrunnen.

Vom Markt zweigt rechts die Dietrichstraße ab, eine dieser entzückenden engen Seitengassen, hier verbirgt sich der sogenannte Frankenturm, ein weiteres Schmuckstück der Romanik. Über die Sternstraße gelangt man zum Domfreihof, der von dem frühromanischen Dom, der frühgotischen Liebfrauenkirche und dem barocken Palais Kesselstatt beherrscht wird. Die Fülle an Bauzier des Domes, die kostbaren Objekte

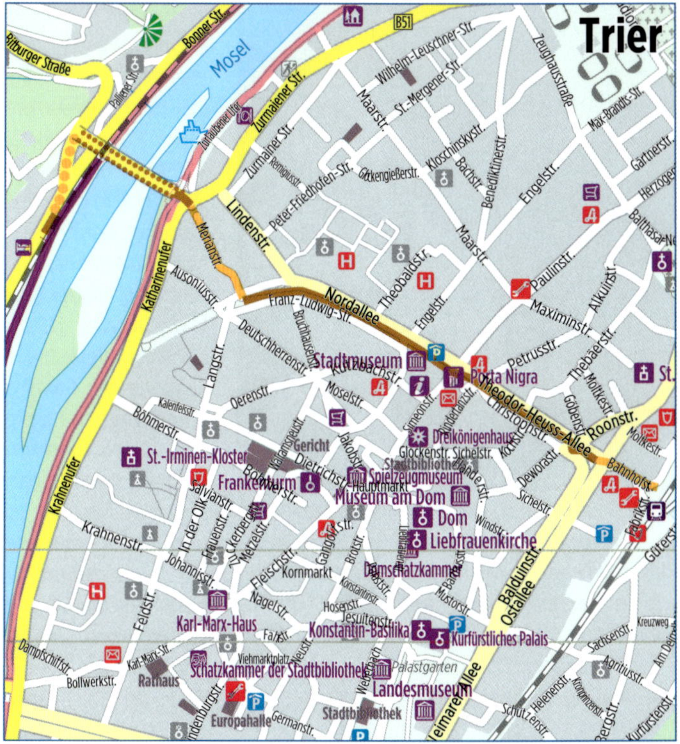

Das Kurfürstliche Palais in Trier

in der Schatzkammer und die Epitaphien hochberühmter Kirchenleute und weltlicher Würdenträger vereinen sich insgesamt zu einem Konzentrat der Künste und Historie, dessen Geltung weit über die Stadtgeschichte von Trier hinausgeht. Durch den Domkreuzgang ist die Liebfrauenkirche mit dem Dom verbunden. Von diesem Gang aus zeigt sich die Gruppe der beiden Kirchen als eine höchst eindrucksvolle Begegnung aller erhabeneren Kunststile.

Von der sogenannten Domstadt gelangt man rasch zur Basilika, die um 310 als Aula Palatina unter Kaiser Konstantin erbaut worden ist. 30 Meter hoch ist dieses gewaltig wirkende Bauwerk, in dem im 4. Jahrhundert römische Kaiser regierten.

Nach Süden hin schließt sich der Kurfürstliche Palast an. Mit der opulenten Rokokofassade ist er das Werk des Balthasar-Neumann-Schülers Johannes Seiz.

Jenseits des Palastgartens, dessen Blumenfülle zwischen Hecken und Rasenflächen den prächtigen Hintergrund für die zahlreichen Götterstatuen abgibt, erheben sich die massigen Ruinen der römischen Kaiserthermen und man ist in wenigen Sekunden wieder in die Zeit der Römer zurückversetzt. Folgt man dann der Olewiger Straße zum Abhang des Petrisberges, steht man vor der ovalen Arena und den Zuschauerrängen des Amphitheaters. Bis zu 20.000 Zuschauer fanden hier Platz und belustigten sich an den diversen Darbietungen wie Tierhatzen und Gladiatorenkämpfen, die nie ein unblutiges Ende nahmen.

Bevor man den Stadtrundgang beendet, sollte man noch im alten Bürgerhaus in der Brückenstraße 10 haltmachen. Sie machen damit einen riesigen Sprung durch die Geschichte. Hier erblickte nämlich am 5. Mai 1818 Karl Marx das Licht der Welt. Das hierin eingerichtete Museum dokumentiert anhand von Büchern, Handschriften und Briefen Marx' Rolle als „Vater des wissenschaftlichen Sozialismus".

VARIANTE Hier in Trier haben Sie nun die Möglichkeit, an der Anlegestelle der Linienschiffe bei der Kaiser-Wilhelm-Brücke aufs Schiff umzusteigen und den Mosel-Radweg mit einer Schiffsfahrt abzukürzen.

Von Perl/Schengen nach Trier am rechten Ufer

49,7 km

HM/km: ↗ 0,3 (14m) ↘ 0,7 (34m) Radweg: 47 % Unbefestigt: 0 % Verkehr: 0 %

Die Hauptroute des Mosel-Radweges verläuft von Perl nach Trier am rechten Moselufer. Unterwegs locken Ausflüge zum Schloss Berg, zum römischen Mosaik, das eine Größe von 161 Quadratmetern hat, sowie zum Schloss Thorn. Weiter geht es dann nach Konz, das an der Saar-Mündung liegt und wo noch die Überreste der Kaiservilla zu sehen sind. Vorbei an der Klosteranlage Karthaus, der St.-Matthias-Basilika sowie der Römerbrücke gelangen Sie zur Kaiser-Wilhelm-Brücke in Trier, von wo Sie nun einen Abstecher ins Zentrum und zu den zahlreichen römischen Sehenswürdigkeiten und Museen machen können.

Die meist ebene Route verläuft durchgehend auf befestigten Radwegen und verkehrsarmen Nebenstraßen, sodass mit keinem stärkerem Verkehrsaufkommen zu rechnen ist.

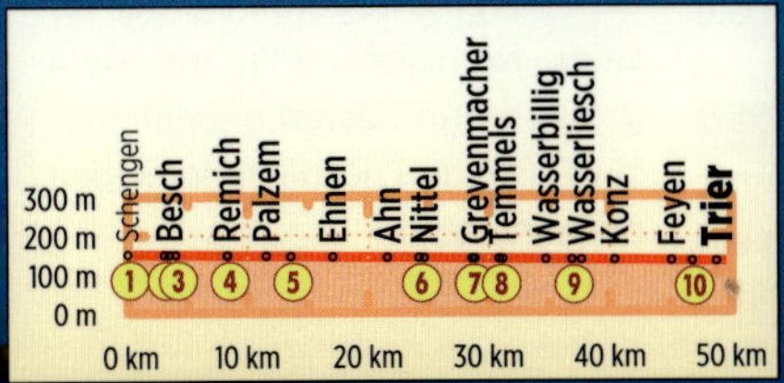

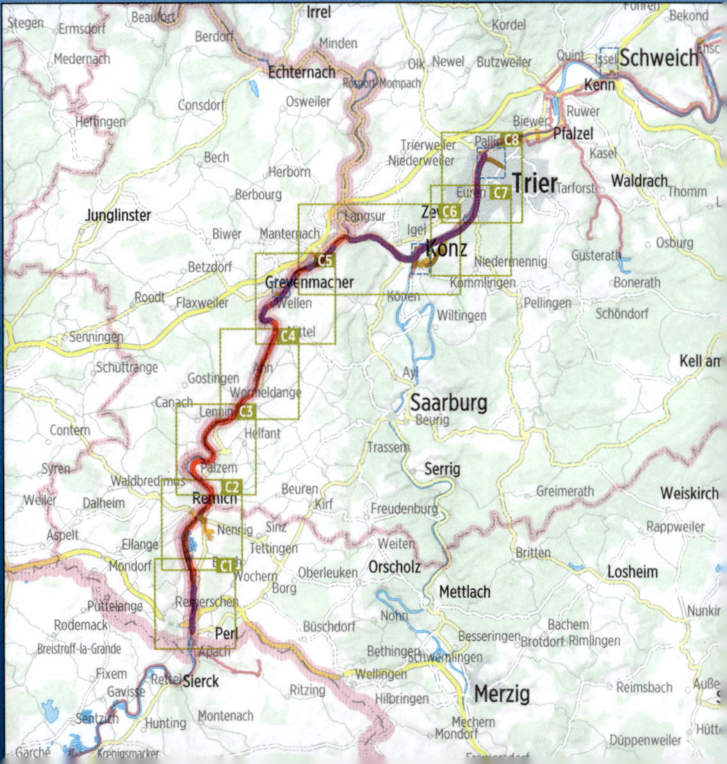

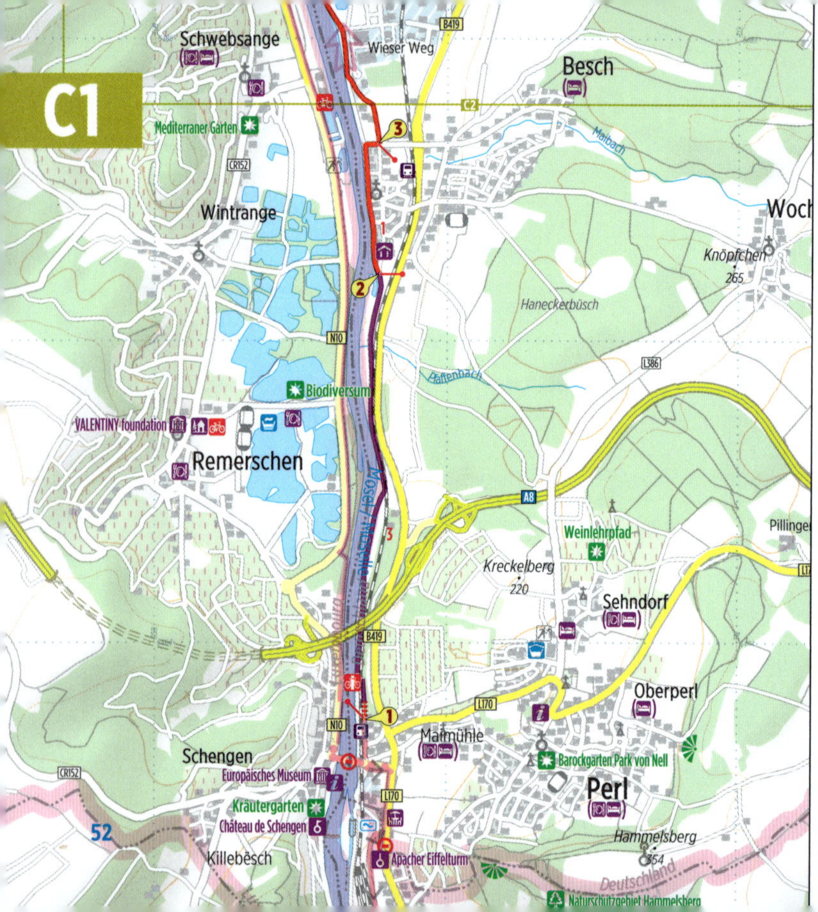

Perl s. S. 36

Von Perl nach Nittel *25 km*

1 Vorbei am **Bahnhof** ~ links unter den Gleisen hindurch und dann rechts direkt an der Mosel weiter.

TIPP **Am Ufer stoßen Sie auf die erste von insgesamt 40 Hörstationen der Lauschtour am Mosel-Radweg. Die „Lauschpunkte" befinden sich entlang der offiziellen Hauptroute.**

Die Gleise befinden sich nun rechts vom Radweg ~ dem Verlauf des asphaltierten Weges folgen ~ **2** die Straße gabelt sich und es geht links entlang der Mosel weiter ~ rechts befinden sich die Häuser von Besch.

Besch (Perl) R

Die Route führt schließlich rechts von der Mosel weg ~ **3** nach ein paar Metern an der Kreuzung links und wieder zur Mosel hin ~ dem Leinpfad entlang der Mosel folgen ~ es geht durch das Vogelschutzgebiet Pferdemosel.

Vogelschutzgebiet Pferdemosel

Das Vogelschutzgebiet besteht aus einem Altarm der Mosel und zahlreichen ehemaligen Kiesgruben. Es bietet vielen seltenen Vogelarten Zuflucht und Brutmöglichkeiten, die Weiher werden auch zum Angeln genutzt.

Der Weg führt am Campingplatz "Dreiländereck" vorbei.

AUSFLUG **Vor der Moselbrücke biegt der Weg nach rechts ab in Richtung des Weinortes Nennig, der für seine Römische Villa mit dem größten und besterhaltenen Mosaikfußboden nördlich der Alpen bekannt ist.**

Zur Römischen Villa und zum Schloss Berg 2 km

Am Verkehrskreisel rechts halten und der Straße folgen ~ links vom Bahnhof die Straße in den Ort wählen ~ geradeaus weiter, am Stopp-Schild links ~ in der Kurve geht es links zum Schloss und rechts zur Römischen Villa.

Nennig (Perl)

Vorwahl: 06866

Verkehrsverein Nennig e. V., Bübinger Str. 5, ✆ 1439, @ kic857

Schloss Berg, Schlossstr. 1. Das Schloss wurde im 16. Jh. auf den Grundmauern einer Wasserburg aus dem 12. Jh. erbaut und zu einem Renaissance-Schloss umgestaltet. Nach der fast völligen Zerstörung im Zweiten Weltkrieg wurde es 1953 wieder aufgebaut und als Schullandheim genutzt. Nach einem modernen An- und Ausbau beherbergt das äußerlich unveränderte Schloss seit 1990 ein Luxushotel und ein Spielcasino. @ xrr223

Das Schloss Berg in Nennig

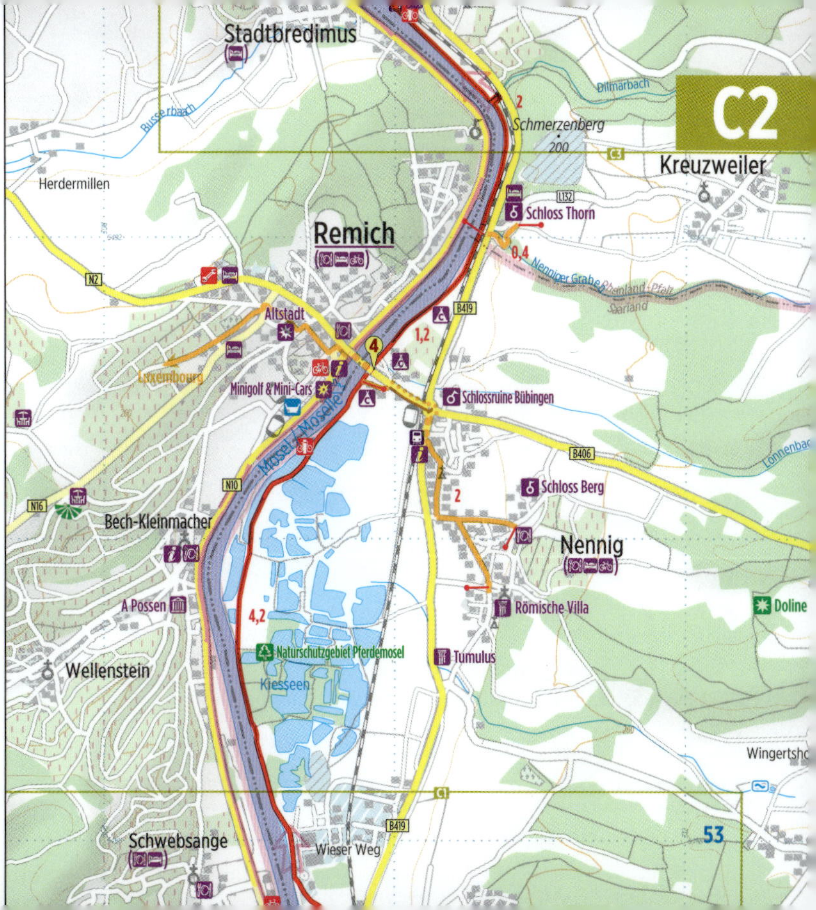

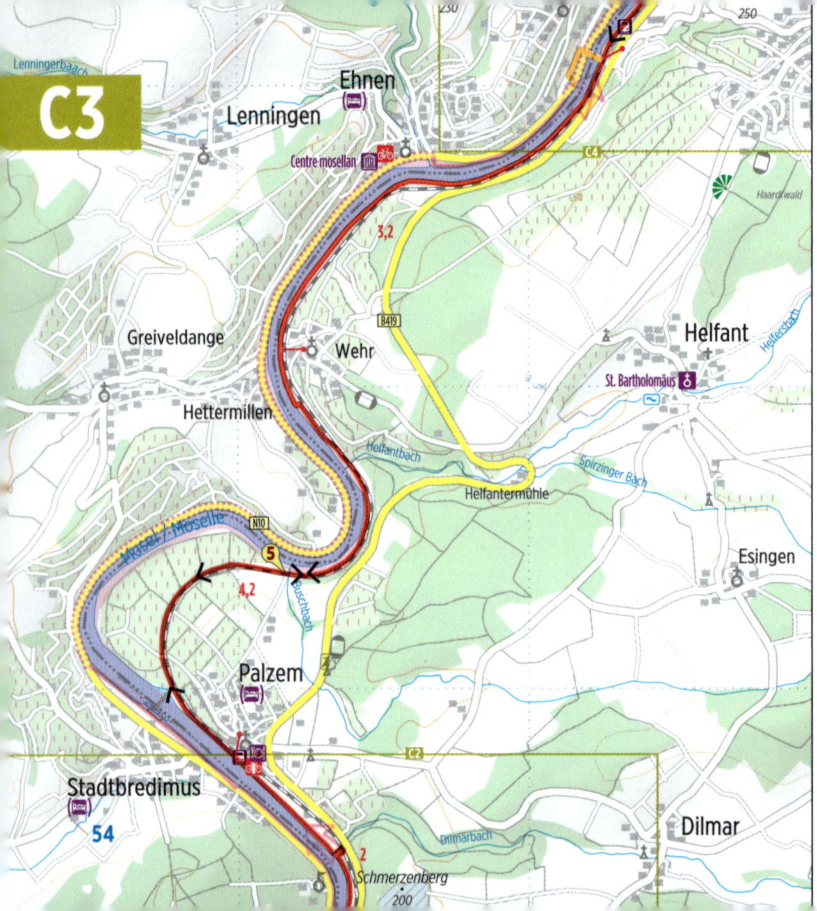

Schlossruine Bübingen, Sinzer Str. 4. Das ehemalige Wasserschloss (14. Jh.) wurde 1668 von französischen Truppen zerstört, im 18. Jh. wieder aufgebaut und im Zweiten Weltkrieg wiederum zerstört. In Privatbesitz, nicht frei zugänglich.

Römische Villa Nennig, Römerstr. 11, ✆ 1329 In der römischen Villenanlage befindet sich das größte römische Mosaik nördlich der Alpen. Es stammt aus dem 2. oder 3. Jh. n. Chr. @ fji122

Tumulus „Mahlknopf", Römerstr. Mit einer Höhe von 10 m und einem Durchmesser von 44,5 m ist er der bedeutendste Grabhügel im Raum Trier.

„Mosella prangt wie geschmückt zum Feste, denn links und rechts umkränzen sie Paläste", schrieb im 4. Jahrhundert n. Chr. Decimus Magnus Ausonius, seines Zeichens Schulmeister des Thronfolgers Gratianus in Trier. Einer der prachtvollsten dieser Paläste wurde 1852 in Nennig entdeckt. Abgesehen von den Einblicken in die römische Baukunst und in das Leben zu jener Zeit, wurde auch ein meisterhaftes Mosaik zu Tage gefördert.

Der 161 Quadratmeter große Bodendekor gibt die Illusion eines auf Marmorfliesen liegenden Teppichs wieder. Der „Teppich" besteht aus kleinen bunten Steinchen, durchschnittlich 175 Stück pro Quadratdezimeter, das sind insgesamt annähernd 3 Millionen Steinchen. Die einzelnen Szenen, die auf diesem Mosaik dargestellt sind, sollen offenbar die Programmpunkte im Amphitheater wiedergeben.

Mit Musik wurde die Vorstellung eröffnet, was das Bild mit den beiden Musikanten mit den Instrumenten Orgel und Horn vermitteln soll. Das größte Bild erzählt von dem schrecklichen

Die Mosel vor Schloss Thorn

Hauptakt, wo sich der „secutor" (der Schwerbewaffnete) und der „retiarius" (der Netzfechter) gegenüberstehen. Dann folgen die weiteren Programmpunkte: ein Bär, der von Männern traktiert wird; ein Tigerweibchen, das einen Esel zur Strecke gebracht hat; ein Bestiarier, der nach Applaus heischt. Die Vorstellung klingt aus mit dem Bild, auf dem ein alter Tierwärter den satten Löwen, der sich durch Fressen der getöteten Tiere sein Brot verdient, aus der Arena schubst.

4 Der Mosel-Radweg führt unter der Moselbrücke hindurch und weiter am Campingplatz Mosella vorbei ~ dem asphaltierten Weg entlang der Mosel folgen, abermals an einem Campingplatz vorbei ~ rechts der Route befinden sich die Gleise sowie die **B 419**.

AUSFLUG **Nach gut 1 km hinter der Moselbrücke gibt es rechts eine Bahnunterführung. Hier geht es zum Weingut Schloss Thorn, das gleich jenseits der Bundesstraße liegt und in Privatbesitz ist. Hier können Sie in der Vinaria den schlosseigenen Wein probieren.**

Schloss Thorn (Palzem)

Vorwahl: 06583

Schloss Thorn, ✆ 433, Vinaria: April-Okt., tägl. 14-18 Uhr u. n. V., ganzjährig werktags 9-11 Uhr. Weinbergführungen und Weinproben sind mit vorheriger Absprache bei den einzelnen Winzern möglich. @ mif742

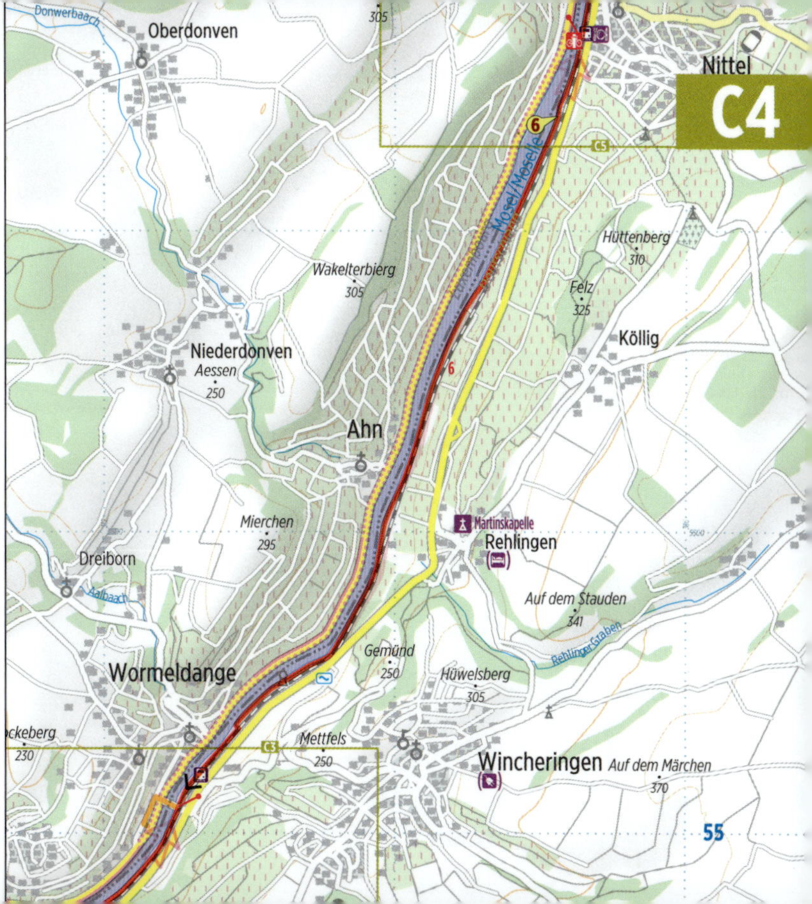

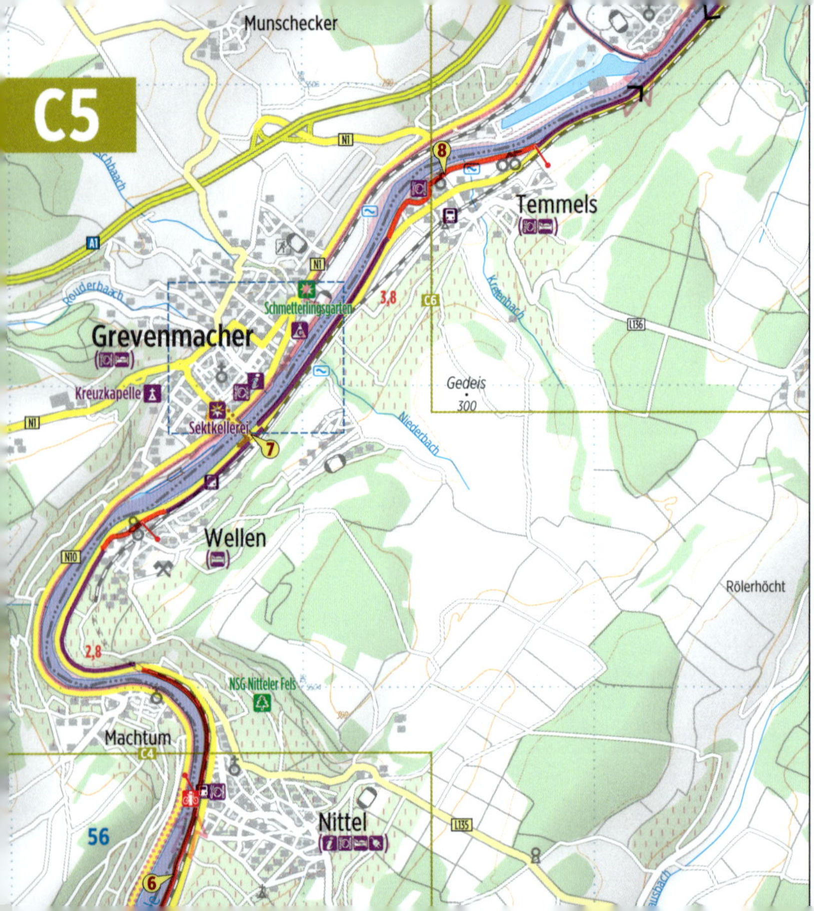

Die Anlage Schloss Thorn besteht seit dem Mittelalter, aus dieser Zeit ist allerdings nur mehr der Torturm erhalten. Die Herren von Rollingen, luxemburgische Erbmarschälle, waren damals die Besitzer. Nach ihnen folgten die Herren von Bübingen. Vom 16. bis zum 19. Jahrhundert herrschte auf Schloss Thorn das Geschlecht von Musiel. Die Familie sammelte Funde aus der Frankenzeit von den umliegenden Feldern. Diese Sammlung, die heute im Landesmuseum in Trier zu sehen ist, war weit über das Moseltal hinaus berühmt.

TIPP Die Schilder, die Ihnen entlang der Mosel den Weg weisen, ändern ihr Erscheinungsbild. Das Schild ist weiß, die Schrift mit dem markanten „M" für Mosel ist grün.

Zwischen Mosel und den Gleisen weiter nach Palzem.

Palzem R

Der Name des Ortes Palzem leitet sich von dem römischen Begriff Palatiolum, was soviel wie kleiner Palast bedeutet, ab. Hier gab es schon um 50 v. Chr. eine Brücke über die Mosel, die aber nicht von den Römern, sondern von den Kelten stammte.

Die kleine Kreuzung geradeaus überqueren und weiterhin entlang der Gleise dahinradeln **5** die Route nähert sich wieder der Mosel an, sodass sie nun zwischen Mosel und Bahngleisen verläuft an der Ortschaft Wehr vorbei.

Wehr

Weiter dem Verlauf des Weges zwischen Mosel und Bahngleisen folgen vorbei am **Bahnhof** von Wincheringen.

Wincheringen

Der Weg beschreibt eine Links- und Rechtskurve und führt über

C6
Mesenich
Langsur
St. Katharina
Wasserbilliger Straße
Sauer
Sauer-Radweg
Wollefsmillen
Schaeferreder
Wasserbillig
Aquarium
Wasserbilligerbrück
Grand Rue
Moselstr.
B49
Mosel
Grutenhäuschen
Liersberg
K3
Zewener Wald
Zewen
Verkehrsmuseum
Schloss Monaise
Igel
Igeler Säule
Oberkirch
B51
2,8
Karthaus
ehem. Kloster Karthaus
1,6
2
Roscheider Hof
Roscheiderhof
Konz
Mertert
Syr
N1
3,4
Oberbillig
5,5
Wasserliesch
B419
1
Löschemer Kapelle
Westwallmuseum
Römische Kaiservilla
5
Saar
Saar-Radweg
Konzer Bach
NSG Orchideenparadies
Temmels
C5
C7
L136
Fellerich
Albach
Rosenberg
355
Könen
Kommlingen
A1

eine Steinbrücke → immer weiter entlang der Mosel auf diesem Weg → **6** der Weg gabelt sich, hier führt die Route links weiter → vorbei am **Bahnhof** Nittel.

Nittel R

- **Saar-Obermosel-Touristik e. V.**, Saarstr. 1, Konz, ☎ 06501/6018040, @ gct428
- **Naturschutzgebiet Nitteler Fels.** Die etwa 900 m lange und ca. 20 m hohe Felswand bietet ideale Bedingungen für bedrohte Tierarten. Der Nitteler Fels wurde im Jahr 2018 zum Leuchtpunkt der Artenvielfalt ausgezeichnet.

In der Gemarkung von Nittel wachsen angeblich zwei Millionen Weinstöcke, hauptsächlich die Elbling-Rebe. Sie liefert einen einfachen, aber frischen, etwas herben Wein. Nittel selbst liegt am Fuße eines mächtigen Dolomitfelsens, dem die Mosel in einem markanten Bogen ausweicht.

Von Nittel nach Konz 16,5 km

Weiter zwischen der Mosel und den Gleisen → unter der **B 419** hindurch → nach der Unterquerung verläuft die Route auf der rechten Seite der **B 419** → der Radweg führt nach Wellen hinein.

Wellen R

Rechts von der Bundesstraße weg und weiter auf der **Moselstraße** → dem Verlauf dieser Straße durch den Ort Wellen hindurch und zur Bundesstraße folgen → rechts der Bundesstraße weiter → vorbei am **Bahnhof** Wellen → **7** unter der Straßenbrücke hindurch.

TIPP **Wenn Sie noch vor der Brücke auf den Radweg nach rechts einschwenken, dann können Sie auf der Brücke an das andere Ufer wechseln, um in Grevenmacher die älteste Sektkellerei Luxemburgs zu besuchen.**

Grevenmacher s. S. 41

Kurz nach der Brücke die Straßenseite wechseln, der Radweg verläuft nun direkt an der Mosel → an der T-Kreuzung links und nach Temmels hinein.

Temmels R

In Temmels dem Verlauf der Straße durch den Ort folgen → die Kreuzung geradeaus überqueren → an der T-Kreuzung mit der **Mariengedenkstätte** rechts in die **Moselstraße** → **8** an der nächsten T-Kreuzung links und direkt an der Mosel weiter → es geht aus Temmels hinaus → wenn sich die Straße teilt, führt die Route links weiter → links an der Bundesstraße entlang nach Oberbillig.

Oberbillig R

- **Elektro-Solarfähre „Sankta Maria II“**, 7 Esplanade de la Moselle, Wasserbillig, ☎ 0172/3156126. Fährzeiten: Mo-Fr 6.30-20 Uhr, Sa, So/Fei 9-20 Uhr. Autofähre von Wasserbillig nach Oberbillig in Deutschland. @ uvx185

Der Radweg mündet in die **Moselstraße**, dieser bis zur Fähre folgen → bevor die Straße ansteigt und dann links in die Bundesstraße mündet, zweigt links ein schmaler Radweg ab, der am Moselufer weiterführt → **9** der **Sportplatz** bei Wasserliesch drängt den Radweg kurzfristig vom Wasser ab.

Wasserliesch R

- **Löschemer Kapelle.** Die Kapelle auf dem Liescher Berg wurde Anfang des 18. Jhs erbaut.

Der Roscheider Hof in Konz

Es geht nun immer weiter am Moselufer dahin bis kurz vor der Saarmündung ⇝ kurzer Anstieg zum Radweg auf der Brücke der **B 419** ⇝ über die Saar hinüber, am anderen Brückenkopf wieder hinunter zur Mosel ⇝ am Moselufer rechts weiter, nach links gelangen Sie ins Zentrum von Konz.

Konz R

Vorwahl: 06501

- **Saar-Obermosel-Touristik e. V.**, Saarstr. 1, ✆ 6018040, @ gct428
- **Volkskunde- und Freilichtmuseum Roscheider Hof**, Roscheiderhof 1, oberhalb von Konz gelegen, ✆ 92710 Museum der ländlichen Alltagskultur mit Themen wie Schmiedegewerbe, Brauereikunst, Geschichte des Waschens, Weinbau. @ gve121
- **Westwallmuseum**, Granastr. 25, ✆ 0178/8817014 Der Museumsbunker „Villa Gartenlaube“ zeigt zeitgeschichtliche und militärhistorische Exponate. @ rna175
- **Römische Kaiservilla**, Martinstr. 22, bei der St.-Nikolaus-Kirche. Überreste der ehem. Sommerresidenz von Kaiser Valentinian I., errichtet im 4. Jh. @ rev861

Konz war der ehemalige Sommersitz Contoniacum des römischen Kaisers Valentinian I., der von 364 bis 375 n. Chr. für den westlichen Reichsteil zuständig war. Von der einst prächtigen Kaiservilla sind leider nur noch wenige Ruinen zu sehen.

Viel zu sehen gibt es hingegen am Roscheider Hof, der seit dem 14. Jahrhundert als landwirtschaftliches Gut der Benediktiner fungierte. Um ihn herum wurde ein malerisches Dorf aus alten Häusern aus dem Hunsrück aufgebaut. Verschiedene Handwerksbetriebe, ein Schulhaus und sogar ein Krämerladen wurden originalgetreu errichtet. Natürlich fehlt es auch nicht an Einrichtungsgegenständen aus alten Tagen. Bei einem Bummel durch dieses Museum wird man unserer hektischen Welt entrissen und in die Zeit unserer Urgroßeltern zurückversetzt.

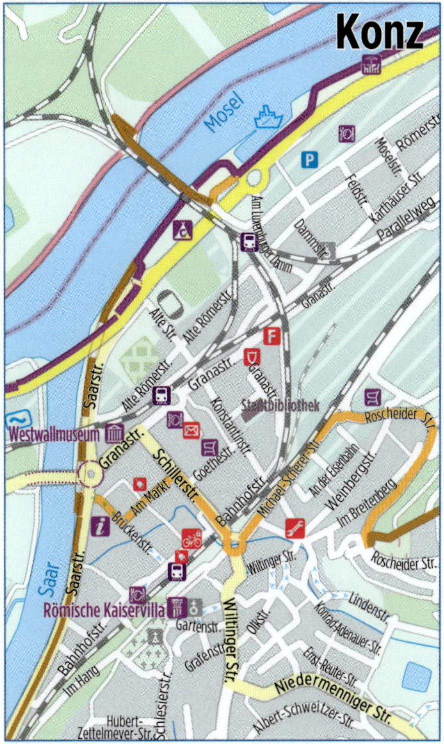

Von Konz nach Trier — 8,5 km

Nun immer am rechten Moselufer dahin ~ erst an einem kleinen **Bootshafen**, dann an der Klosteranlage Karthaus vorbei.

Klosteranlage Karthaus (Konz)

Vorwahl: 06501

Ehem. Kloster Karthaus, Brunostr. 23, ✆ 83-219. Die Klosteranlage stammt aus dem 17. Jh. Die schmale, hohe, einschiffige Kirche bildete die Mittelachse der Anlage. Die Portalfassade aus Rotsandstein reicht mit dem doppelten Volutengiebel über das Dach hinaus. Aus der Ferne natürlich nicht zu erkennen, aber den Gesamteindruck bestimmend, schmücken die Front außerdem die überlebensgroßen Figuren des Hl. Bruno und des Hl. Franziskus. @ xyq163

Die schmale, hohe einschiffige Kirche bildete die Mittelachse der Anlage. Die Portalfassade aus Rotsandstein reicht mit dem doppelten Volutengiebel über das Dach hinaus. Aus der Ferne natürlich nicht zu erkennen, aber den Gesamteindruck bestimmend, schmücken die Front außerdem die überlebensgroßen Figuren des Hl. Bruno und des Hl. Franziskus.

Zwischen Fluss und Bahn radeln Sie weiter bis nach Trier ~ **10** die **Konrad-Adenauer-Brücke** unterqueren, in gerader Verlängerung von dieser Brücke führt eine Straße zu einem mächtigen Gotteshaus, der St.-Matthias-Basilika.

St.-Matthias-Basilika

Die St.-Matthias-Basilika verdankt ihre Entstehung einem römischen Gräberfeld. Der erste Bischof von Trier, Eucharius, errichtete über den Toten eine dem Evangelisten Johannes geweihte Kirche. In ihr wurden er und sein Nachfolger Valerius bestattet, allerdings wurde diese „Cella Eucharii" von den Franken zerstört. Um 460 n. Chr.

Hauptmarkt in Trier

erbaute Bischof Cyrillus in der Nähe ein neues Gotteshaus und übertrug die Gebeine der Heiligen dorthin. In jener Zeit siedelte sich hier auch eine Klerikergemeinschaft an. Beim Bau der jetzigen Basilika um 1127 fand man die Reliquie des Apostels Matthias. Damit war das Heiligtum nicht nur Grablege der Bischöfe, sondern auch das Ziel unzähliger, den Apostel verehrender Pilger. Der Volksmund wandelte den Namen der Wallfahrtsstätte von St. Eucharius in St. Matthias um. Als es 1148 von Papst Eugen III. geweiht wurde, nahmen an der Feier nicht weniger als 47 Kardinäle teil, was belegt, wie bedeutend das Gotteshaus war.

Entlang der Mosel die **Römerbrücke** unterqueren und weiter bis zur **Kaiser-Wilhelm-Brücke**.

Trier s. S. 46

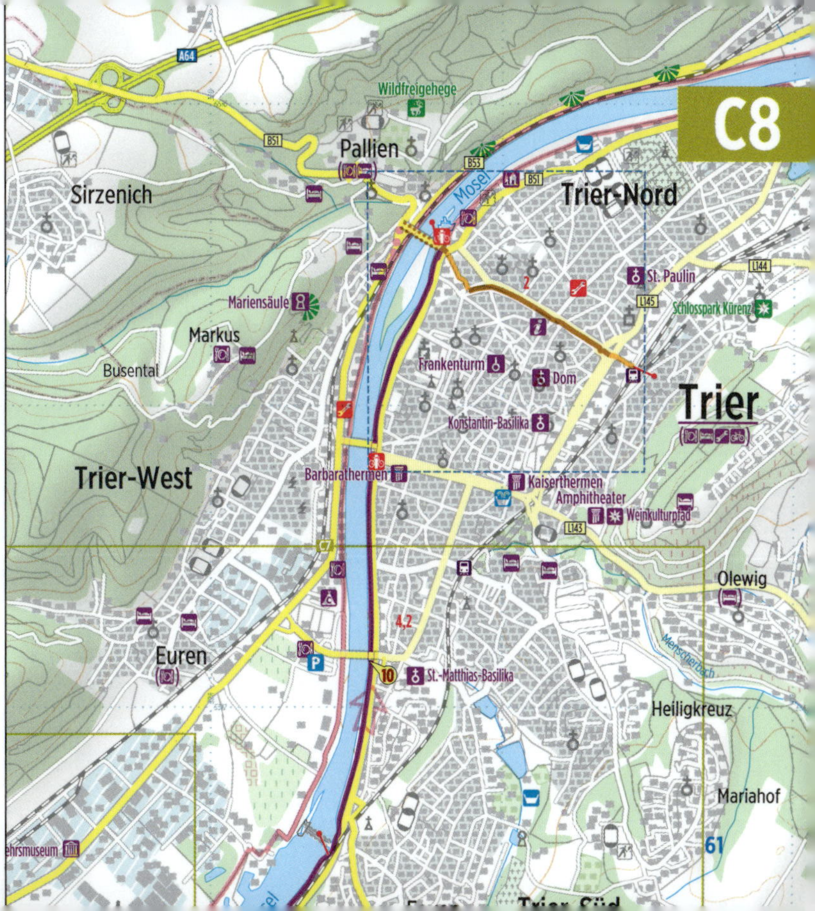

Von Trier nach Bernkastel-Kues am linken Ufer 65,8 km

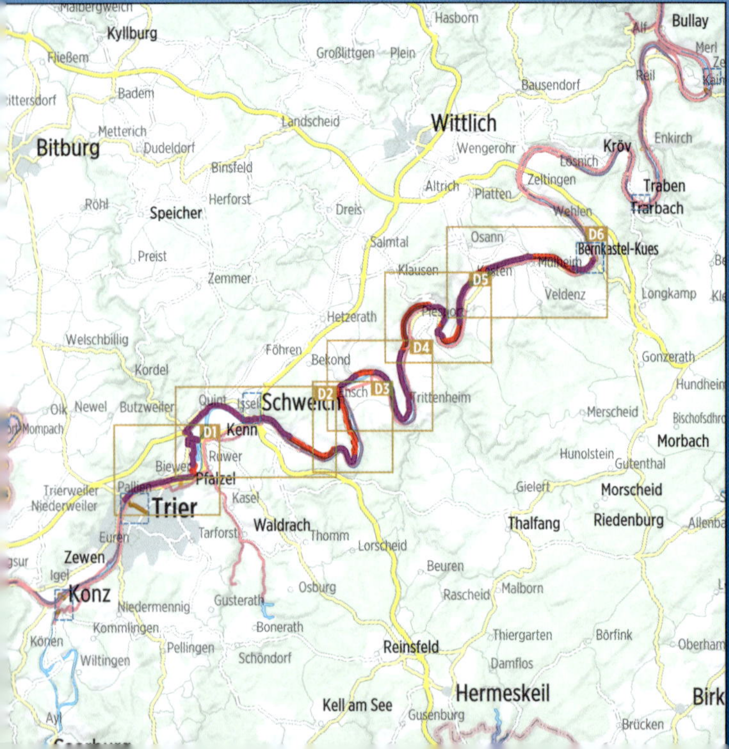

HM/km: ↗ 0,5 (33m) ↘ 0,8 (50m) **Radweg:** 61 % **Unbefestigt:** 0 % **Verkehr:** 23 %

Sie verlassen nun die sehenswerte Stadt Trier und setzen Ihre Tour Richtung Bernkastel-Kues fort. Während der nächsten 65 Kilometer an der Mosel passieren Sie mehrere alte Fährtürme, im lebendigen Weinort Mehring lockt die rekonstruierte Villa Rustica und in Piesport können Sie eine römische Kelteranlage aus dem 3.\4. Jahrhundert besichtigen. In Bernkastel-Kues, dem Endpunkt dieses Abschnitts, sollten Sie es auf keinen Fall versäumen, den bekannten „Bernkasteler Doctor“ zu verkosten.

Die ebene Route verläuft weiterhin auf befestigten, verkehrsarmen Straßen, Radwegen und Radstreifen.

Die offizielle Hauptroute führt von Trier nach Schweich am linken, ab Schweich am rechten Moselufer entlang.

Trier s. S. 46

Von Trier nach Mehring — *22 km*

1 Von der **Kaiser-Wilhelm-Brücke** links des Flusses weiter auf dem asphaltierten Radweg entlang der Mosel links der Route befinden sich Gleise, diese entfernen sich schließlich vom Radweg eine Eisenbahnbrücke unterqueren und weiter dem Verlauf des Radweges folgen es geht nach Pfalzel hinein.

Pfalzel (Trier) — L

St. Maria und St. Martin, Kirchpl. 7. Die ehem. Stiftskirche wurde um das Jahr 700 im Zusammenhang mit der Klostergründung errichtet und mehrfach erweitert.

Der Ort ist ein charmantes Plätzchen mit historischen Häusern, die die Vielfalt der Baustile von der Gotik bis in die Neuzeit veranschaulichen. Hier legten spätrömische Kaiser einen Palast an, der wie eine Festung anmutete, um den Zugang nach Trier zu kontrollieren. Der südöstliche Bereich wurde später zum Kloster ausgebaut. Ein Teil der Wallmauer ist noch erhalten.

Ein Bummel durch die engen Gassen und Plätze lohnt sich. Am Kirchplatz befindet sich übrigens

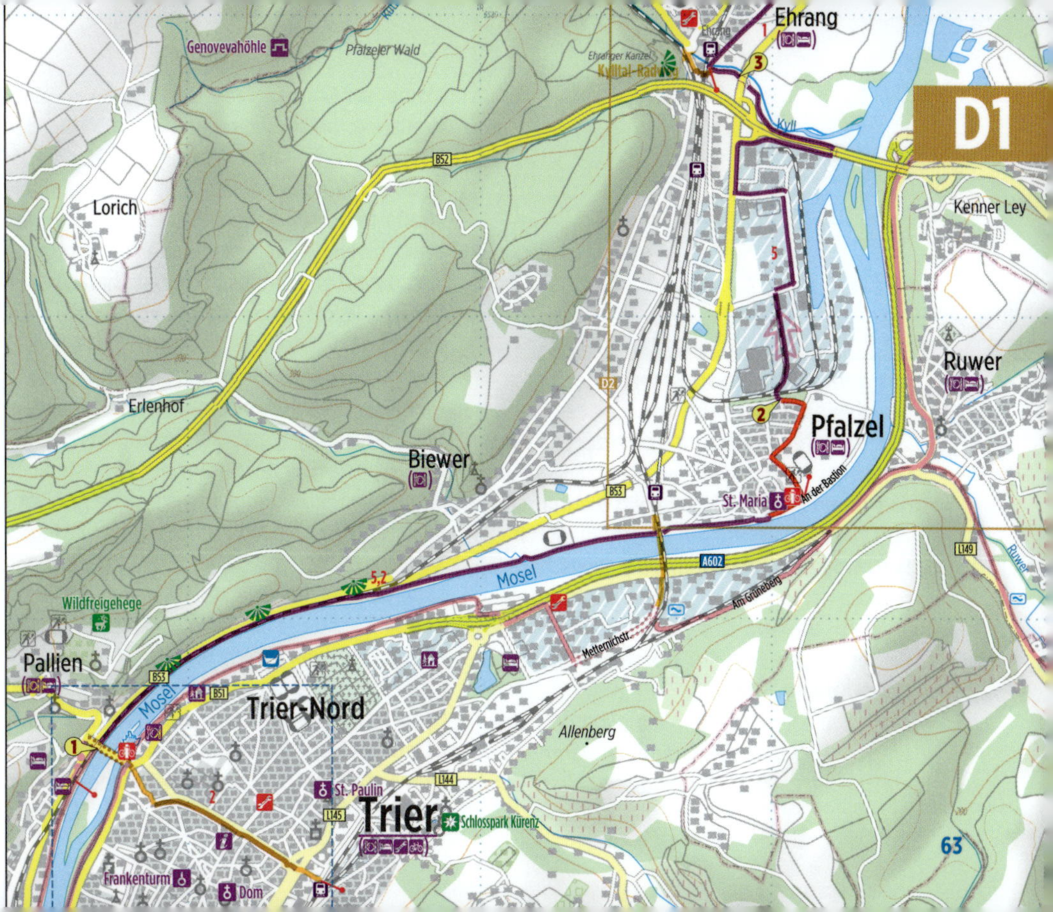

Schweich, Fährturm

das vermutlich älteste, bewohnte römische Steinhaus Deutschlands.

Die Route führt durch ein Tor in der Hochwasserschutzwand und weiter zu einer Kreuzung, hier dem Mosel-Radwegschild Richtung Ehrang nach rechts folgen ⤳ erneut durch die Hochwasserschutzwand, weiter zwischen den Mauern ⤳ der Straße **An der Bastion** folgen ⤳ dem Verlauf des asphaltierten Weges weiter folgen ⤳ beim Abzweig links in die **Hans-Adamy-Straße**.

Links sind noch Teile der ehemaligen Wallmauern von Pfalzel zu sehen, die im 16. Jahrhundert zum Schutz der wohlhabenden Stadt errichtet wurden.

Vorbei an Sportplätzen und weiter zu einer Kreuzung, an dieser rechts ⤳ vorbei an den Häusern von Pfalzel ⤳ der Linkskurve der Straße am Ende der Häuser in die **Karolingerstraße** folgen ⤳ **2** kurz darauf rechts in den Wald hinein ⤳ dem asphaltierten Weg, der kurz darauf wieder aus dem Wald herausführt, folgen ⤳ links befinden sich Gleise ⤳ geradeaus über den Parkplatz zur Straße hin ⤳ die Straße überqueren und weiter auf dem linksseitigen Radweg ⤳ eine Straße queren und auf dem Radweg nach links abbiegen und bis vor zur **B 53** ⤳ an der Bundesstraße nach rechts auf den straßenbegleitenden Radweg ⤳ beim Hochspannungsmast nach rechts ⤳ vor der Mosel links und unter der B 52 hindurch ⤳ gleich nach Unterquerung der Brücke links halten ⤳ **3** unter der Bundesstraße hindurch und schließlich der Rechtskurve der Straße folgen.

ANSCHLUSS **An dieser Stelle zweigt der Kylltal-Radweg ab, der unter anderem zur etwa 5 km entfernten Burg Ramstein führt.**

Den Schildern des Mosel-Radweges folgen ⤳ links befinden sich die Häuser von Ehrang.

Ehrang (Trier)

Reste der alten Stadtmauer, Fröhlicherstr. Die Stadtbefestigung wurde ursprünglich als Ringmauer im 14. Jh. angelegt und später teilweise erneuert. Sie ist heute noch sehr gut erhalten.

Ehrang-Quint ist einer der insgesamt 19 Stadtteile von Trier, er ist flächenmäßig der mit Abstand größte. Ehrang war zur Römerzeit ein viel genutzter Friedhof. Grabfunde aus dem 3. bis 7. Jahrhundert beweisen die kontinuierliche Belegung.

Vorbei am **Marien-Krankenhaus** und dem Verlauf des asphaltierten Weges folgen ⤳ weiter zu einer Kreuzung mit einer stärker befahrenen Straße ⤳ vor dieser Straße links in den Rad- und Fußweg ⤳ rechts unter der Straße hindurch und dem Wegeverlauf folgen ⤳ rechts in den Weg, der an einem Fabrikgebäude vorbeiführt ⤳ der Rechtskurve des Weges folgen ⤳ **4** unter der **B 53** hindurch und links halten, auf der linken Seite befindet sich der Ortsteil Quint.

Quint (Trier)

Vorwahl: 0651

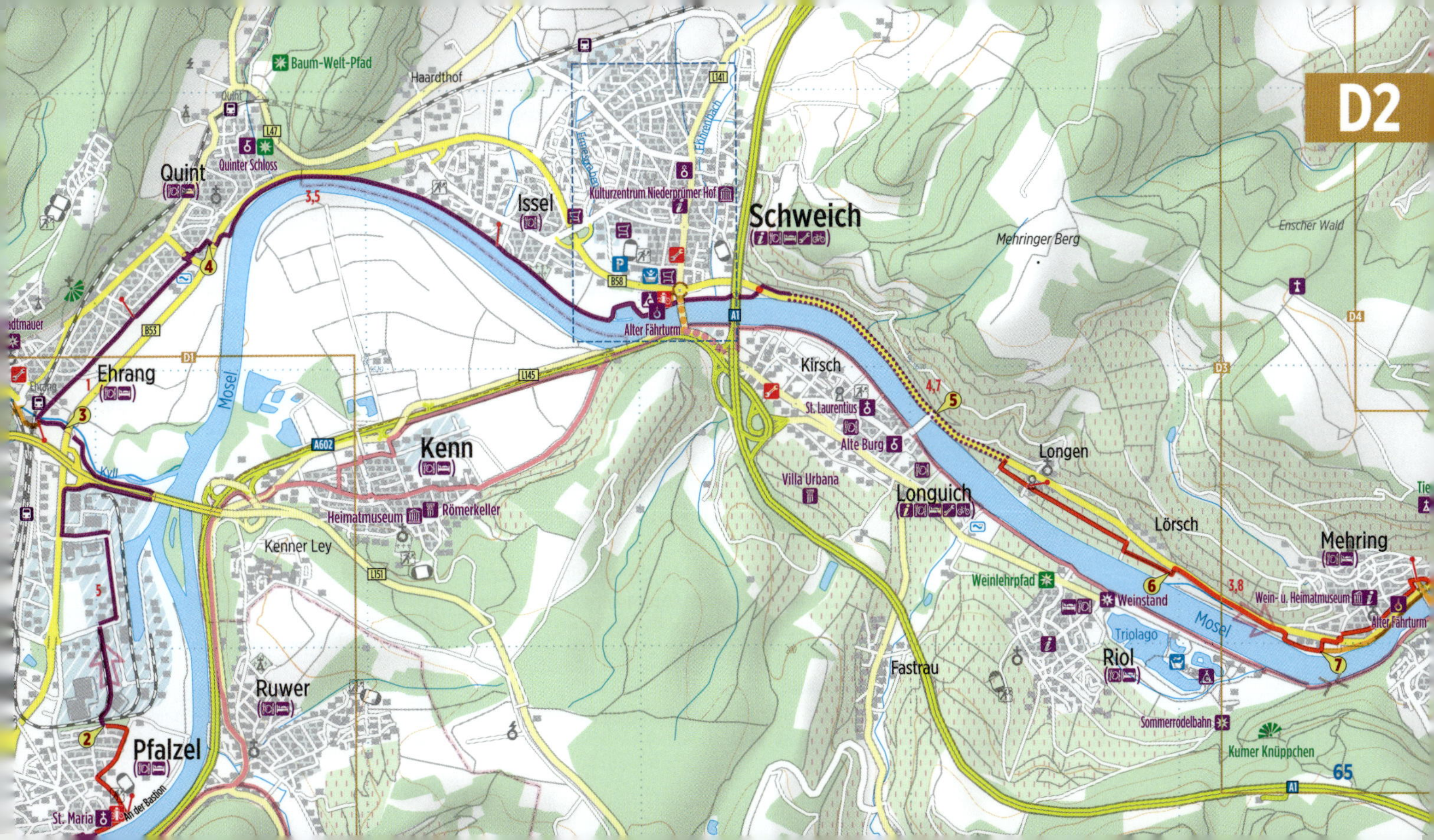

D2
Baum-Welt-Pfad
Haardthof
Quint
Quinter Schloss
L47
3,5
4
Issel
Kulturzentrum Niederprümer Hof
Schweich
L141
Mehringer Berg
Enscher Wald
B58
Alter Fährturm
A1
B53
D1
D3
D4
Ehrang
1
3
Mosel
L145
A602
Kenn
Kirsch
St. Laurentius
Alte Burg
4,7
5
Longen
Villa Urbana
Longuich
Lörsch
Mehring
Kyll
Heimatmuseum
Römerkeller
Kenner Ley
L151
Weinlehrpfad
Weinstand
6
3,8
Wein- u. Heimatmuseum
Alter Fährturm
Triolago
7
5
Fastrau
Riol
Ruwer
2
Pfalzel
Sommerrodelbahn
Kumer Knüppchen
St. Maria
An der Bastion

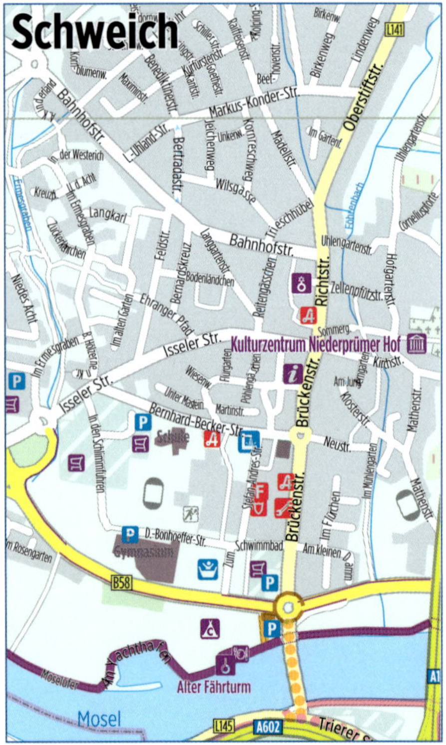

Quinter Schloss. Das barocke Schloss war einst Wohnsitz der Besitzer der Quinter Eisenhütte. Die dreiflügelige Anlage ist nur von außen zu besichtigen.

Baum-Welt-Pfad Forstamt Trier, Am Rothenberg 10, ✆ 824970. Der knapp 4 km lange Rundweg ist gesäumt von verschiedensten, exotischen Baumarten aus aller Welt. @ uab813

Park des Schlosses Quint. Der als Barockgarten angelegte und später zu einem englischen Landschaftsgarten umgestaltete Park beherbergt einen seltenen alten Baumbestand.

Am Flussufer links weiter ~ vorbei an den Häusern von **Issel** ~ bei der Gabelung rechts halten und weiter Richtung Schweich ~ der Links-Rechts-Kurve der Straße folgen, es geht an einem **Hafengebiet** mit Booten und Yachten vorbei ~ rechts auf dem Weg weiter und dem Verlauf des Weges folgen ~ links befindet sich ein Campingplatz.

TIPP
In Schweich wechselt die offizielle Hauptroute auf die rechte Moselseite. Die Routenbeschreibung finden Sie ab S. 80.

Schweich

L

Vorwahl: 06502

Tourist-Information Römische Weinstraße, Brückenstr. 46, ✆ 93380, @ uto126

Kulturzentrum Niederprümer Hof, Hofgartenstr. 26, ✆ 6524 Ausstellungen über Leben und Werk des Schriftstellers Stefan Andres und über Pater Johannes Maria Haw (Gründer des Johannesbundes). Außerdem ist im Dachgeschoss die Puppenbühne „Leierkasten" zu sehen.

Molitorsmühle, Föhrenbach, ✆ 1336 Die historische Wassermühle von 1824 ist vollständig erhalten und erzählt ein Stück Handwerks- und Kulturgeschichte. @ ojw177

Synagoge, Richtstr. 40, ✆ 0171/9511006 Kultur- und Begegnungsstätte.

Alter Fährturm. Der Turm ist das Wahrzeichen der Stadt und ein Denkmal des historischen Fährbetriebs. Er wurde Ende des 18. Jhs. erbaut.

Heilbrunnen, Am Heilbrunnen. Die Gesamtanlage besteht aus einer gefassten Quelle, einer Marienkapelle und 14 Kreuzwegstationen in einer parkähnlichen Anlage. @ njx624

Erlebnisbad Schweich, Am Schwimmbad 1, ✆ 2497

Unter einer Brücke hindurch und nun einfach geradeaus weiterfahren ~ eine kleine Brücke überqueren und unter der **Autobahnbrücke** hindurch ~ links zur Bundesstraße hin, diese überqueren ~ rechts weiter auf dem linksseitigen Radweg der **B 53** ~ der Radweg geht in einen Radstreifen über, dem Verlauf dieses Radstreifens folgen ~ **5** vorbei an der Brücke über die Mosel und weiter Richtung Longen ~ kurz vor dem Ortsschild folgen Sie rechts dem Weg ~ gleich darauf links Richtung Mehring ~ links befinden sich die Häuser von Longen.

Longen

Dem Verlauf dieser Straße folgen ~ die Kreuzung geradeaus überqueren, es geht durch die Weingärten hindurch ~ an der T-Kreuzung rechts, gleich darauf wieder links ~ **6** an der nächsten T-Kreuzung wieder links und vor der Bundesstraße rechts Richtung Mehring ~ links der Route verläuft nun parallel die Bundesstraße ~ die Route führt wieder zu einer T-Kreuzung, an dieser rechts und es geht nun wieder direkt an der Mosel entlang ~ **7** links in die Straße **Zellerhof**, und dieser rechts entlang der Bundesstraße folgen ~ links abbiegen, die Bundesstraße queren und weiter in der Bachstraße ~ gleich darauf rechts in die **Medardusstraße** und auf dieser durch Mehring.

Mehring L

Vorwahl: 06502

Tourist-Information Mehring, Bachstr. 47, ✆ 1413, @ qtj775

Wein- und Heimatmuseum, Bachstr. 47, ✆ 1413 Gehegt und gepflegt wird die Mehringer Geschichte für Sie im Wein- und Heimatmuseum. In dem schönen Barockbau aus dem 16. Jh. zeigt die interessante Ausstellung einen Querschnitt von der ersten urkund-

Die Moselschleife bei Leiwen und Trittenheim

lichen Erwähnung im Jahre 752 bis zur heutigen Zeit. Die vollständige Nachbildung der römischen Villa und Ausgrabungsfunde beleuchten die Römische Zeit. Natürlich erfahren Sie auch alles Wissenswerte über 2.000 Jahre Weinbautradition.

- **Villa Rustica**, In der Kircheneck, ✆ 1413. Überreste und Rekonstruktionen der römischen Villa Rustica.
- **Alter Fährturm**. Auch wenn die ehemalige Fährverbindung längst eingestellt wurde, der alte Fährturm prägt immer noch das Ortsbild und gilt als Wahrzeichen der Gemeinde.
- **Aussichtsturm „Fünf-Seen-Blick"**, Detzemer Wald. Aufgrund von Restaurierungsmaßnahmen bleibt der Aussichtsturm im Jahr 2022 geschlossen. Von der hölzernen 30 m hohen Aussichtskanzel erfasst das Auge den Moselbogen fünfmal, immer unterbrochen von Wäldern und Weinbergen, und lässt sie wie fünf Seen erscheinen.
- **Gesundheitspark**. Im Gesundheitspark befindet sich die Finnenbahn, eine Rundstrecke die ein gelenkschonendes Laufen ermöglicht. Des Weiteren befinden sich Fitnessgeräte in der Parkanlage.

Von Mehring nach Trittenheim 15,5 km

Weiter zur T-Kreuzung ~ links in die **Engelstraße** ~ rechts auf die **Brückenstraße** und auf dieser wieder vor zur Bundesstraße ~ auf dem Radstreifen an der **B 53** weiter ~ die Route führt schließlich links von der Bundesstraße weg und nach Pölich hinein.

Pölich L

- **Römische Wasserleitung**. Die Tunnelwasserleitung stammt aus der Zeit um 206 n. Chr. Sie diente der Wasserversorgung einer römischen Villenanlage.

Dem Verlauf der Straße folgen ~ an der Gabelung rechts halten ~ die Straße führt nun wieder zur **B 53**, diese überqueren ~ links auf den Weg neben der Bundesstraße ~ die Kreuzung geradeaus überqueren ~ **8** kurz darauf rechts, geradeaus wird der Weg unbefestigt ~ an der Kreuzung links Richtung Schleich ~ es geht durch die Weingärten hindurch ~ der Linkskurve des Weges folgen und weiter zur T-Kreuzung ~ rechts Richtung Ensch ~ an der nächsten T-Kreuzung links Richtung Schleich ~ **9** an der Straßengabelung gleich danach rechts ~ dem Verlauf dieses asphaltierten Weges folgen ~ links befindet sich der Ort Schleich.

Schleich L

Dem Weg nach links folgen ~ vor bis zu den Häusern und hier rechts Richtung Ensch ~ weiterhin durch die Weinberge hindurch ~ eine kleine Holzbrücke überqueren ~ **10** gleich danach links zur Bundesstraße und rechts auf den Weg neben der Bundesstraße ~ weiter bis zur Kreuzung vor der Unterführung, hier links unter der Bundesstraße hindurch.

Ensch L

Unmittelbar nach der Unterführung rechts ~ dem Verlauf der Straße parallel der Bundesstraße am Ortsrand von Ensch folgen ~ am Ortsende links auf die Bundesstraße ~ nach ein paar hundert Metern beginnt ein Radweg auf der linken Seite der Bundesstraße.

UMLEITUNG **⚠ Zwischen Klüsserath und Trittenheim verläuft die Route auf dem Radstreifen der stark befahrenen B 53. Bitte beachten Sie, dass die Bundesstraße aufgrund von Bauarbeiten bis Anfang 2023 gesperrt sein soll. In dieser Zeit müssen Sie die Uferseite wechseln und von Thörnich bis Trittenheim bzw. Neumagen-Dhron am rechten Ufer fahren (s. S. 83).**

Sobald der Radweg links der Mosel wieder freigegeben ist, fahren Sie unter der Straßenbrücke hindurch und weiter Richtung Klüsserath ~ am ersten Linksabzweig geradeaus vorbei ~ nach der Brücke über die Salm links nach Klüsserath ~ der starken Rechtskurve der Straße folgen.

Klüsserath

Vorwahl: 06507

- **Tourist-Information**, Kirchstr. 3, im Gemeindezentrum „Alte Ökonomie", ✆ 3099, @ tgk762
- **Haus der Krippen**, Hauptstr. 83, ✆ 939204 Vielfältige Krippenschau mit über 90 Exponaten, welche die Geburt Jesu darstellen und fachkundige Hintergrundinformationen bieten. @ jxp615
- **Ehem. Wasserburg**, Burgweg 1, ✆ 4585 Die heutige Burg mit mächtigem Kreuzgewölbekeller wird 1270 zum ersten Mal erwähnt und ist als viergeschossiger Wohnturm gut erhalten. Das noch erhaltene Kelterhaus wurde 1744 auf dem verfüllten Wassergraben angebaut. Auf dem Weingut erleben Sie die Weinkultur in einem der schönsten und ältesten Keller Deutschlands (7. Jh. n. Chr.). @ ffh487

Moselufer Trittenheim

Folgen Sie der **Mittelstraße** durch den Ort hindurch ~ nach den letzten Häusern vor zur Bundesstraße und auf dem Radstreifen weiter ~ diesem bis Trittenheim folgen.

Trittenheim

Vorwahl: 06507

- **Tourist-Information Trittenheim**, Moselweinstr. 55, ✆ 2227, @ epb471
- **St. Clemens**. Die katholische Kirche wurde in den Jahren 1790 und 1793 an der gleichen Stelle wie der Vorgängerbau errichtet.
- **Laurentiuskapelle**. Die Kapelle wurde erstmals im Jahre 1569 urkundlich erwähnt. Sie wurde nach dem Weinheiligen Laurentius benannt.
- **Römische Sarkophage**, Weinlage „Trittenheimer Apotheke". Die Grabstätte mit zwei Sarkophagen aus hellem Sandstein wurde vermutlich zur Zeit der Regierung der Kaiser Valentinian und Gratian (etwa um 375 n. Chr.) angelegt. @ ukl636
- **Fährtürme**. Die Fährtürme dienten als Behausung des Fährmannes und als Verankerung für das Seil. Sie sind Zeugnis eines Pontenfährbetriebes von ca. 1829 bis 1908/09 und das einzig erhaltene Pärchen an der Mosel zwischen Perl und Koblenz. @ nts378

Von Trittenheim nach Bernkastel-Kues 28 km

Radeln Sie weiter geradeaus auf dem rechtsseitigen Radweg, Sie kommen direkt durch den Weinort Trittenheim ~ vor dem Klärwerk nach rechts abbiegen ~ kurz darauf links und am Fußballplatz vorbei ~ im Linksbogen zur Bundesstraße zurück ~ **11** hier rechts und auf dem rechtsseitigen Radweg entlang der **B 53** ~ kurz vor der Brücke über die Mosel rechts in einen asphaltierten Landwirtschaftsweg.

TIPP: Für einen Besuch Neumagen-Dhrons, dem ältesten Weinort Deutschlands, können Sie auf der Brücke das Ufer wechseln.

Neumagen-Dhron s. S. 85

Unter der Brücke hindurch und weiter auf dem Weg entlang der Mosel radeln ~ vorbei an den wenigen Häusern von **Ferres** ~ weiter bis nach Piesport ~ der Straße durch den Ort hindurch folgen und über die Brücke weiter nach Piesport (Niederemmel).

Piesport

Vorwahl: 06507

- **Tourist-Information**, Heinrich-Schmitt-Pl. 1, ✆ 2027, @ xga715
- **St. Michael**, St. Michaelstr. Die heutige Rokoko-Kirche wurde in den Jahren 1776-1777 errichtet.
- **Spoar-Kapelle**. Die Kapelle wurde im 19. Jh. errichtet. Reliefbilder und Inschriften erinnern an die im 16. Jh. kursierende Pest in Piesport.

- **Römische Kelteranlage.** Aus dem 3. od. 4. Jh., größte römische Kelteranlage nördlich der Alpen. Hier findet jedes Jahr am zweiten Wochenende im Oktober das römische Kelterfest statt. @ fdo514
- **Bootsverleih**, Römerstr. 38, ✆ 5558, ✆ 0176/78133700. Kanu-Verleih und geführte Touren. @ avs714
- **Kulturroute.** 23 Stationen in und um Piesport beschreiben besondere Gebäude, Brunnen, Kapellen oder Zeugnisse aus der Römerzeit. @ yam376

In Piesport gibt es eine Vielzahl kleiner entzückender Häuser, in den meisten davon wird seit uralter Zeit Wein gekeltert und ausgeschenkt. „Des Weingebirges Gepränge ... mit des Bacchus´ köstlicher Gabe. Wie ein natürliches Amphitheater baut es sich auf." So beschreibt bereits der römische Dichter Ausonius im Jahre 361 v. Chr. in seinem Gedicht „Mosella" die Ge-

gend um Piesport. Spektakuläre Entdeckungen machte man am Rande der weltberühmten Weinlage „Piesporter Goldtröpfchen". Nicht weit voneinander entfernt stieß man auf römerzeitliche Kelteranlagen aus dem 4. bzw. 2. Jahrhundert. Einer dieser Kelter wurde originalgetreu restauriert und ist voll funktionsfähig. Weitere Funde wie das „Diatretglas" oder die „Kaiserfibel" zeugen von der zentralen weinbaulichen Bedeutung zur Römerzeit.

Unmittelbar nach der Brücke rechts der Straße zum Flussufer folgen ⇝ rechts unter der Brücke hindurch und weiter auf dem Radweg ⇝ weiter entlang des Moselufers und vorbei an einem Wohnmobilstellplatz ⇝ **12** an der nächste Straße rechts abbiegen, bevor Sie die nächste Brücke erreichen ⇝ an der Bundesstraße links auf den Radstreifen ⇝ die Moselbrücke Richtung Minheim überqueren ⇝ an der Gabelung bei den ersten Häusern links halten ⇝ weiter nach Minheim hinein.

Minheim L

Vorwahl: 06507

Tourist-Information, Heinrich-Schmitt-Pl. 1, Piesport, ✆ 2027, @ xga715

Auf Höhe der Kirche an der T-Kreuzung links Richtung Bernkastel-Kues/Kesten ⇝ dem Verlauf der Straße durch Minheim folgen ⇝ am Ortsende die **K 53** überqueren ⇝ vorbei am Wohnmobilstellplatz zum Moselufer, danach links wieder zur K 53 ⇝ dem Radstreifen links der Kreisstraße nach Kesten folgen.

Kesten

Vorwahl: 06535

Tourist-Information, Moselstr. 2, ✆ 949334, @ daj636

Gleich am Ortsbeginn links weg von der Bundesstraße ⇝ an der T-Kreuzung links und kurz darauf rechts Richtung Lieser ⇝ dem Verlauf der **Paulinstraße** durch Kesten folgen ⇝ es geht aus Kesten hinaus ⇝ am Ende der Straße an der T-Kreuzung rechts ⇝ an der nächsten T-Kreuzung wieder rechts und weiter bis zur K 134 ⇝ auf die **K 134** links auffahren Richtung Lieser und Bernkastel-Kues ⇝ auf der Straße befindet sich nun ein Radstreifen ⇝ unter einer Brücke hindurch, danach geht es auf einem Radweg weiter ⇝ **13** weiter auf dem Weg, der rechts von der K 134 weg und zur Mosel hinführt.

Lieser L

Vorwahl: 06531

Touristinformation, Am Markt 38, ✆ 8746, @ mrr573

Schloss Lieser mit Schlosspark, Moselstr. 33. 1895 wurde das Schloss als Erweiterungsbau im Gründerzeitstil von den Freiherren Schorlemer errichtet, es befindet sich in der Mitte eines feudalen Parkes. Der ältere Teil ist ein Spätrenaissancebau von 1884-87. Das restaurierte Schloss ist heute zum Luxushotel ausgebaut. @ mto673

Alter Posthof, Am Alten Posthof 3. Alter Posthof der Thurn- und Taxis Post, begründet im 16. Jh. Wegen der Moselfähre war der Hof eine wichtige Station auf der Linie Wien-Brüssel. @ mjv822

Entlang der Mosel nun auf diesem schön asphaltierten Weg dahin, links des Weges befindet sich die **L 47** ⇝ kurz an einem Campingplatz entlang ⇝ an der T-Kreuzung links Richtung Bernkastel-Kues ⇝ der Rechtskurve des Weges folgen und den Hafen umfahren ⇝ vor zur **L 47** und an dieser nun rechts auf den rechtsseitigen Rad- und Fußweg ⇝ bei den ersten Häusern entfernt sich der Radweg von der Straße, Sie radeln nun am Moselufer ins Zentrum.

Bernkastel-Kues

Vorwahl: 06531

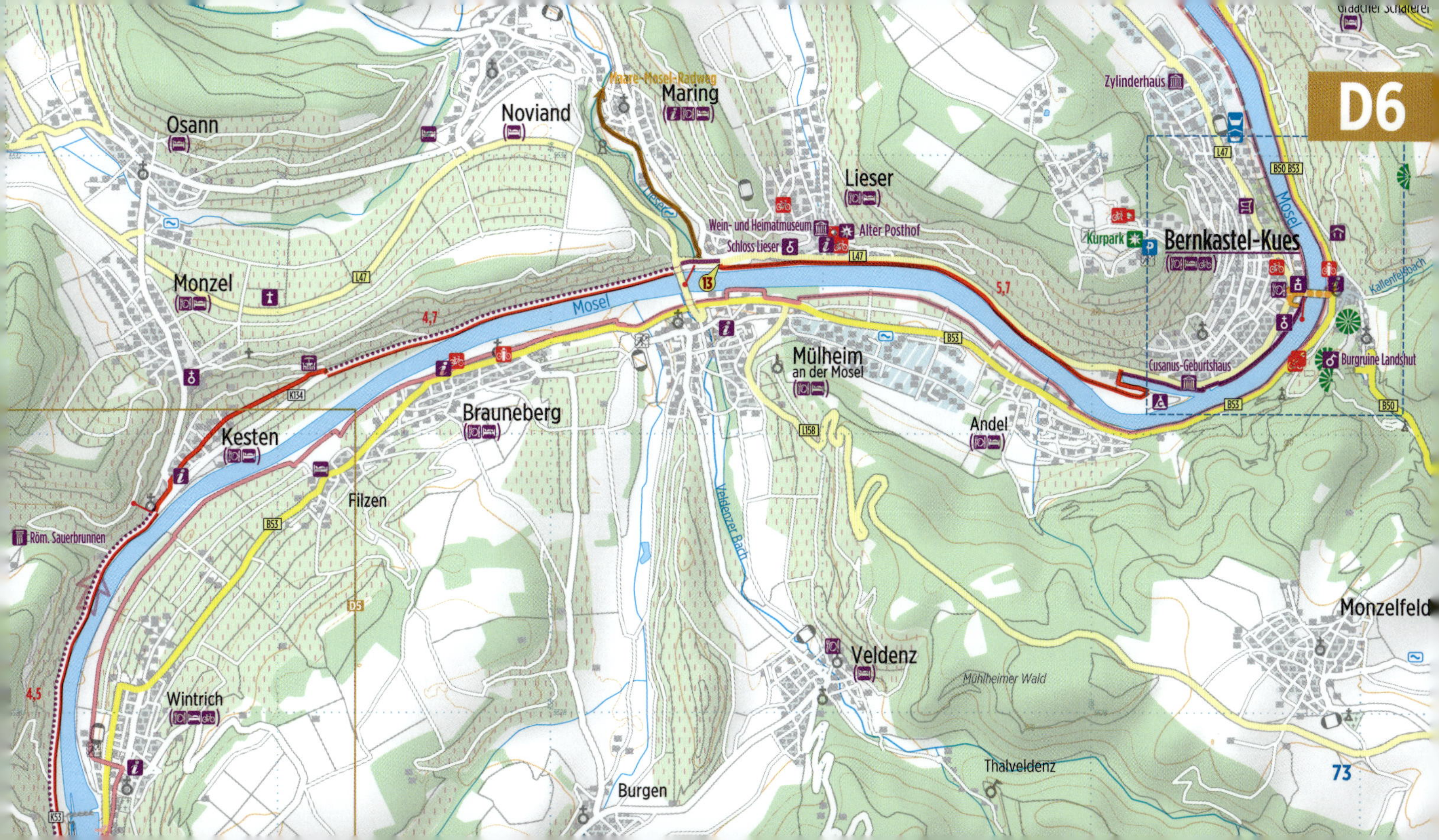
D6
Osann
Noviand
Maring
Maare-Mosel-Radweg
Lieser
Zylinderhaus
Wein- und Heimatmuseum
Alter Posthof
Schloss Lieser
Kurpark
Bernkastel-Kues
Monzel
Mosel
Kallenfelsbach
Mülheim
an der Mosel
Cusanus-Geburtshaus
Burgruine Landshut
Brauneberg
Kesten
Andel
Filzen
Röm. Sauerbrunnen
Veldenzer Bach
Veldenz
Monzelfeld
Mühlheimer Wald
Wintrich
Thalveldenz
Burgen
L47
B50 B53
B53
K134
L158
B50
K53
D5
4,7
5,7
4,5
13

Bernkastel-Kues, Ortsansicht

Mosel-Gäste-Zentrum, Gestade 6, ☎ 500190, @ mja476

Mosel-Personenschifffahrt Gebr. Kolb, am alten Moselbahnhof, ☎ 4719. Diverse Schiffstouren, u. a. Halbtagesfahrten von Bernkastel nach Traben/Trarbach und zurück sowie einstündige Moselrundfahrten. @ nvc532

Mosel-Schiffstouristik, Goldbachstr. 47, ☎ 06543/8222. Zahlreiche Rund-, Linien und Ausflugsfahrten. @ cwm174

Cusanus-Geburtshaus, Nikolausufer 49, ☎ 2831. Aufgrund von Umbauarbeiten ist das Haus seit August 2020 geschlossen. In dieser Zeit ist das Museum Sa und So von 11-17 Uhr geöffnet. Dokumentation über Nikolaus von Kues. @ jqu272

Heimatmuseum Graacher Tor, Graacher Str. 16, ☎ 7260, ab Ostern, Fr 18-20 Uhr, Sa, So 15-17 Uhr. Stadtgeschichtliche Ausstellung im einzig erhaltenen Stadttor. @ mjl214

Mosel-Weinmuseum – Vinothek, Cusanusstr. 2, ☎ 06543/4141, Vinothek: Mo-Fr 10-17 Uhr. Das Moselweinmuseum ist derzeit geschlossen. Führung und Weinprobe, Vinothek.

Zylinderhaus, Adolf-Kolping-Str. 2, ☎ 9737776 In dem Museum für Oldtimer und Technik können Sie u. a. Fabrikate der deutschen Automobilindustrie betrachten. Im Haus befindet sich auch ein Restaurant. @ iyk517

Evangelische Kirche, Saarallee 25. Der Schieferbruchsteinbau stammt aus den Jahren 1880/81.

St.-Nikolaus-Hospital (Cusanusstift), Cusanusstr. 2, ☎ 2260, Kapelle: So-Fr 9-18 Uhr, Sa 9-15 Uhr, Führungen: April-Okt., Di 10.30 und Fr 15 Uhr. Die gotische Kapelle bildet den Mittelpunkt des mittelalterlichen Hospitalbaus (etwa 1451-58) mit einzigartiger Architektur, Bibliothek mit Handschriften des großen Gelehrten Nikolaus von Kues. @ iyn134

Burgruine Landshut, Am Burgberg 1, ☎ 5005900. Die Burgruine hoch oberhalb der Mosel ist zu Fuß erreichbar (ca. 30-45 Min.) und bietet eine faszinierende Aussicht. In der Anlage befindet sich ein Hotel-Restaurant.

Kurpark, Im Kurpark. In der wunderschönen Parkanlage befindet sich u. a. das Kurgastzentrum.

Moselbad, Peter-Kremer-Weg, ☎ 3003. Aufgrund von Sanierungsarbeiten bleibt das Bad während der gesamten Hallenbadsaison 2022 bis auf Weiteres geschlossen.

Die Altstadt von Bernkastel verlangt einen Aufenthalt ohne Hast. Wie ein Schmuckkästchen präsentiert sich der Marktplatz. Stattliche Fachwerkhäuser säumen den Platz, jedes einzelne verdient genauere Betrachtung.

Im Rathaus, das im Laufe der Jahrhunderte immer wieder vergrößert wurde, befand sich die Gerichtsstätte, am Mauerwerk hängt die alte Prangerkette. Zwischen den Bögen der jetzt verglasten Arkaden trägt ein Erker das Wappen.

An der Ecke zur Römerstraße steht ein Haus, das um das Jahr 1583 errichtet wurde. Über das niedrige Parterre ragen die drei Obergeschosse weit hinaus. Tierköpfe stützen die rankengeschnitzten Hölzer der Fensterumrahmungen. Ähnlich angelegt ist das Spitzhäuschen in der Karlstraße.

Mitten auf dem Platz steht der Michaelsbrunnen von Johann Ruprecht Hoffmann, der 1606 hier aufgestellt wurde. Auf dem bauchigen Pfeiler steht der goldene, schwertschwingende Erzengel. Über die Graacher Straße gelangt man zum Graacher Tor, einzig erhaltener Überrest der Stadtbefestigung.

Seit 1905 ist Bernkastel mit dem am anderen Ufer der Mosel gelegenen Kues vereint. Es ist insofern älter als Bernkastel, als man dort das erste moselländische Dorf, eine Siedlung aus der Jungsteinzeit, ausgrub. Erste schriftliche Beweise für die Existenz des Winzer- und Schifferdorfes gibt es aus dem Jahr 1030.

Ein berühmter Gelehrter des ausgehenden Mittelalters stammte aus Kues, der sich deswegen auch Nikolaus Cusanus nannte. Er hatte an den Universitäten von Heidelberg und Padua die Naturwissenschaft und das Recht studiert, später vertiefte er sich auch in die Theologie. Anhand zahlreicher Schriften legte er die Grundlage für die neue Wissenschaft des Seins und Erkennens, die auf die Versöhnung der Gegensätze zielte. Er verstand Gott als das Zusammenfallen aller Gegensätze, den Menschen als Mikrokosmos, der das unendliche Universum und das Göttliche reflektiert. Er befasste sich auch mit politischen und kirchlichen Reformen oder mit dem Ideal einer einzigen Weltreligion.

Noch eine Anekdote am Rande: Als Kurfürst Beomund II., welcher auf der Burg Landshut residierte, an einem lebensgefährlichen Fieber erkrankte und keine Medizin mehr half, brachte ihm ein alter Winzer ein Fass Wein. Nachdem der Fürst das Fass geleert hatte, genas er überraschend schnell. Deshalb taufte er die Lage „Bernkasteler Doctor", den guten Tropfen gibt es heute noch.

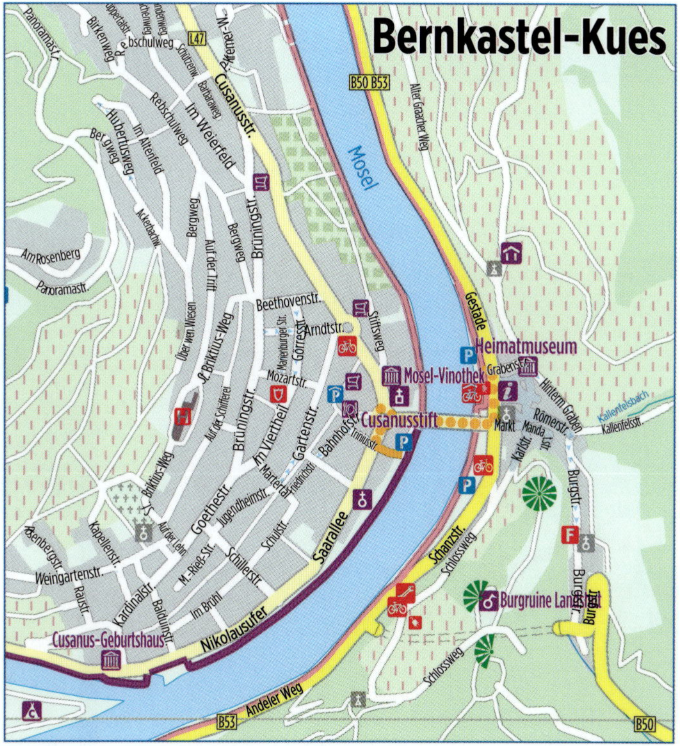

Von Trier nach Bernkastel-Kues am rechten Ufer

63,5 km

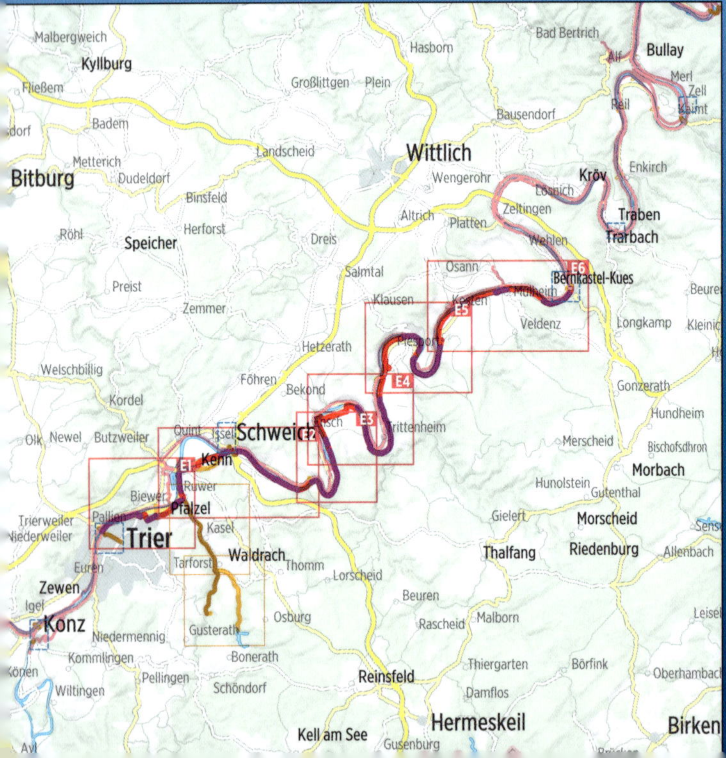

HM/km: ↗ 0,8 (48m) ↘ 1,0 (66m) **Radweg:** 53 % **Unbefestigt:** 0 % **Verkehr:** 1 %

Von Trier aus führt der Radweg nun am rechten Moselufer weiter. Genießen Sie den Ausflug ins Ruwertal zur Burgruine Sommerau sowie zur Riveristalsperre und entdecken Sie die Überreste der römischen Besiedelung wie z. B. die Villa Urbana in Longuich und die Villa Rustica in Mehring. Einen Stopp einlegen sollten Sie in Neumagen-Dhron, um im „Ältesten Weinort Deutschlands", wo bei Ausgrabungen ein römisches Kastell entdeckt wurde, ein Glas des hervorragenden Weines zu verkosten. Bernkastel-Kues mit seinen hübschen Häusern und romantischen Plätzen bildet schließlich den krönenden Abschluss dieses Abschnitts.

Die Route verläuft durchgehend auf ebenen, befestigten Radwegen und verkehrsarmen Straßen. Einzig beim Ausflug ins Ruwertal sind ein paar Steigungen zu bewältigen.

Die offizielle Hauptroute führt von Trier nach Schweich am linken, ab Schweich am rechten Moselufer entlang.

Trier s. S. 46

Von Trier nach Longuich *14,5 km*

1 Nach Unterquerung der **Kaiser-Wilhelm-Brücke** auf dem Radweg an der rechten Seite der Mosel dahin ~ vorbei an der Jugendherberge und weiter dem Weg folgen ~ dieser beschreibt schließlich einen Rechtsbogen ~ an der Straße ebenfalls rechts ~ links parallel zur Autobahn und nach wenigen Metern rechts unter der Autobahn hindurch ~ gleich nach der Unterführung links auf die **Loebstraße** ~ **2** bei den Autoreparaturwerkstätten rechts in die **Rudolf-Diesel-Straße** ~ an weiteren Geschäften und Autohändlern vorbei und weiter bis zur T-Kreuzung, hier links in die **Metternichstraße** ~ auf beiden Seiten der Straße befindet sich ein Radstreifen ~ rechts unter der Bahn hindurch ~ nach Unterquerung der Bahn dem Verlauf der asphaltierten Straße folgen ~ die Gleise überqueren und gleich danach links auf die Straße **Am Grüneberg** ~ neben der Route befinden sich die Gleise ~ geradeaus weiter, auf der linken Seite

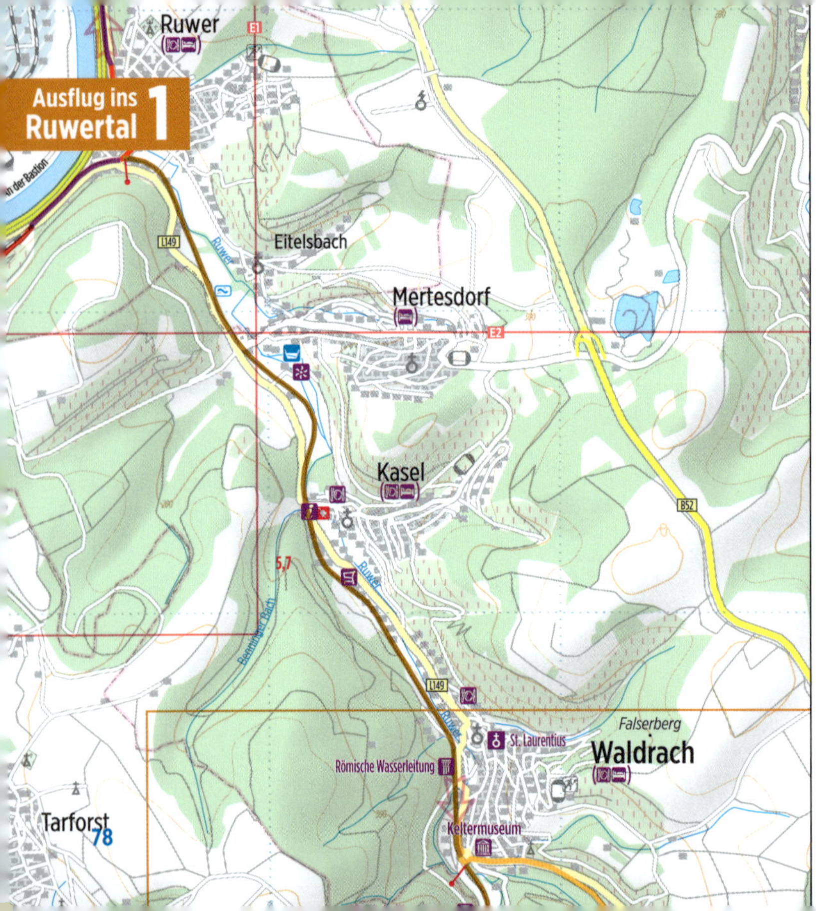

beginnt ein Radweg ~ vorbei an einer Tankstelle, es sind bereits die ersten Häuser von Ruwer zu sehen ~ an der Hauptstraße links auf die **Ruwerer Straße** abbiegen ~ die Route führt nach Ruwer hinein.

Ruwer (Trier)

AUSFLUG Die Ruwer ist ein kleinerer Nebenfluss der Mosel, der im Hunsrück entspringt. In Ruwer startet der Ruwer-Hochwald-Radweg, auf dem der Ausflug ins Ruwertal verläuft. Nach der Fahrt durch eine ruhige und idyllische Landschaft erreichen Sie die Ruine Sommerau und die Riveris-Talsperre.

Ausflug ins Ruwertal 11 km

Nach der Straße Fischweg führt die Route rechts auf den Ruwer-Hochwald-Radweg.

Die sonnenüberfluteten Schieferhänge sind auch im Ruwertal mit Wein überzogen. Es handelt sich hauptsächlich um die Riesling-Traube, die hier seit Jahrtausenden kultiviert wird. Auf den schattigen Hängen breiten sich hingegen großflächige Wälder aus, die bis in den Naturpark Saar-Hunsrück reichen.

Das erste Dorf, durch das Sie im Ruwertal radeln, ist Kasel.

Kasel R

Vorwahl: 0651

- **Tourist-Information Ruwer**, Bahnhofstr. 37a, ✆ 1701818, @ hlw552
- **St. Nikolaus**, Hauptstr. 26. Die Doppelkirche birgt im Inneren einen sehenswerten Tabernakelaltar aus dem 18. Jh.

Hier besaßen Trierer Klöster recht einträgliche Gutshöfe. Dazu zählt jener Hof, der heute das Landgasthaus „Pauliner Hof" beherbergt, hierfür gibt es Berichte aus dem Jahr 1373. Gleich gegenüber steht das ehemals

St. Marien zugehörige Gut „Marienkloster", das heute ein Privathaus ist.

Waldrach R

- **Keltermuseum**, Gartenstr., Pl. der Deutschen Weinkönigin. Keltern (abgeleitet von dem lateinischen Wort calcare) bedeutet soviel wie „mit den Füßen treten" und bezeichnet das Pressen von Weintrauben und anderen Früchten bei der Saft- bzw. Weingewinnung.
- **St.-Laurentius-Kirche.** Die heutige Pfarrkirche wurde im Jahr 1904 errichtet. Der älteste Teil der Kirche ist der viergeschossige Westturm. Dieser stammt zum Teil aus dem 13. Jh.
- **Römische Wasserleitung**, südöstlich des Ortes. Die Nachbildung der römischen Wasserleitung – aus Originalteilen erstellt – zeigt den Querschnitt und die Bauweise.

In Waldrach wurde ein Teilstück der römischen Wasserleitung nach Trier entdeckt, die seit dem 2. Jahrhundert das Wasser der Ruwer aufnahm. Aus dem Quellgebiet der Ruwer bezieht Trier übrigens noch heute sein Trinkwasser.

Nach der ehemaligen Eisenbahnbrücke führt der Weg über eine Brücke über die Ruwer und nähert sich dann wieder der Bundesstraße, hier zweigt der Weg zur Talsperre ab.

Zur Ruine Sommerau

Um zur Ruine **Sommerau** zu gelangen, folgen Sie immer weiter dem Verlauf des Ruwer-Hochwald-Radweges nach Sommerau.

Sommerau (Trier)

- **Ruine Sommerau.** Die ursprüngliche Burg wurde im 13. Jh. auf einem Felssporn erbaut. Über die Jahre zerfiel sie jedoch immer mehr zur Ruine, bis sie dann schließlich in den Jahren 1989/90 restauriert wurde.
- **Wassermühle.** Historische Wassermühle mit kleinem Wasserfall.

Die Ortschaft Sommerau liegt malerisch in einem Talkessel der Ruwer und wird von der Burgruine „gekrönt".

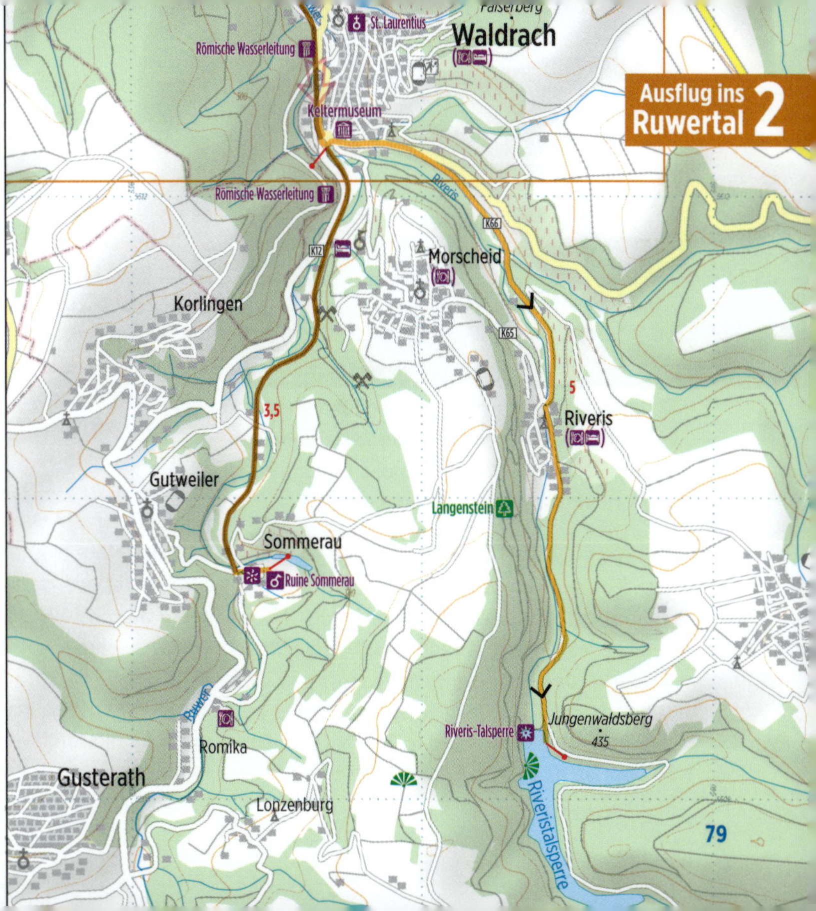

Die Riveris-Talsperre

TIPP **Der Ruwer-Hochwald-Radweg führt weitere 39 km über Gusterath, Hentern, Kell am See und Reinsfeld bis Hermeskeil, Infos unter: www.ruwer-hochwald-radweg.de**

Zur Riveris-Talsperre

Den Radweg verlassen und rechts auf die Bundesstraße ⇝ geradeaus auf den Kreisverkehr zu ⇝ am Abzeig nach Morscheid vorbei ⇝ der Straße folgen ⇝ rechts in die Seitenstraße Richtung Riveris ⇝ die Fahrt geht nun durch das Tal der Riveris ⇝ im Ort biegen Sie in der scharfen Rechtskurve links in die Dorfstraße ab.

Riveris R

Geradeaus durch den Ort, nach 1,5 km erreichen Sie den Parkplatz ⇝ von hier geht es dann steil hinauf zur oberen Kante der Staumauer.

TIPP **Wer Lust und Zeit hat, kann auch noch das Staubecken, das meist nicht ganz gefüllt ist, auf ca. 8 km umrunden. Baden ist natürlich nicht erlaubt, da aus diesem Wasserreservoir die umliegenden Orte und auch Trier mit Trinkwasser versorgt werden.**

Die Rückfahrt zur Mosel legen Sie auf derselben Strecke zurück, auf der Sie gekommen sind ⇝ in Ruwer kommen Sie wieder zum Mosel-Radweg ⇝ biegen Sie rechts ab, und folgen Sie dem Straßenverlauf durch den Ort.

Auf der Hauptroute in Ruwer einfach dem Straßenverlauf geradeaus weiter folgen ⇝ **3** die Straße teilt sich und es geht hier links weiter ⇝ kurz vor dem Ortsende beginnt links der **L 145** ein Radweg ⇝ dem Radweg zwischen Autobahn und **L 145** folgen ⇝ unter der **B 52** hindurch ⇝ dem Radweg nach links folgen und die Straße unterqueren ⇝ weiter in den Ort Kenn.

Kenn R

Vorwahl: 06502

Heimatmuseum, Im Ecken 11, ✆ 2391 Das originalgetreue Winzeranwesen aus dem Jahre 1764 veranschaulicht die Lebens- und Wohnverhältnisse der bäuerlichen Bevölkerung im 19. und 20. Jh. @ ots837

Römerkeller, Im Ecken 11 (24) Die 23 m lange römische Kelleranlage stammt aus der Mitte des 2. Jhs. n. Chr. Ein restaurierter Kellerraum kann von außen besichtigt werden, die Fundstücke sind im Heimatmuseum ausgestellt.

An der ersten Möglichkeit rechts abbiegen ⇝ **4** in die zweite Straße links abbiegen, Sie befinden sich in der Straße **In der Ringebach**.

VARIANTE **Alternativ zu dem Wegstück parallel der Autobahn, können Sie auch der Straße geradeaus durch den Ort und später entlang der Weinberge folgen.**

Rechts in die **Ringstraße**, nach 200 m kurz links, dann gleich wieder rechts ⇝ an der nächsten Kreuzung links und vor zur Autobahn ⇝ die Route führt nun rechts der Autobahn weiter ⇝ es geht schließlich direkt unter der Autobahn hindurch ⇝ kurz vor der Autobahnbrücke über die Mosel kommt der Radweg

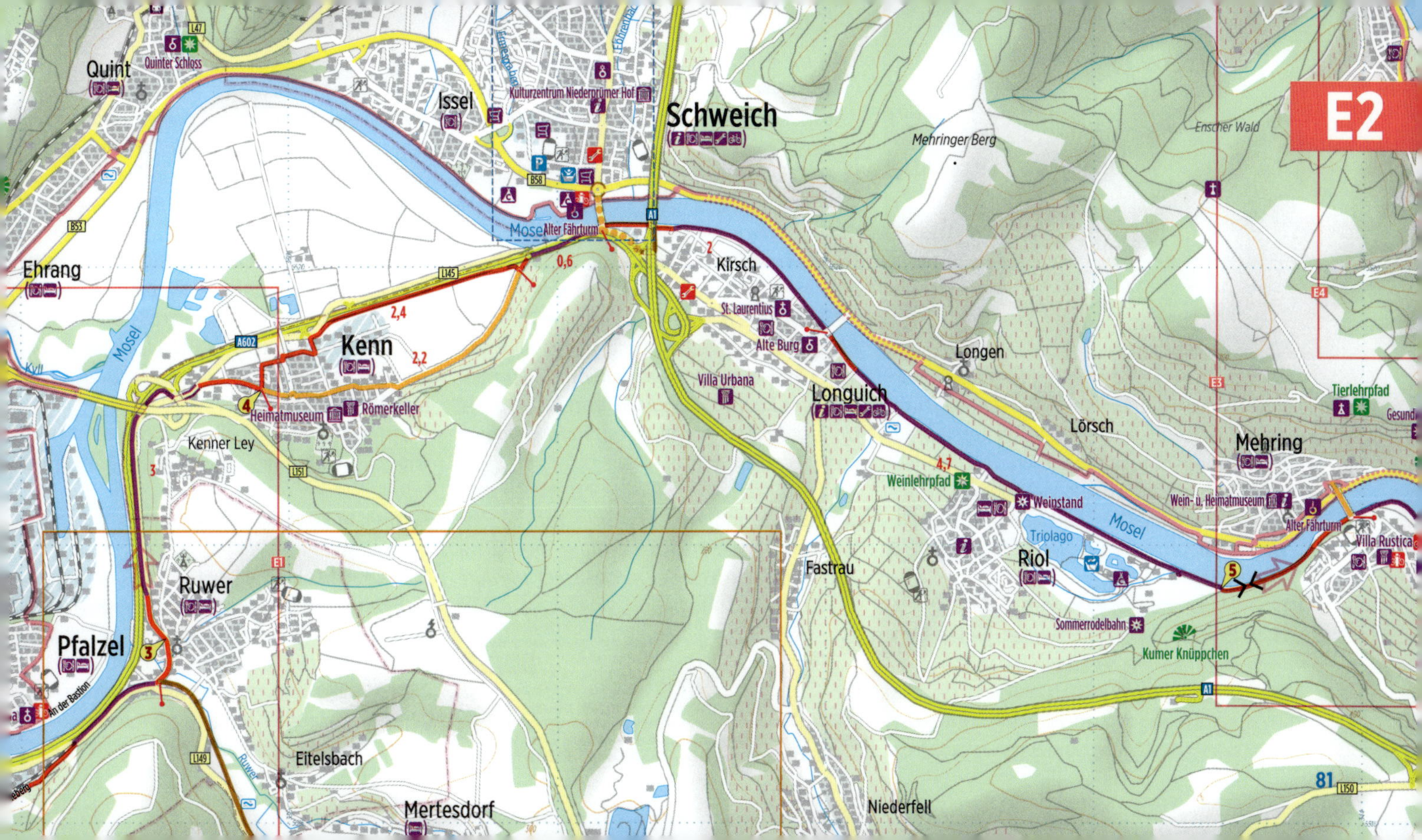
E2
Quint
Quinter Schloss
Issel
Kulturzentrum Niederprümer Hof
Schweich
Mehringer Berg
Enscher Wald
Ehrang
Mosel
Alter Fährturm
Kirsch
St. Laurentius
Alte Burg
Longen
Kenn
Villa Urbana
Longuich
Lörsch
Tierlehrpfad
Mehring
Heimatmuseum
Römerkeller
Kenner Ley
Weinlehrpfad
Weinstand
Wein- u. Heimatmuseum
Alter Fährturm
Villa Rustica
Triolago
Riol
Fastrau
Ruwer
Sommerrodelbahn
Kumer Knüppchen
Pfalzel
An der Bastion
Eitelsbach
Mertesdorf
Niederfell
Ruwer
Kyll
A602
A1
B53
B58
L47
L145
L151
L149
L150
E1
E3
E4
0,6
2
2,4
2,2
3
4,7

Die Villa Urbana in Longuich

wieder herunter auf die Straße ~ diese überqueren und hinab zur Mosel, der Radweg führt nun wieder entlang der Mosel weiter ~ unter der Autobahnbrücke hindurch, dem Verlauf des Weges entlang der Mosel folgen ~ rechts befindet sich die Ortschaft Longuich.

Longuich R

Vorwahl: 06502

- **Tourist-Information Longuich**, Maximinstr. 18, ✆ 1716, @ yht667
- **St. Laurentius**, Maximinstr. 11. Die prachtvolle Barockkirche wurde 1771 nach Plänen von Johannes Seitz erbaut.
- **Alte Burg**, Maximinstr. 37. Die Alte Burg ist eine von drei Burgen aus dem Mittelalter und wurde von Ritter Platt von Longuich als Wohnburg um 1360 erbaut. Das Ensemble im Stil der Trierer Spätgotik ist ein seltenes Zeugnis mittelalterlicher adliger Eigenbefestigungen in ländlichen Gebieten. Heute ist das Kleinod ein Ort der Gastlichkeit.
- **Villa Urbana**, ✆ 994111. Überreste und Rekonstruktionen der römischen Villa Urbana. Führungen finden von Mai-Okt., So um 10.30 Uhr oder nach Vereinbarung statt.

Der Name Longuich ist keltischen Ursprungs und leitet sich von „lunc" für krumm und „wich" für Bach ab. Die Siedlung gehörte zum Königsgut von Detzem und damit auch zur Abtei St. Maximin. Diese ließ im 13. Jahrhundert eine Kirche in Longuich errichten, die vier Untergeschosse der heutigen Kirche stammen noch von diesem Gotteshaus.

Auch der große viereckige Hof daneben geht auf eine Gründung der Abtei zurück, das Wappen über dem Tor bestätigt dies. Etwa 200 Meter nördlich der Kirche steht die Alte Burg. Diesen mächtigen Giebelbau auf quadratischem Grundriss aus Schieferbruchstein bewohnte ab dem 16. Jahrhundert die Familie Benzerath. Ein Bildnis aus Stein der Dorothea von Benzerath befindet sich auf dem Friedhof.

Von Longuich nach Neumagen-Dhron 24,5 km

Kleine Bildtafeln erinnern da und dort daran, dass man sich auf der Weinstraße der Römer befindet, die damals den Rebensaft nicht nur per Schiff, sondern wohl auch auf Ochsenkarren transportiert haben.

Dem Verlauf des asphaltierten Weges folgen.

Riol R

Vorwahl: 06502

- **Verein für Kultur und Tourismus**, Hauptstr. 13, ✆ 995546, @ sru814
- **Sommerrodelbahn**, Zur Talstation 1, ✆ 9362500 Allwetter-Rodelbahn Moselbob mit Kurven, Wellen und Kreisel. @ pnr567
- **Weinstand**, am Moselufer. Der Informations- und Weinstand hat von Mai bis Anf. Okt., Mi-So ab 11 Uhr geöffnet. @ nux844
- **Weinlehrpfad**, Bahnhofstr., Römerberg. Auf 15 Tafeln entlang des Weinerlebnispfades erhalten Sie Informationen über den Weinbau von der Römerzeit bis heute. Der 5 km lange Pfad ist

zu Fuß oder mit dem Rad zu erkunden. @ sau231

Freizeitsee Triolago, Zur Talstation 1, ✆ 995560. 13 ha großer Baggersee mit Tretboot- und Ruderbootverleih, Liegewiese, Volleyball und Imbiss sowie Wasserski-Seilbahn und Fußball-Golf. @ gad326

Vorbei am Campingplatz **5** der Radweg führt schließlich zur Straße vor, auf diese links auffahren es geht nun auf dieser Straße weiter, vorbei an Mehring.

Mehring s. S. 67

Die Brücke unterqueren und auf dem Radweg parallel der Mosel weiter radeln vorbei an einem Campingplatz der Radweg bleibt immer neben der Mosel und führt an Detzem vorbei.

Detzem R

Der zehnte Meilenstein, „ad decem lapidem", der Römerstraße von Trier nach Mainz gab der Siedlung Detzem den Namen.

Eine Errungenschaft unserer Zeit sind Staustufen zur Regulierung des Flusslaufes. Damit der Fluss aber dennoch schiffbar bleibt, sind Schleusen notwendig. Wie ein Schiff „durchgeschleust" wird, können Sie bei der Staustufe Detzem beobachten.

Immer weiter Richtung Thörnich auf der **Moselstraße** in den Ort.

Thörnich R

Der Moselstraße im Rechtsbogen folgen an der Kreuzung mit der **Hauptstraße** geradeaus das Dorf verlassen **6** an der Viererkreuzung links dem Verlauf des Weges durch die Weingärten folgen an der Viererkreuzung Richtung Bernkastel, Köwerich und Gasthaus „Alter Bahnhof" links **7** an der T-Kreuzung rechts dem Straßenverlauf ins Zentrum von Köwerich folgen.

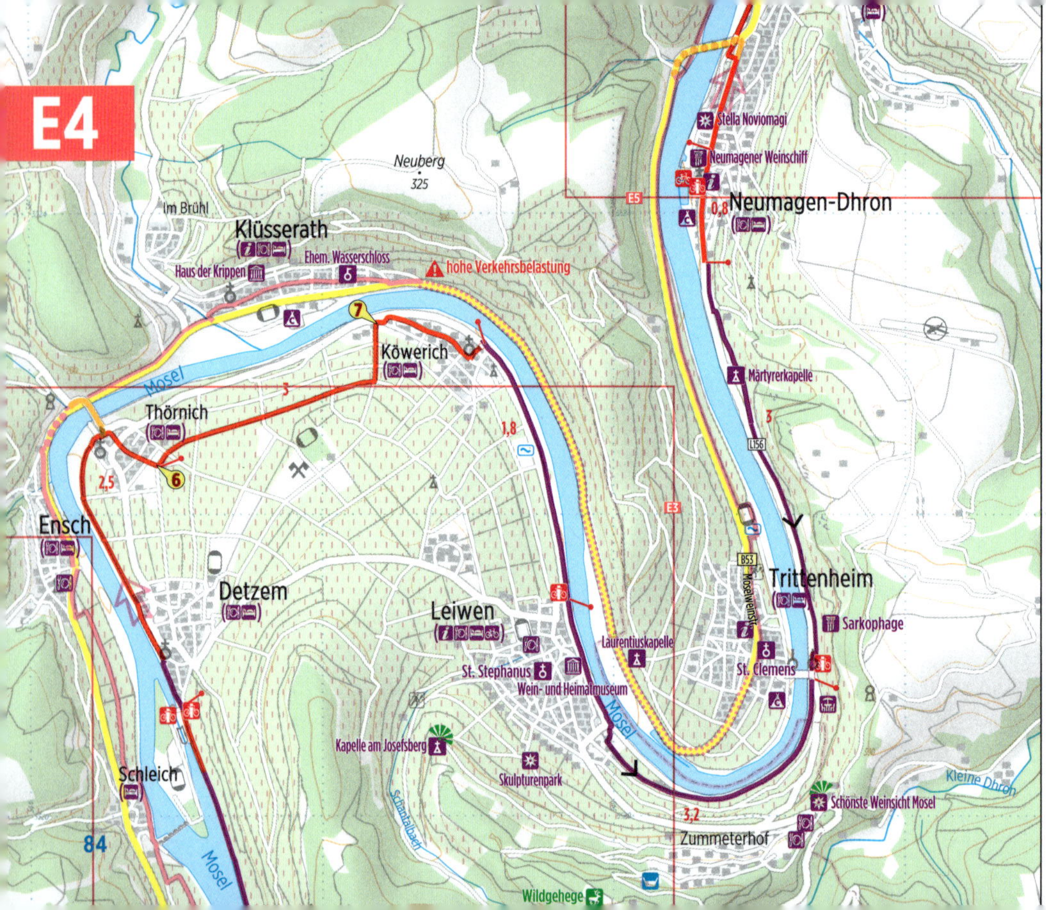

Köwerich R

An der Kirche vorbei und kurz darauf wieder links Richtung Mosel ~ die **L 48** unterqueren ~ dem Radweg rechts direkt an der Mosel weiter folgen ~ vorbei an Leiwen.

Leiwen R

Vorwahl: 06507

- **Tourist-Information Leiwen**, Römerstr. 1, ✆ 3100, @ umf373
- **Wein- und Heimatmuseum**, Euchariusstr., ✆ 3378, ✆ 3100 In der ehemaligen Euchariuskapelle, die 1609 erstmals erwähnt wurde, ist heute das Wein- und Heimatmuseum untergebracht. Es kann nach telefonischer Absprache mit der Tourist-Information oder im Anschluss an eine Ortsbesichtigung besucht werden.
- **St. Stephanus**, Kirchenq. Erstmals erwähnt im Verzeichnis der Pfarreien der Diözese Trier im Jahr 1330.
- **Kapelle am Josefsberg**, Ginsterberg. Die Kapelle wurde zur Erinnerung an die Opfer aus dem Zweiten Weltkrieg erbaut.
- **Moseltaxi Schuster**, Flurgartenstr. 13, ✆ 802313. Das Taxi bietet Platz für 13 Personen inkl. Räder und Gepäck. @ uki636
- **Skulpturenpark**, Bohnengarten 1, ✆ 0170/1608854 Der Privatgarten zeigt auf 13.000 m² Kunst im Einklang mit der Natur.

Der Radweg führt schließlich etwas erhöht auf der alten Trasse der Moselbahn rechts der Bundesstraße dahin ~ auf Höhe von Trittenheim unter einer Brücke hindurch und weiter geradeaus dem Verlauf des Radweges folgen ~ für kurze Zeit in die Weingärten hinein und schließlich wieder an die **L 156** ~ der Weg verläuft nun wieder direkt an der Straße nach Neumagen-Dhron hinein.

Neumagen-Dhron R

Vorwahl: 06507

- **Touristinformation**, Römerstr. 137, ✆ 6555, @ jay485
- **Märtyrerkapelle**, L 156. Zum Gedenken an die Christenverfolgung durch die Römer ließen Graf Salentin von Isenburg und seine Gemahlin Elisabeth von Hunolstein die Kapelle in den Jahren 1506-1510 erbauen.
- **Neumagener Weinschiff**, Peterskapelle. Nachbildung des Grabmales eines römischen Weinhändlers aus dem 3. Jh. @ lbj411
- **Stella Noviomagi**, Pelzersg. 7, ✆ 6555. Fahrten: Mai-Okt., Sa 15.30 Uhr, So 10 Uhr. Schwimmfähiger Nachbau des Neumagener Weinschiffs. Anmeldung bei der Tourist-Information, @ nvt742

Neumagen-Dhron, als Fundort des berühmten Römerweinschiffes und vieler Relief- und Inschriftsteine aus dem 2.-4. Jahrhundert n. Chr., gilt als „Ältester Weinort Deutschlands". Die Denkmäler, reich verzierte Grabmonumente

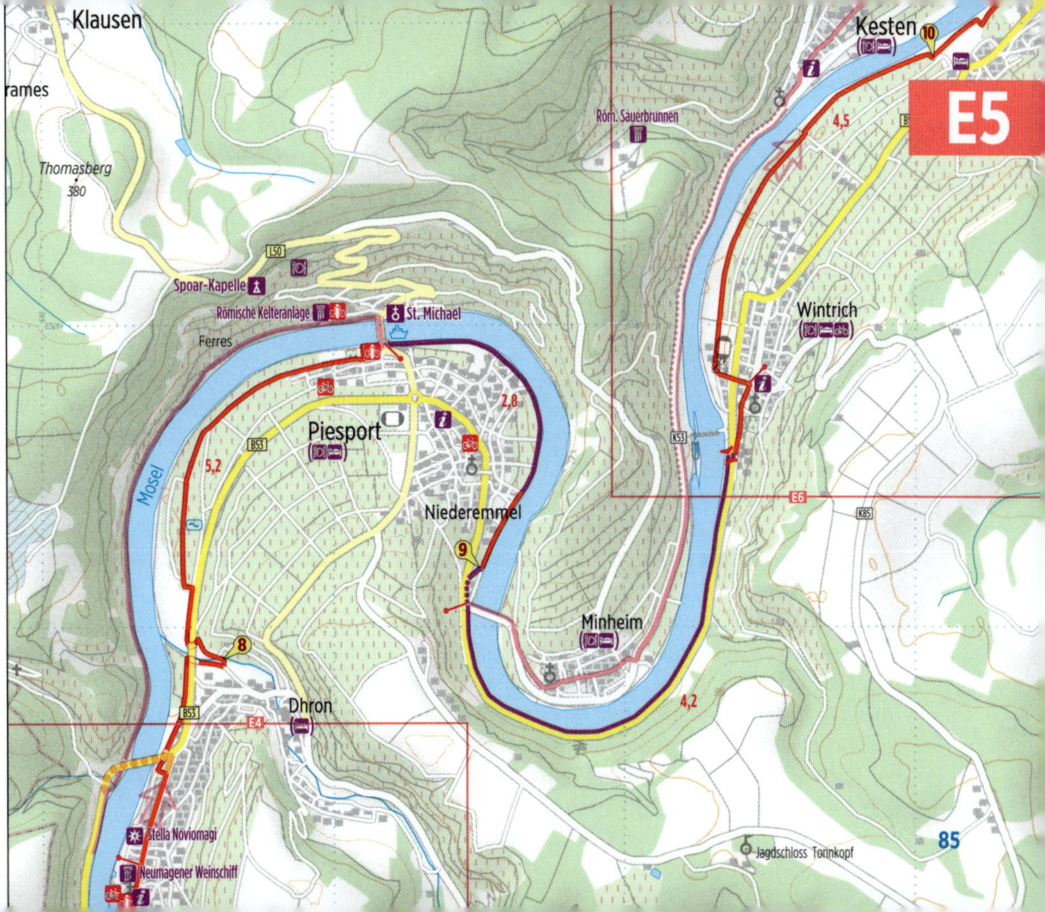

Der Weinort Piesport

wohlhabender Familien und Kaufleute, waren in den Fundamenten einer großen römischen Kastellanlage verbaut und sind Ende des vergangenen Jahrhunderts ausgegraben worden. Sie wurden an das Rheinische Landesmuseum in Trier verkauft und füllen dort eine große Ausstellungsfläche.

Über die historische Fundstätte im Ortszentrum führt heute ein „Römischer Rundweg". Es gibt Repliken der bedeutendsten Denkmäler zu sehen. Schautafeln informieren über Dimension, Lage und Ansicht des ehemaligen Römerkastells. Mit einem originalgetreuen, dem Weinschiff-Denkmal nachempfundenen römischen Schiff, der „Stella Noviomagi", können Besucher eine Flussfahrt unternehmen.

Von Neumagen-Dhron nach Bernkastel-Kues 24 km

Die Route folgt der Straße in den Ort hinein ~ bevor man zur Moselbrücke gelangt, unmittelbar nach dem **Friedhof** links abbiegen ~ rechts und unter der Brücke hindurch ~ folgen Sie der Straße zwischen den Weingärten und der **B 53** ~ am Bachlauf rechts und unter der Brücke hindurch ~ weiter bis zur kleinen Brücke ~ **8** über die Brücke des Dhronbaches, gleich danach links Richtung Mosel ~ unter der B 53 hindurch ~ weiter auf den befestigten Wirtschaftswegen zu den ersten Häusern nach Piesport (Niederemmel) ~ am **Friedhof** vor der Moselbrücke führt der Weg zurück zum Moselufer.

Piesport

Vorwahl: 06507

Tourist-Information, Heinrich-Schmitt-Pl. 1, ✆ 2027, @ xga715

St. Michael, St. Michaelstr. Die heutige Rokoko-Kirche wurde in den Jahren 1776-1777 errichtet.

Spoar-Kapelle. Die Kapelle wurde im 19. Jh. errichtet. Reliefbilder und Inschriften erinnern an die im 16. Jh. kursierende Pest in Piesport.

Römische Kelteranlage. Aus dem 3. od. 4. Jh., größte römische Kelteranlage nördlich der Alpen. Hier findet jedes Jahr am zweiten Wochenende im Oktober das römische Kelterfest statt. @ fdo514

Bootsverleih, Römerstr. 38, ✆ 5558, ✆ 0176/78133700. Kanu-Verleih und geführte Touren. @ avs714

Weinberge an der "Moselloreley" bei Piesport

E6
Osann
Noviand
Maring
Lieser
Zylinderhaus
Bernkastel-Kues
Kurpark
Wein- und Heimatmuseum
Alter Posthof
Schloss Lieser
Monzel
Mosel
Mülheim
an der Mosel
Brauneberg
Kesten
Andel
Filzen
Cusanus-Geburtshaus
Burgruine Landshut
Kallenfelsbach
Tiefenbach
Veldenzer Bach
Veldenz
Mühlheimer Wald
Monzelfeld
Thalveldenz
Burgen
Wintrich
L47
B53
B50 B53
B50
K134
L158
E5
10
11
2
4,5
5,5

Die Burg Landshut über Bernkastel-Kues

Kulturroute. 23 Stationen in und um Piesport beschreiben besondere Gebäude, Brunnen, Kapellen oder Zeugnisse aus der Römerzeit. @ yam376

In Piesport gibt es eine Vielzahl kleiner entzückender Häuser, in den meisten davon wird seit uralter Zeit Wein gekeltert und ausgeschenkt. „Des Weingebirges Gepränge ... mit des Bacchus´ köstlicher Gabe. Wie ein natürliches Amphitheater baut es sich auf.“ So beschreibt bereits der römische Dichter Ausonius im Jahre 361 v. Chr. in seinem Gedicht „Mosella“ die Gegend um Piesport. Spektakuläre Entdeckungen machte man am Rande der weltberühmten Weinlage „Piesporter Goldtröpfchen“. Nicht weit voneinander entfernt stieß man auf römerzeitliche Kelteranlagen aus dem 4. bzw. 2. Jahrhundert. Einer dieser Kelter wurde originalgetreu restauriert und ist voll funktionsfähig. Weitere Funde wie das „Diatretglas“ oder die „Kaiserfibel“ zeugen von der zentralen weinbaulichen Bedeutung zur Römerzeit.

Die Route führt nur am rechten Moselufer entlang ~ **9** nach einem Wohnmobilstellplatz vom Ufer weg zur **B 53** ~ der Radstreifen geht bald in einen Radweg über ~ diesem Radweg entlang der Bundesstraße folgen ~ die Route überquert die Bundesstraße und es geht nach Wintrich hinein.

Wintrich R

Vorwahl: 06534

Tourist-Information, Bergstr. 3, ☎ 8628, @ wdy557

Nach der Überquerung links Richtung Bernkastel-Kues und Brauneberg ~ dem Verlauf dieser Straße durch den Ort folgen ~ vorbei an der **Kirche** ~ an der Kreuzung links und die Bundesstraße überqueren, weiter dem Verlauf des Weges folgen ~ vorbei an einem **Sportplatz**, die Kreuzung geradeaus überqueren ~ dem Verlauf dieses asphaltierten Weges folgen ~ die Kreuzung geradeaus überqueren ~ **10** an der Kreuzung nach der Rechtskurve links ~ rechts sind die Häuser von **Filzen** zu sehen ~ nach einer weiteren Rechtskurve an der Dreierkreuzung scharf links ~ bald darauf erreichen Sie Brauneberg.

Brauneberg R

Vorwahl: 06534

Touristikbüro, Moselweinstr. 101, ☎ 933333, @ pvr372

Weiter entlang dieses asphaltierten Weges, vorbei an der längsten **Nußbaumallee** an der Mosel (1,6 km) ~ bald fahren Sie auf einem Radweg zwischen Feldern dahin ~ der Weg trifft dann wieder auf die Bundesstraße, wo Sie auf dem linksseitigen Radweg weiter fahren ~ unter der Straßenbrücke hindurch ~ rechts befindet sich die Ortschaft Mülheim an der Mosel.

Mülheim a. d. Mosel R

Vorwahl: 06534

Tourist-Information, Hauptstr. 60, ✆ 948734, @ jsv668

Kurz nach der Brücke links weg von der Bundesstraße ⇝ am Moselufer rechts ⇝ auf dem asphaltierten Weg entlang der Mosel dahin ⇝ der Rechtskurve der Straße folgen ⇝ **11** an der T-Kreuzung links ⇝ über eine kurze Strecke parallel zur Bundesstraße ⇝ bei der nächsten Möglichkeit, unmittelbar nach den Bäumen links in einen asphaltierten Weg ⇝ zwischen Feldern und Weingärten weiter Richtung Andel.

Andel (Bernkastel-Kues) R

Der Weg macht eine Rechtskurve und gelangt zur Bundesstraße ⇝ an der Bundesstraße links auf den Rad- und Fußweg links der **B 53** ⇝ aus Andel hinaus, der Weg führt zu den ersten Häusern von Bernkastel-Kues ⇝ es geht schließlich nach Bernkastel Kues hinein ⇝ den Parkplatz geradeaus überqueren und weiter bis zur Brücke über die Mosel.

Bernkastel-Kues s. S. 72

Fachwerkhaus in Bernkastel-Kues

Von Bernkastel-Kues nach Koblenz am linken Ufer 130 km

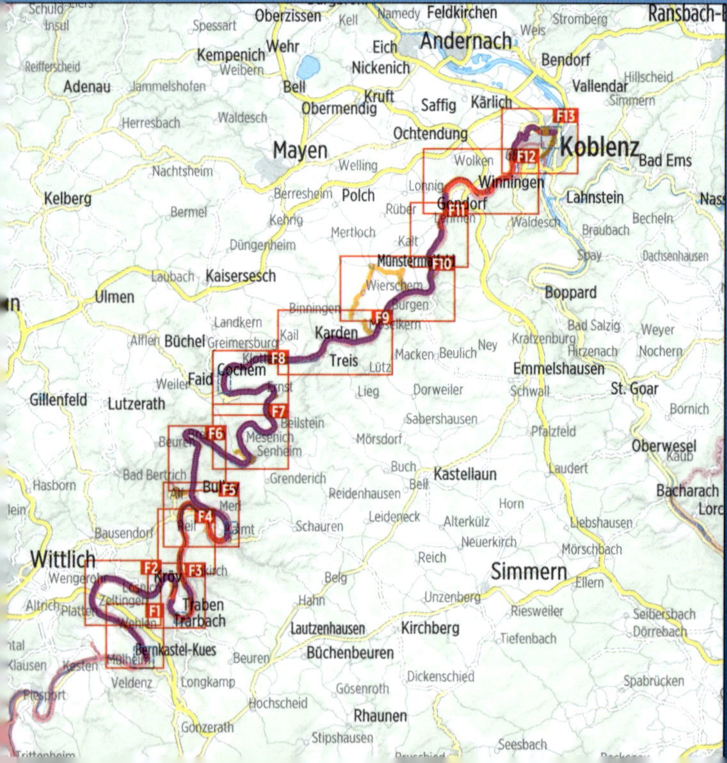

HM/km: ↗ 0,8 (98m) ↘ 1,1 (139m)	Radweg: 69 %	Unbefestigt: 2 %	Verkehr: 18 %

Von Bernkastel-Kues geht es nun weiter zum Endpunkt des Mosel-Radweges. Dabei liegen zahlreiche Burgen entlang der Strecke: die Marienburg auf dem Bergrücken „Zeller Hamm", die Burg Arras sowie die Burg Bischofstein; ein Ausflug bringt Sie schließlich noch zur Burg Eltz und ins fruchtbare Maifeld. Eine Besteigung wert ist auch der Calmont-Klettersteig, der sich am Calmont, dem steilsten Weinberg Europas befindet. Nicht entgehen lassen sollten Sie sich die köstlichen Weine wie den „Kröver Nacktarsch". In Koblenz am Deutschen Eck, wo die Mosel in den Rhein mündet, haben Sie schließlich den Endpunkt des Mosel-Radweges erreicht.

Der Mosel-Radweg verläuft weiterhin eben auf verkehrsarmen Straßen, Radwegen und Radstreifen.

Bis Zell führt die offizielle Hauptroute am rechten Moselufer entlang und wechselt dort auf die linke Seite. Ab Senheim verläuft die Route bis Cochem auf der rechten Seite und wechselt dann wieder zum linken Ufer. Von Treis-Karden bis Alken verläuft sie erneut am rechten Ufer. Von Alken bis Koblenz wird die linke Seite empfohlen.

Bernkastel-Kues s. S. 72

Von Bernkastel-Kues nach Traben-Trarbach *22,5 km*

1 Die Moselbrücke unterqueren und dem asphaltierten Weg an der Mosel folgen ~ es geht an Schrebergärten vorbei, der Weg wird schließlich unbefestigt ~ wenn der Weg wieder befestigt ist, sind auf der linken Seite bereits die ersten Häuser von Wehlen zu sehen.

Wehlen (Bernkastel-Kues) L

2 Die Brücke unterqueren und auf der **Uferallee** an Wehlen entlang ~ weiter auf dem Radweg entlang der Hauptverkehrsstraße ~ vor dem Kreisverkehr dem Radweg rechts Richtung Mosel folgen und unter der Straßenbrücke hindurch ~ beim Kloster Machern wechselt der Radweg auf die andere Seite.

Kloster Machern (Bernkastel-Kues)

Puppen,- Spielzeug- und Ikonenmuseum, An der Zeltinger Brücke, Kloster Machern, Wehlen (Bernkastel-Kues), 06532/951640 @ ufb175

Kloster Machern, Wehlen (Bernkastel-Kues). Das 1238 gegründete Zisterzienserinnenkloster wurde 1802 von der französischen Regierung säkularisiert. In den 1970er Jahren wurde das Gebäude umgebaut und im Jahr 2000 an eine Stiftung verkauft, die es grundsanierte und der Öffentlichkeit zugänglich machte. Heute ist das ehemalige Kloster ein vielfältiger Veranstaltungsort mit

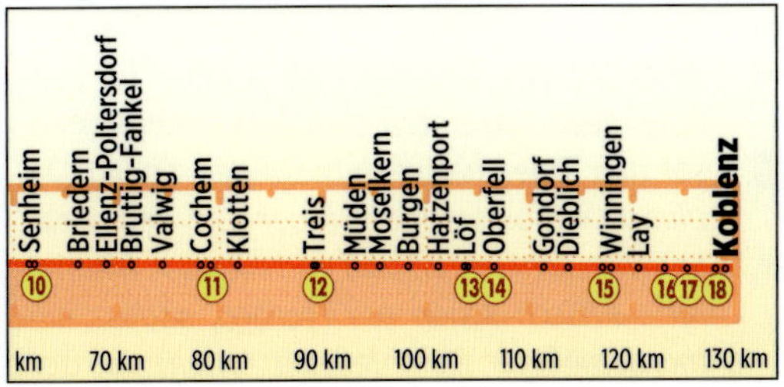

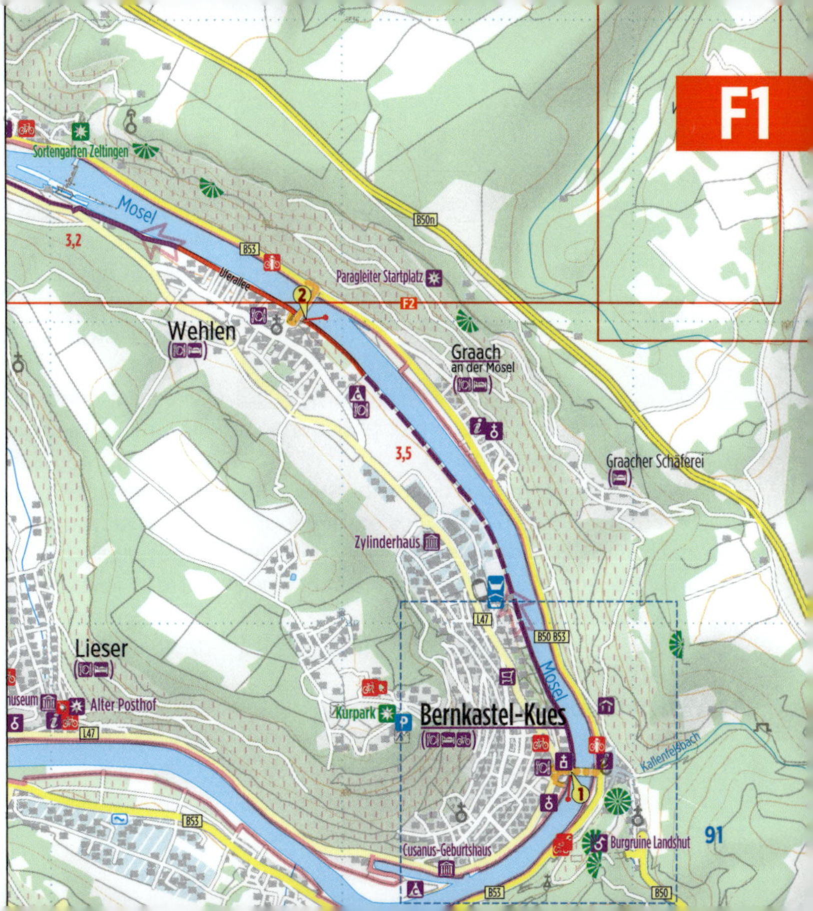

einer Klosterbrauerei und Destille, einem Restaurant und einem Weinbaubetrieb. @ xqm536

Dem Radweg entlang der Bundesstraße bis nach Ürzig folgen ~ unmittelbar vor der Ortschaft wechselt der Rad- und Fußweg wieder auf die rechte Seite ~ weiter ein kurzes Stück im Verkehr in den Ort hinein.

Ürzig

Vorwahl: 06532

Verkehrsbüro, Rathauspl. 7, ✆ 2620, @ plm321

Beim Parkplatzgelände von der Bundestraße links in die Straße **Moselufer** ~ an der Kreuzung rechts ~ unmittelbar vor dem Kreisverkehr links, weiter in der Straße **Moselufer** ~ am Ende der Straße weiter auf dem Radweg und hinaus aus Ürzig ~ **3** unter der Brücke hindurch ~ unmittelbar vor den Häusern von Kinheim links in die **Königsstraße** und in den Ort hinein.

Kinheim

Vorwahl: 06532

Tourist-Information Kinheim, Harelbekepl. 1, ✆ 3444, @ vox688

Geradeaus durch die **Burgstraße** ~ rechts in die Straße **Am Ehrenmal** ~ an der B 53 links auf den Radweg Richtung Kröv, diesem durch die Weinberge hindurch folgen ~ wenn der Weg geradeaus unbefestigt wird, rechts zur Bundesstraße hin ~ an der Bundesstraße links auf den linksseitigen Radweg ~ vorbei an einem **Sportplatz** und **Freibad** und entlang des Radweges nach Kröv hinein.

Kröv

Vorwahl: 06541

Tourist-Information, Moselweinstr. 35, ✆ 9486, ✆ 6799, @ urs721

Freibad, Moselweinstr., ✆ 9653, @ kwy481

Die Großlage „Kröver Nacktarsch" hat den Ort und seinen Wein in aller Welt bekannt gemacht. Es ist leicht nachvollziehbar, dass sich um diesen Namen unzählige Legenden scharen. Zum einen erzählt man sich, dass er in den zwanziger Jahren der Phantasie zweier einheimischer Originale entsprungen sei, wegen des volkstümlichen Klanges habe er sich rasch verbreitet. Man berief sich dabei auf Götz von Berlichingen, der am Kröver Tropfen Gefallen gefunden hatte. In einer anderen Legende heißt es, dass Mönche des Klosters Wolf eine kahle Kuppe neu mit Reben bepflanzt und festgestellt hatten, dass dieser „nackige Arsch" gute und reiche Ernte lieferte. Einer anderen Überlieferung nach wird von der Gepflogenheit des Kröver Klostergutes berichtet, nach der es den Weinbergarbeitern gestattet war, für einen Tag Trauben für den Eigenbedarf zu ernten. Die Leute arbeiteten an solchen Tagen natürlich besonders fleißig. Da dies dem Klostervogt zu teuer kam, ließ er ein Schwein schlachten und verteilte das frische, fette Fleisch schon am Morgen, sodass ein mordsmäßiger Durchfall die Arbeitswut der

Leute lähmte. Ein Mann ließ sich deshalb nicht von der Arbeit abhalten und zog kurzerhand die Hosen aus, um noch, während er sich entleerte, Trauben einzuheimsen. Der Klostervogt soll daraufhin gerufen haben: „Dieser Nacktarsch hat mich überlistet!".

Nachdem der Radweg endet, beginnt ein Radstreifen auf dem Sie durch Kröv fahren ~ am Ende des Ortes beginnt erneut ein Radweg auf der linken Straßenseite ~ weiter auf dem Radweg entlang der Bundesstraße bis zur **Moselbrücke** nach Wolf ~ unter der Brücke nach Wolf hindurch und nun direkt auf der Bundesstraße weiter ~ es geht nach Rißbach hinein.

Rißbach (Traben-Trarbach) L

Durch den kleinen Ort hindurch ~ **4** unmittelbar nach dem **Campingplatz** rechts in den asphaltierten Weg ~ der Weg windet sich wieder zum Ufer und führt entlang des Flusses nach Traben-Trarbach ~ vorbei an einem **Sportplatz** ~ weiter zwischen den Häusern und dem Fluss ~ Sie erreichen die Brücke, die Traben mit Trarbach auf der anderen Seite der Mosel verbindet.

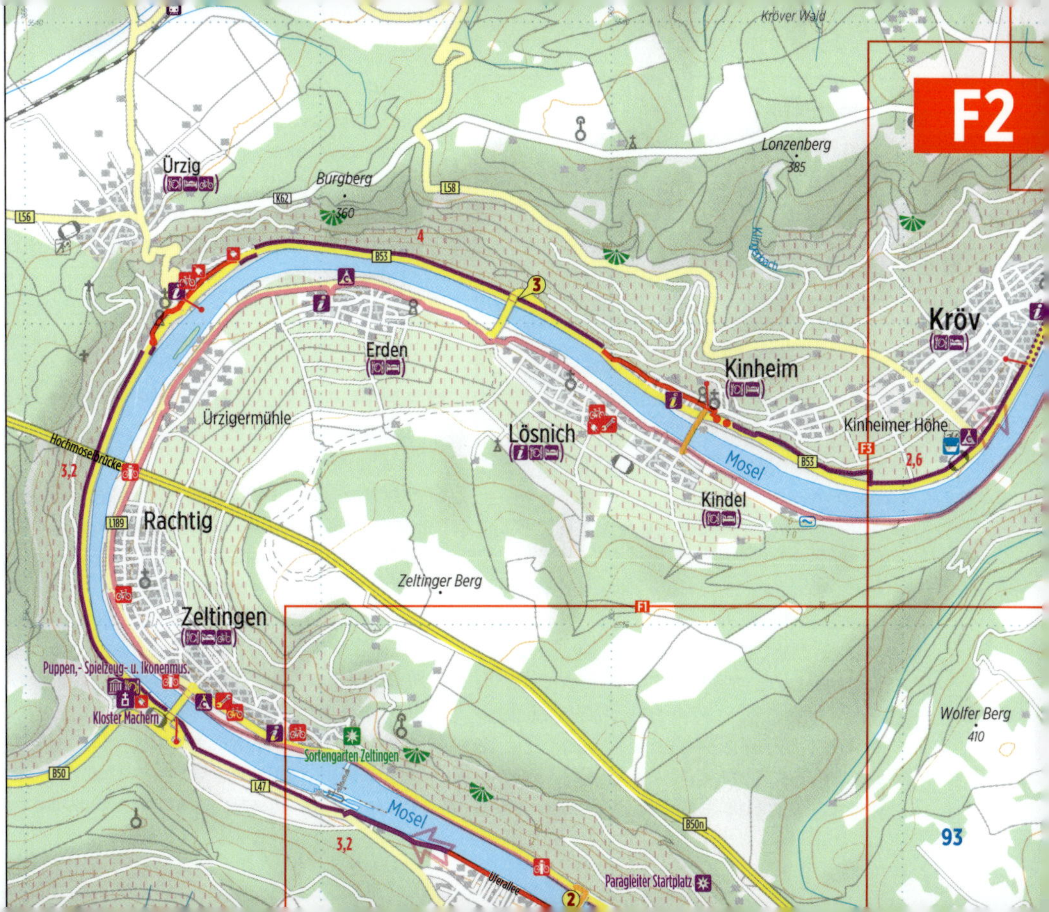

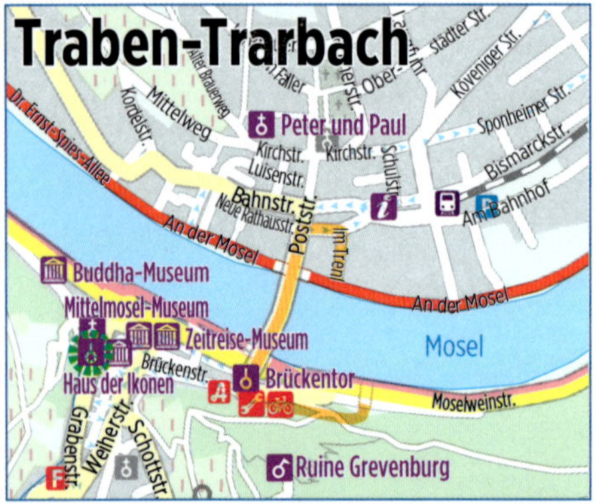

Traben-Trarbach

Vorwahl: 06541

- **Moselregion Traben-Trarbach Köv**, Bahnstr. 22, ✆ 8184572, @ jui533
- **Tourist-Information**, Am Bahnhof 5, Traben (Traben-Trarbach), ✆ 83980, @ pvg527
- **Mosel-Schifffahrt**, ✆ 9019. Gebr. Kolb, Linienverkehr nach Bernkastel und Cochem, @ lte635
- **Buddha-Museum**, Bruno Möhring Pl. 1, ✆ 8165180 Dauerausstellung mit mehr als 2.000 Buddha-Skulpturen. @ uoe145
- **Haus der Ikonen**, Mittelstr. 8, ✆ 812408 Das Haus der Ikonen stellt keine Ausstellung im üblichen Sinne dar, sondern soll vielmehr die Möglichkeit bieten, über die Quellen, das Wesen, den Sinn und das Leben der Ikone nachzudenken. Ferner wird im Museum das Lebenswerk des Ikonographen Alexej Saweljew aufbewahrt. @ ifs241
- **Mittelmoselmuseum**, Casinostr. 2, in der Barockvilla Böcking, ✆ 9480 Bürgerliche Wohnkultur des 18./19. Jhs., Stadtgeschichte. @ lsm332
- **Zeitreise-Museum**, Moselstr. 2, ✆ 8145866, ✆ 0151/10590368, Mai-Okt, Sa, So 10-12 Uhr. Begeben Sie sich auf eine Reise durch die Epochen. @ pcg618
- **Peter und Paul**, Kirchstr. Die zweischiffige Pseudobasilika wurde zwischen 1910 und 1912 nach den Plänen des Trierer Architekten Peter Marx errichtet.
- **Mont Royal**. Ausgrabung einer französischen Festung, die unter der Herrschaft Ludwigs XIV. zur Zeit der Reunion von Sébastien Le Prestre de Vauban zwischen 1680 und 1697 erbaut wurde. Ehe die Anlage vollendet werden konnte, wurde sie nach den Bestimmungen des Friedens von Rijswijk geschleift. In den 1930er Jahren wurden die Reste der Festung ausgegraben und der Öffentlichkeit zugänglich gemacht. Führungen nach Anmeldung in der Tourist-Information. @ tke267
- **Ruine Grevenburg**. In der Mitte des 14. Jhs. ließ Johann III. die Burg als Regierungssitz der „Hinteren Grafschaft" Sponheim errichten. In den folgenden Jahrhunderten wechselten die Besitzverhältnisse mehrfach, bis die Anlage schließlich 1735 durch französische Truppen zerstört wurde. @ jjk618
- **Historischer Stadtturm**, Casinostr. Teil der mittelalterlichen Stadtbefestigung. Heute wird er als Aussichtsturm genutzt. Glockenspiel.
- **Brückentor**. Das am südlichen Moselufer gelegene Tor wurde 1899 vom Berliner Architekten Bruno Möhring erbaut und gilt als das Wahrzeichen der Stadt.
- **Mosel Adventure Forest**, Mont Royal, ✆ 0175/3239895. Der Park bietet Klettererlebnisse auf versch. Parcours und einer Kletterwand. @ khl453

Die Jugenstilstadt Traben-Trarbach – ein architektonisches Juwel – ist beiderseits der Mosel in die unverwechselbare Wein- und Waldlandschaft eingebettet. Das charmante Kur- und Weinstädtchen bietet eine Fülle von Entdeckungen und Erlebnissen. Einzigartig an der Mosel ist das Jugendstilpanorama entlang der Uferpromenade, die auch mit ihren Cafés und Restaurants viele Besucher anlockt. Bei Weinproben und Kellerführungen durch die „Traben-Trarbacher Unterwelt" erfährt man Interessantes zum Thema Wein und auf der Museumszeile kann man die Geschichte der

Region kennenlernen, auf die man auch bei einem Spaziergang an jeder Ecke trifft. Eine besondere Sehenswürdigkeit ist außerdem die Burgruine Grevenburg, die hoch über dem Moseltal thront, und von der Sie einen imposanten Blick über die Stadt haben.

Moselschleife Kröv

Von Traben-Trarbach nach Kaimt — 19,5 km

Weiterhin dem Verlauf dieses Weges folgen ~ die Route führt schließlich links von der Mosel weg und zur Bahn hin ~ an der T-Kreuzung rechts Richtung Kövenig ~ links oberhalb befinden sich nun die Bahngleise, der

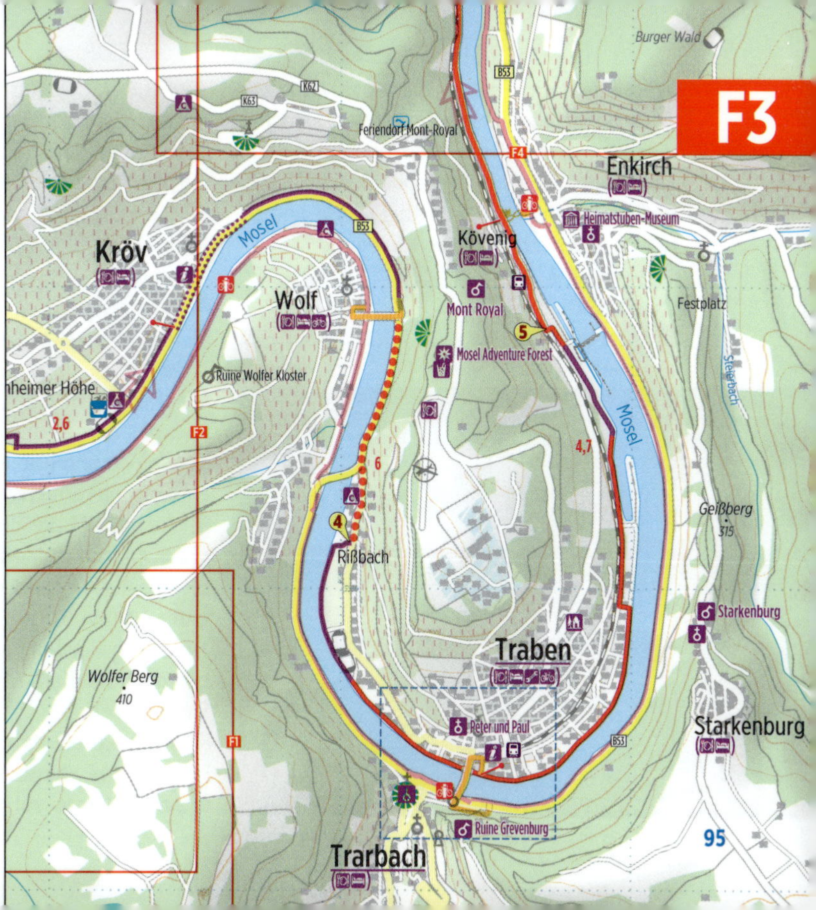

Weg nähert sich wieder der Mosel an ⁓ am Ende der Straße geradeaus auf dem Radweg weiter ⁓ **5** an der T-Kreuzung nach dem Linksbogen rechts in Richtung Kövenig ⁓ links befinden sich nun wieder die Gleise und es geht auf der Straße durch Kövenig.

Kövenig (Kröv) L

Vorwahl: 06541

Tourist-Information, Moselweinstr. 35, Kröv, ✆ 9486, ✆ 6799, @ urs721

Die Ruine Grevenburg bei Traben-Trarbach

Fähre, ✆ 9265. Fährzeiten: Di-So 9.30-12 Uhr und 13.30-17.30 Uhr. Personenfähre nach Enkirch. @ cok566

Dem Verlauf der Straße folgen, rechts befindet sich die Mosel, links oberhalb die Gleise ⁓ die Straße führt weiter nach Reil.

Reil L

Vorwahl: 06542

Tourist-Information Reil, Hutg. 16, ✆ 21036, @ sbb222

Dreifaltigkeitskapelle. Die Wegekapelle befindet auf dem Reiler Hals.

6 In Reil die Brücke unterqueren, links oberhalb des Weges befindet sich die Bahn ⁓ es geht am **Wohnmobil-Stellplatz** vorbei direkt an der Mosel entlang ⁓ weiter zu einer **Fähre**.

TIPP Hier besteht die Möglichkeit, mit der Fähre ans andere Ufer nach Pünderich zu wechseln. Auskunft über die Fährzeiten gibt es unter ✆ 06542/900021.

Einfach dem asphaltierten Weg folgen ⁓ **7** Sie gelangen bald an eine Gabelung, hier halten Sie sich rechts.

VARIANTE Wenn Sie hier links abbiegen, können Sie die Route abkürzen, indem Sie über den Zeller Hamm zur B 53 weiterfahren und dann links auf den Radweg einbiegen. Es geht dann wieder an der Mosel entlang. Sie können auch einen Ausflug zur nahe gelegenen Marienburg oder dem Aussichtsturm auf dem Prinzenkopf machen.

Marienburg (Pünderich)

Marienburg, Pünderich. An der Stelle der heutigen Marienburg befand sich bereits vor mehr als 1.000 Jahren eine Burganlage. Im 12. Jh. wurde an dieser Stelle ein Augustinerkloster errichtet, das im 16. Jh. aufgelöst wurde. Heute dient die ehemalige Befestigungsanlage als Jugendbildungsstätte.

Prinzenkopf, Pünderich. Bereits im 19. Jh. befand sich hier ein hölzerner Aussichtsturm. Die heutige Stahlkonstruktion stammt aus dem Jahr 2008. Von oben bietet sich Ihnen ein wunderschöner Blick auf die Moselschleife sowie die Orte Zell, Reil, Alf und Pünderich.

Die Hauptroute führt am Fluss entlang weiter ⁓ wenig später links in die erste Seitengasse ⁓ es geht in die Weingärten hinauf ⁓ an der Fünferkreuzung halbrechts wieder zur Mosel hin ⁓ entlang der Mosel weiter und um den Zeller Hamm herum.

Der Zeller Hamm

Der Zeller Hamm

Zwischen Pünderich und Bullay umschlingt die Mosel in einer besonders eindrucksvollen Schleife einen Bergrücken, den Zeller Hamm. „Hamm" bedeutet Kummet, die Bezeichnung für einen Teil des Pferdegeschirrs, der um den Hals des Tieres liegt.

Auf diesem Grat befindet sich die Marienburg. Da von dort oben der Fluss mit einem Blick gleich zweimal erfasst werden kann, ist es nicht verwunderlich, dass die Kelten eine Kultstätte und die Römer eine Befestigung errichteten. Später trug der Bergrücken einen fränkischen Königshof, dann eine erzbischöfliche Burg und die Peterskirche.

1156 wurde aus der Burg ein Kloster der Augustinerinnen. Mit dem Vorwand, die Nonnen hielten sich nicht an die strengen, klösterlichen Regeln, löste Kurfürst Richard von Greiffenklau 1515 das Kloster auf und befestigte die Anlage erneut. Nachdem die Burg unter den An-

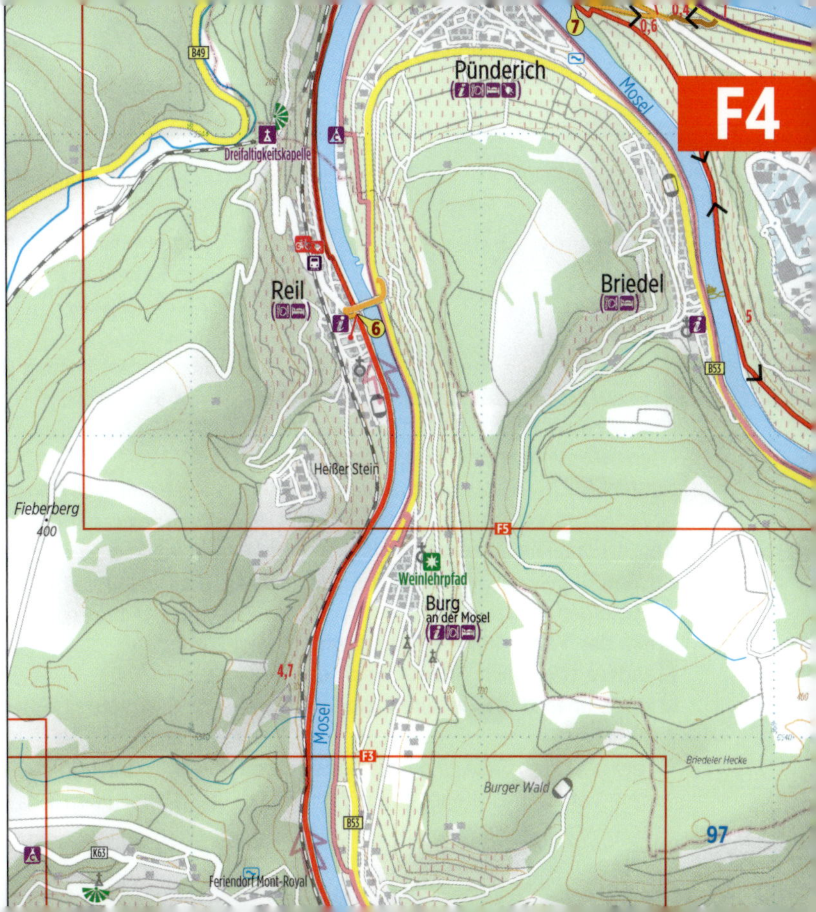

Marienburg

stürmen des Dreißigjährigen Krieges sehr gelitten hatte, wurde sie 1687 von den Franzosen zerstört. Nach umfangreichen Renovierungsarbeiten ist heute darin die Jugendbildungsstätte des Bistums Trier untergebracht.

An der Gabelung bei der Fähre rechts am Ufer bleiben.

TIPP Mit der Fähre können Sie abermals ans andere Ufer nach Briedel wechseln. Auskunft über die Fährzeiten gibt es unter ✆ 06542/4013.

An der nächsten Gabelung links weiterfahren ~ dem Verlauf des Weges sowie der Rechtskurve folgen ~ es geht wieder zur Mosel hin ~ **8** am Fluss links halten und unter der Brücke hindurch ~ gleich links und zur B 53 ~ am Kreisverkehr rechts und dem straßenbegleitenden Radweg parallel der Bundesstraße folgen ~ rechts befinden sich nun die Häuser von Kaimt.

Kaimt (Zell (Mosel)) L

Vorwahl: 06542

Zeller Land Tourismus GmbH, Balduinstr. 44, Zell (Mosel), ✆ 96220, @ hkv577

Erlebnisbad Zeller Land, Am Schwimmbad 1, ✆ 4830, @ ewv534

Von Kaimt nach Ediger-Eller 15 km

Dem rechtsseitigen Radweg der Bundesstraße weiter folgen ~ unter einer Brücke hindurch und weiter auf dem rechtsseitigen Radweg nach Alf hinein.

Alf L

Vorwahl: 06542

Ortsgemeinde Alf, Am Ferdinand-Remy-Pl. 7, ✆ 2381, ✆ 2419, @ hor667

Personenfähre, ✆ 0175/8869724. Fährzeiten: Mai-Okt., Mo-Do 8-18 Uhr, Fr 8-19 Uhr, Sa, So 9-19 Uhr, Mittagspause von 12-12.30 Uhr. Informationen über Tourist-Info Bullay, ✆ 06542/21141. Fährbetrieb zwischen Alf und Bullay.

Dorfmuseum, Auf Kockert 10, ✆ 2419, ⏲ Mai-Okt., Sa 16-18 Uhr u. n. V. @ xne267

Auch hier auf dem rechtsseitigen Radweg weiter ~ beim Kreisverkehr geradeaus.

AUSFLUG Sie haben die Möglichkeit, einen Abstecher zur schön gelegenen Burg Arras zu unternehmen. Zweigen Sie dafür beim Kreisverkehr nach links in die Brückenstraße ab, vorbei am Mosel-Hotel Alf.

Ausflug zur Burg Arras 4 km

Von der **Brückenstraße** biegen Sie links in die **Ferdinand-Remy-Straße** ein, die später in die **Mühlenstraße** übergeht ~ nach fast 2 km treffen Sie auf die Bundesstraße, dieser nach rechts folgen ~ bis zur Abzweigung zur Burg Arras nach 600 m steht ein Radstreifen zur Verfügung.

Burg Arras (Alf)

Vorwahl: 06542

Burgmuseum, Wittlicher Str. 1, ✆ 22275 ⑯, @ ded732

Der Weg zur Burg hinauf ist steil, denn sie liegt auf einem 200 Meter hohen Bergkegel, doch genießt man von der gemütlichen Gaststätte aus einen herrlichen Ausblick. Von der Entstehung der Burg Arras berichtet einmal mehr eine Sage: Ein hünenhafter Schmied soll mit seinen zwölf Söhnen von ebensolcher Gestalt den Hunnen den Weg von den Eifelhöhen ins Moseltal versperrt haben. Kaiser Otto I. hat daraufhin den tapferen Mann zum Ritter geschlagen und ihm 938 die Feste auf dem Bergkegel zu Lehen gegeben. Die Burg wird heute als Hotel und Restaurant genutzt, außerdem bietet die Burg Arras ein interessantes Burgmuseum, das Einblicke in die Geschichte des Mosellandes gibt. Weitere Anziehungspunkte sind der Bergfried, der Innenhof, der Rittersaal und das Burgverlies.

Auf der Hauptroute weiter auf dem Radweg entlang der **B 49** ~ nach einem kurzen Stück beginnt rechts ein Rad- und Fußweg, der von der Straße wegführt und am Fluss entlang verläuft ~ diesem Weg nach St. Aldegund folgen.

St. Aldegund L

Auf dem Radweg durch den Ort und weiter dem Radweg folgen ~ **9** die Brücke unterqueren und an Bremm vorbei.

Bremm

R

Bremm ist ein anmutiges Weindorf mit engen, verwinkelten Gassen. Es liegt am Fuße des Calmont, der mit 65-76 Prozent Steigung der steilste Weinberg in ganz Europa ist.

AUSFLUG Zwischen Bremm und Eller können Sie den Calmont-Klettersteig besuchen. Ausgangs- und Endpunkt liegen in Bremm oberhalb der Kirche und in Ediger-Eller bei der Eisenbahnbrücke. Eine stündliche Busverbindung verkehrt zwischen den beiden Orten und ermöglicht eine einfache Rückreise.

Blick vom Calmont auf die Mosel

Calmont-Klettersteig

Der Klettersteig, 2001 erbaut, ist Kernstück eines Wanderwegenetzes, das die Gemeinden Bremm, Ediger-Eller und Neef verbindet.

Der schmale Fußpfad durch Europas steilsten Weinberg ist ca. 3 Kilometer lang und wurde mit 6 Leitern, ca. 100 Meter Sicherungsseilen, 22 Trittbügeln und 16 Trittstiften gesichert und begehbar gemacht. Bedenken Sie: Sie betreten den Weg auf eigene Gefahr und sollten trittsicher und schwindelfrei sein. Festes Schuhwerk und gutes Wetter sind notwendige Voraussetzungen. Die Gehzeit beträgt ca. 3 Stunden.

Weiter dem Verlauf des Radweges folgen ⇝ es geht durch die Orte **Eller** und **Ediger** hindurch.

Ediger (Ediger-Eller)

L

Vorwahl: 02675

Tourist-Information der Mosel Calmont Region, Pelzerstr. 1, ✆ 1344, @ dqf143

St.-Martin-Kirche, Kirchstr. Die spätgotische zweischiffige Kirche mit romanischem Taufstein und Altar im Barockstil stammt aus dem 15. Jh.

Ediger konnte durch intensive Denkmalpflege sein historisches Fluidum bewahren, über sechzig Häuser aus dem 16. und 17. Jahrhundert, sieben aus dem 18. und eine beträchtliche Anzahl aus dem 19. Jahrhundert fügen sich zu einem reizvollen Ensemble zusammen. Ediger demonstriert in vorbildlicher Weise den an der Mosel verbreiteten Typus des Fährgassendorfes. Von einer parallel zum Hang verlaufenden Straße zweigen im rechten Winkel Gassen zum Fluss ab.

In welch großem Maße für die Moselaner einerseits der Wein und andererseits der Glaube von Bedeutung war, zeigt recht anschaulich das bemalte Relief „Christus in der Kelter" in einer einfachen Kapelle oben am Weinberg. Die Wein-Blut-Mystik symbolisierend, ist auf diesem Bildnis Christus gleichzeitig Traube und Keltertreter. Aus den Wunden des unter dem Gewicht des Kreuzbalkens ächzenden Leibes presst die Spindel das Blut, die Füße stampfen im Keltertrog die Weinbeeren.

Von Ediger-Eller nach Cochem *21,5 km*

Der Radweg führt weiter zu einem **Campingplatz**, hier entfernt sich der Radweg nach rechts von der Straße und führt direkt an der Mosel weiter ~ am Ortsrand von Nehren entlang.

Nehren L

Römische Gräber. In den Weingärten oberhalb Nehrens befinden sich Grabkammern aus dem 3. und 4. Jh. Die Höhlenmalereien der beiden Gräber sind die besterhaltenen ihrer Art nördlich der Alpen. @ kob667

AUSFLUG

Wenn Sie die Römischen Gräber besuchen wollen, zweigen sie vor dem Campingplatz links ab. Die Route ist orange dargestellt.

Vorbei an einem Campingplatz ~ unter einer Brücke hindurch ~ **10** am Kreisverkehr nach rechts auf den straßenbegleitenden Rad- und Fußweg der Bundesstraße ~ dieser Weg führt Sie nach Poltersdorf.

Ellenz-Poltersdorf L

Vorwahl: 02673

Fähre Beilstein-Ellenz-Poltersdorf, ✆ 1515, Fährzeiten: Ostern-Okt., tägl. 9-12.30 Uhr, @ tmx365

Freibad Ellenz-Poltersdorf, St. Sebastianusstr. 45, ✆ 1642

Auf dem Radweg durch Poltersdorf ~ es geht an einer Fähre vorbei und weiter in den Ortsteil Ellenz.

Ellenz

Auch hier weiterhin dem Radweg an der **B 49** folgen ~ unter einer Brücke hindurch ~ nach der Brücke beginnt rechts der Bundesstraße wieder ein Radweg ~ dieser führt nach Ernst hinein.

Ernst L

Auf dem Radweg am Rande von Ernst dahin ~ nachdem Sie die Häuser passiert haben, nähert

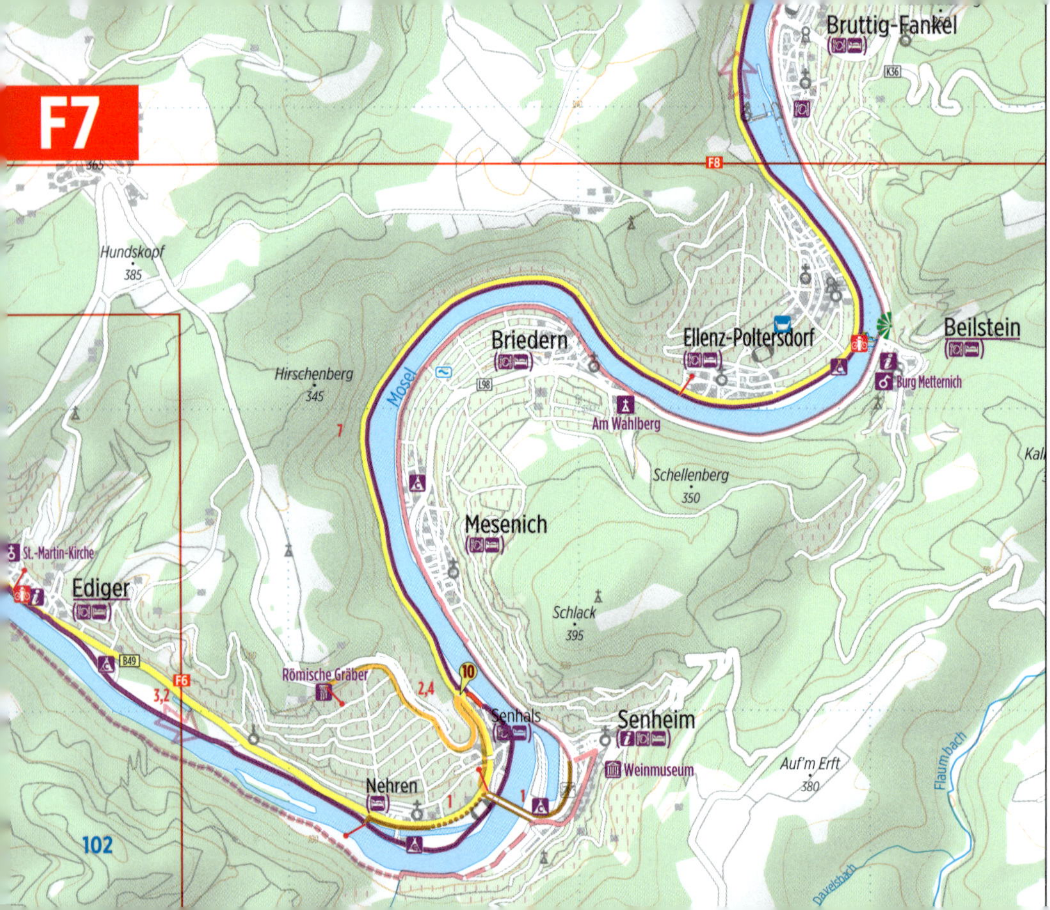

sich der Radweg wieder der Bundesstraße an Sie fahren am **Kloster Ebernach**, das heute als Behindertenheim geführt wird, vorbei weiter auf dem Radweg nach Sehl.

Sehl (Cochem)

Der Radweg verläuft weiter entlang der Straße nach Cochem vor dem Schiffsanleger führt der Radweg rechts zur Uferpromenade hinunter.

Cochem

Vorwahl: 02671

Bei Nehren

Tourist-Information Ferienland Cochem, Endertpl. 1, ✆ 60040, @ egl467

Mosel-Personenschifffahrt, Gebr. Kolb OHG, ✆ 7387, ✆ 1515. Fahrten nach Traben-Trarbach, Zell, Beilstein und Rundfahrten. @ ttg752

Bundesbank Bunker, Am Wald 35, ✆ 9153540. Zur Zeit des Kalten Krieges wurden im Bunker 15 Mrd. D-Mark als Ersatzwährung gelagert. Er zählte zu den bestgehüteten Geheimnissen der Bundesrepublik Deutschland. Der Bunker kann ausschließlich im Rahmen einer Führung besichtigt werden. Shuttlebus ab Endertplatz von Mai bis Okt. täglich. @ msg447

Pestkapelle St. Rochus. Der heutige Bau stammt aus dem 17. Jh.

Kapuzinerkloster, Klosterberg 5, ✆ 60940. Im historischen Gebäude befinden sich heute ein modernes Kultur- und Tagungszentrum. @ fno843

Reichsburg Cochem, Schlossstr. 36, ✆ 255. Grundsteinlegung im Jahr 1000 durch die Pfalzgrafen. @ svp322

Historische Senfmühle, Endertstr. 18, ✆ 607665, tägl. 10-18 Uhr, Führungen tägl. um 11 Uhr, 14 Uhr, 15 Uhr und 17 Uhr. Bei einer Führung können Sie alles informative über die 200 Jahre alte Senfmühle erfahren. @ ysf147

Enderttor. Das Enderttor gehört neben dem Martinstor und dem Balduinstor zu den noch erhaltenen Stadttoren der Stadt.

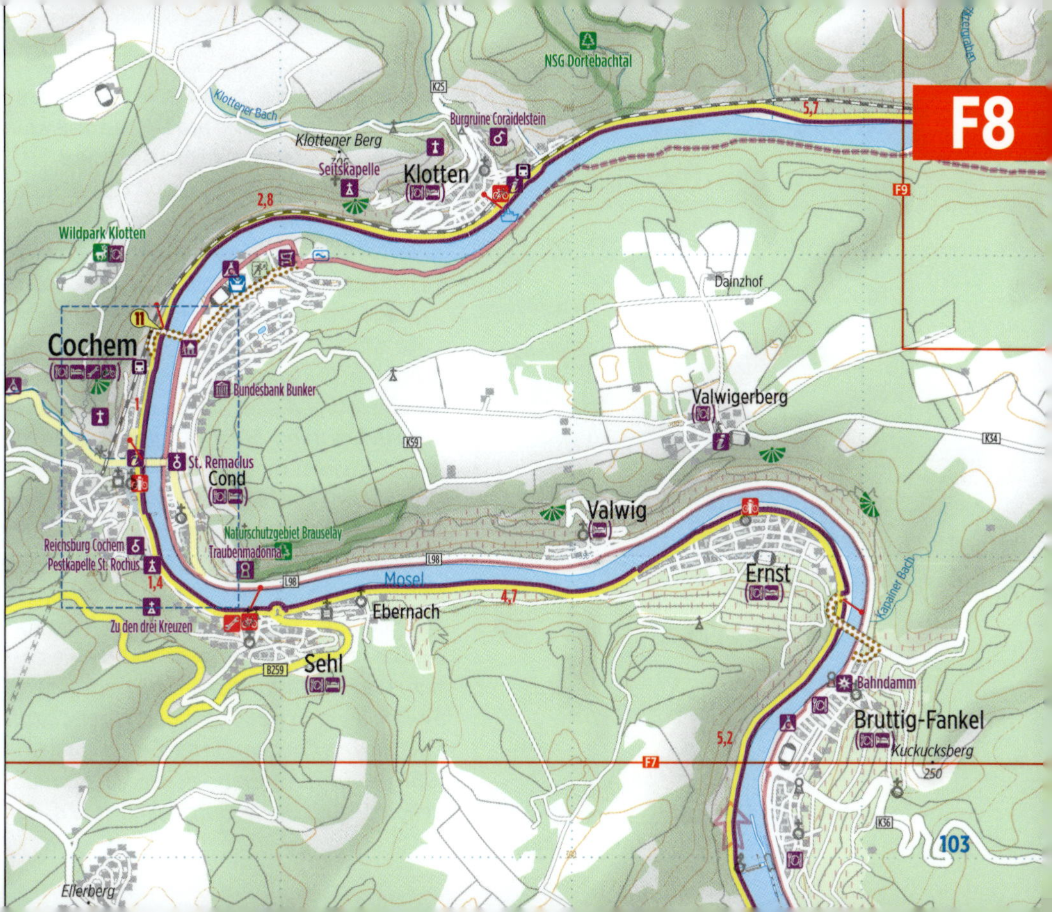

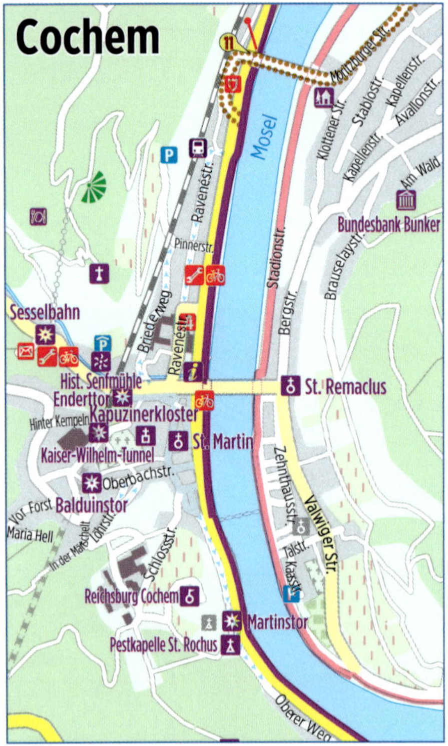

Kaiser-Wilhelm-Tunnel. Der zweigleisig betriebene Tunnel wurde in den Jahren 1874-1877 erbaut. Mit einer Länge von ca. 4,2 km ist er einer der längsten Tunnel in Deutschland.

Sesselbahn zum Pinnerkreuz, Endertstr. 44, ✆ 989063. Fahrten: Ende März-Mitte Nov. Genießen Sie während der Fahrt eine herrliche Aussicht auf die Stadt und das Moseltal. @ pkq816

Freizeitzentrum Moselbad, Moritzburger Str. 1, ✆ 97990. Hallen-, Wellen- und Erlebnisbad, Kinderland, Sauna, Solarium. @ hly751

Schon im 19. Jahrhundert war Cochem ein beliebtes Urlaubsziel. Heute stellt die Stadt mit jährlich rund 500.000 Übernachtungen und 2 Millionen Tagesbesuchern alle anderen Orte an der Mosel in den Schatten. Insgesamt 150 Hotels und gastronomische Betriebe kümmern sich um die Gäste.

Neben den vielen Freizeiteinrichtungen, die hier geboten werden, sind aber doch die vorbildlich restaurierte Altstadt und die Reichsburg die Hauptattraktionen von Cochem.

Ein Dokument von 886 beurkundet den Eintritt Cochems als Cochuma in die Geschichte. Und 1051 taucht auch erstmals ein castrum Cuochomo auf. Diese Burg gehörte zu den Besitzungen der Polenkönigin Richeza, der Tochter von Kaiser Otto III. Sie vermachte das Anwesen ihrem Vetter unter der Bedingung, die Güter der von ihren Eltern gegründeten Abtei Brauweiler zu schützen. Der Vetter tat, wie ihm geheißen, als Erzbischof Anno von Köln diese Besitzungen antastete. Doch er unterlag und musste drei Jahre Gefangenschaft im lothringischen Kloster Gorze über sich ergehen lassen. Als er zurückkam, spaltete er im Irrsinn seiner Frau den Kopf.

Cochem, Reichsburg

Mörderisch ging es von da an auf der Burg zu, da es um die Besitzungen immer wieder zu Streitigkeiten kam.
Kaiser Konrad III. veranlasste, die Burg als Reichslehen mit Waffengewalt einzuziehen. 1294 verpfändete es König Adolph von Nassau an den Erzbischof Beomund von Trier, und Cochem wurde Sitz eines kurtrierischen Amtes. Erzbischof Balduin ließ den Fluss mit einer schweren Kette sperren und hob von den Schiffen, die reich beladen waren, Schiffzoll ein. Er konnte es sich leisten, die Burg auszubauen und die Stadt zu befestigen. Den Dreißigjährigen Krieg, der vielen Orten und Burgen an der Mosel großen Schaden zufügte, überstand Cochem ganz gut. Doch im pfälzischen Erbfolgekrieg wurden Stadt und Burg Opfer der Zerstörung durch die Franzosen. Der Berliner Kommerzienrat Ravené erstand die Burg vom Fiskus und ließ sie in den Jahren 1868-77 als Sommersitz wieder aufbauen. Heute kann die Burg, deren Räume mit Mobiliar aus dem Mittelalter ausgestattet sind, besichtigt werden.

Von Cochem nach Hatzenport 22,5 km

Dem Uferweg folgend unter der Brücke hindurch ⇝ eine kleine Brücke passieren und an der Gabelung links halten, der Radweg führt parallel der Hauptstraße weiter ⇝ **11** die Route unterquert wieder eine Brücke, danach auf dem neu angelegten Radweg der **B 49** nach Klotten.

Klotten L

Vorwahl: 02671

- **Tourismus- und Kulturverein Klotten e.V.**, Moselstr. 27, ✆ 5199, @ tlr674
- **Fähre Klotten**. Fährzeiten: April-Okt. @ ard377
- **Seitskapelle**. Die Kapelle wurde im 19. Jh. erbaut.
- **Burgruine Coraidelstein**. Die Burg Coraidelstein wurde erstmals im Jahr 1294 erwähnt.
- **Wild- und Freizeitpark Klotten**, Wildparkstr. 1, ✆ 605440 Neben zahlreichen Tierarten gibt es im Park auch eine Pferdereitbahn, eine Achterbahn und ein Parkrestaurant. @ mvv247

Auf dem Bergkegel über dem Ort ragt die Burgruine Coraidelstein auf. Der Grundstein soll im 10. Jahrhundert vom Pfalzgraf Hermann I. gelegt worden sein. Wer sich die Mühe macht und hinaufklettert, genießt eine herrliche

Abendstimmung in Cochem

Aussicht auf die Landschaft, die nicht mehr nur von Weingärten geprägt ist. Der einstige Wohlstand des Ortes Klotten wurde nicht allein im Weinhandel begründet. Die Schieferplatten aus dem Hinterland wurden vor dem Bau der Eisenbahn von hier aus verschifft, weswegen Klotten eine wichtige Anlegestelle für die Moselschiffe war.

In Klotten dem Verlauf des Radweges folgen ⇝ vorbei an einem **Campingplatz** weiter nach Pommern.

Pommern L

Vorwahl: 02672

- **Tourist-Information**, St. Castor-Str. 87, Karden (Treis-Karden), ☎ 9157700, @ mjv214
- **Archäologiepark Martberg**, Martberg, Mai-Okt., Fr-So, Fei 11-17 Uhr. Auf dem Martberg zwischen Pommern und Karden befand sich um 100 v. Chr. eine befestigte Großsiedlung, ein sogenanntes Oppidum. In römischer Zeit entstand dann ein gallorömischer Tempelbezirk, der im 3. Jh. n. Chr. seine Blütezeit erlebte. @ cki664

Der Radweg wird wieder zu einem Radstreifen ~ **12** die Brücke nach Treis unterqueren.

Blick auf Moselkern

TIPP In Treis-Karden wechselt die offizielle Hauptroute auf die rechte Moselseite. Die entsprechende Routenbeschreibung finden Sie ab S. 132.

Treis-Karden s. S. 132

Dem Verlauf der **B 416** weiter folgen und durch Karden hindurch ~ auf dem Radstreifen entlang der **B 416** nach Müden.

Müden (Mosel) L

Vorwahl: 02672

- **Tourist-Information**, St. Castor-Str. 87, Karden (Treis-Karden), ☎ 9157700, @ mjv214

Auch durch Müden auf dem Radstreifen an der Bundesstraße oder parallel den Wirtschaftsweg nutzen ~ diesem weiter folgen nach Moselkern.

Moselkern L

Vorwahl: 02672

- **Tourist-Information**, St. Castor-Str. 87, Karden (Treis-Karden), ☎ 9157700, @ mjv214

VARIANTE Von Moselkern aus besteht die Möglichkeit, einen Ausflug zur Burg Eltz, der wohl schönsten Burg im Moselland, zu unternehmen. Hierfür müssen Sie sich allerdings auf eine kleine Wanderung einlassen. Radeln Sie durch das Elztal bis zur Ringelsteiner Mühle. Hier können Sie ihr Fahrrad auf dem bewachten Parkplatz abstellen und erreichen die Burg Eltz nach einem 40-minütigen Fußweg entlang des Elzbachaches. Wenn Sie mit dem Rad die Burg erreichen wollen, fahren Sie weiter bis Hatzenport und von dort durch das Schrumpftal und über Münstermaifeld zur Burg Eltz.

Ausflug zur Burg Eltz 2,2 km

Vor der Brücke über den Elzbach nach rechts abbiegen ~ links und unter der Bundesstraße hindurch ~ am Campingplatz vorbei ~ an der **Moselstraße** rechts und auf Höhe der Kirche links weiterfahren ~ vor der Kirche erneut links und die Bahngleise unterqueren, Wegweiser zur Burg Eltz sind angebracht ~ die Straße führt durch das Tal des Elzbaches etwa 2 km bis zum **Mühlengasthaus** ~ beim großen Parkplatz beginnt der Fußsteig zur Burg.

TIPP Da der Weg zur Burg stellenweise sehr schmal ist und entgegenkommende Wanderer nicht ausweichen können, sollten Sie

F9
Binningen
Pilliger Heck
Burg Trutzeltz
Burg Eltz
Ringelsteiner Mühle
F10
Müdenerberg
K32
Dömpel
270
Moselkern
B416
B49
2,2
0,8
0,8
Brohlbach
Pommerbach
Klickerterhof
Kraifsbach
Brieden
3,4
Müden
2,4
2,4
Mosel
St.-Castor-Blick
Karden
Stiftsmuseum
Turm der Liebfrauenkirche
Archäologie-Park Martberg
Eichenberg
270
Zilleskapelle
Fahrlei
265
12
Obelergraben
L107
Pommern
Sonnenuhr
2
Treis
L108
B49
Mosel
Lützbach
F8
Kesselkopf
280
Flaumbach
Laberbach
Schock
425
Treiser Berg
270
Lütz
107

Burg Eltz

Ihr Fahrrad am bewachten Parkplatz abstellen und den Aufstieg zur Burg zu Fuß zurücklegen.

Burg Eltz (Wierschem)

Vorwahl: 02672

- **Burg Eltz**, Burg-Eltz-Str. 1, Wierschem, ✆ 950500, ⌚ Ende März-Anf. Nov., tägl. 9.30-17.30 Uhr. In der märchenhaften Burg sind ritterliche Wohngegenstände und Waffen zu sehen, die Schatzkammer birgt kostbare Gold- und Silberschmiedearbeiten sowie Münzen, Schmuck, Glas und Porzellan. @ oij714
- **Burg Trutzeltz**, Wierschem. Die Ruine der Burg Trutzeltz liegt nur etwa 230 m Luftlinie nördlich der Burg Eltz und 40 m höher auf dem ansteigenden Berghang. Von der sehr kleinen Burganlage sind nur noch die Reste des 10 m hoch aufragenden Wohnturms sowie weitere Grundmauern vorhanden.

Die Burg Eltz liegt auf einer steilen Schieferfelsspitze im engen Elztal, umgeben von grünen Wäldern, die bis an die Mauern heranreichen. Schier unzählige Türme, Türmchen, Zinnen und Erker schmücken das verwinkelte Gemäuer. Sie ist der Inbegriff einer Märchenburg, hier braucht es nicht viel Fantasie, sich ins Mittelalter zurückzuversetzen, in jene Zeit, in der die wichtigsten Straßenverbindungen mit solchen Bollwerken gesichert wurden.

Im 13. Jahrhundert teilt sich das Geschlecht derer von Eltz in verschiedene Linien, und jede bewohnte ihr eigenes Haus. Aufgrund der geringen Grundfläche wurde aus der Wehrfeste im Laufe der Jahrhunderte ein Domizil mit immer höheren Gebäuden. Verschiedene Häuser und Höfe sind eng miteinander verschachtelt und geben der Burg ihr charakteristisches Aussehen.

Nach der sicherlich lohnenden Burgbesichtigung kehren Sie auf gleichem Weg wieder zurück nach Moselkern.

Auf der Hauptroute fahren Sie auf dem Radstreifen durch Moselkern hindurch und weiter an der Burg Bischofstein vorbei.

Burg Bischofstein (Hatzenport)

Auf dem Hang zu Ihrer Linken erhebt sich die Burg Bischofsstein. Erzbischof Arnold von Trier ließ im 12. Jahrhundert diese Festung zum Schutz seines Gebietes vor Angriffen der Adeligen aus Eifel und Hunsrück errichten.

Es geht nach Hatzenport hinein.

Hatzenport L

Vorwahl: 02605

- **Fremdenverkehrs- und Heimatverein Hatzenport e. V.**, Moselstr. 58, ✆ 952485, @ vmb715
- **St. Johannes.** Die um 1280 errichtete gotische Kirche besticht vor allem durch ihre reizvolle Lage am östlichen Ortsrand inmitten der Terrassenweinberge. Von der ursprünglichen Kirche blieb der Turm erhalten, das Langhaus und der Chor stammen aus dem Jahr 1480.

F10
F11
F9
Münstermaifeld
St. Martin und Severus
Heimatmuseum
Archäologisches Museum
Mörz
Metternich
Sevenich
Wierschem
Antoniuskapelle
Keldung
Lasserg
Burg Bischofstein
Tholeisterhof
Burg Trutzeltz
Burg Eltz
Ringelsteiner Mühle
Schrumpftal
Schrumpbach
Schromber Thalsberg
Probstmühle
Hatzenport
St. Johannis
Fährturm
Rothenberg
270
Burgen
Werth
Pfarrbüsch
235
Jahrsberg
295
Jahrsberger Höfe
Mersberg
215
Homo-Erectus-Lagerstätte
Bleidenberg
Kattenes
St. Michael
Wallfahrt
Burg Thurant
Alken
Alkener Bach
Kergeshöfe
Schafberg
370
Löf
Mosel
Brodenbach
Brodenbach
Wildenbunge
350
Langer Berg
295
Donnerloch
Ehrenburg
Erbach
Linkemühle
Höber Berg
300
Kröp
405
Bimbach
3,5
2,8
3,4
0,6
2,8
5
3
13
B49
B416
B327
L113
K40
K41
L207
L206
K73
K74

Fährturm. Ein Fährbetrieb über die Mosel kann hier seit der Mitte des 16. Jhs. nachgewiesen werden, der Grundstein für den heutigen Turm, der die Ortsansicht prägt, wurde 1863 gelegt.

AUSFLUG Wenn Sie mit dem E-Bike unterwegs sind, dann können Sie sehr gut von Hatzenport den Abstecher zur Burg Eltz wählen. Durch das schöne Schrumpftal und den sehenswerten Ort Münstermaifeld gelangen Sie nach knapp 13 Kilometern zur Burg. Wer ohne E-Bike unterwegs ist, sollte bei diesem Ausflug beachten, dass es zwischen Hatzenport und Münstermaifeld eine Differenz von etwa 200 Höhenmetern zur überwinden gibt. Auf dem Rückweg von Burg Eltz nach Münstermaifeld müssen Sie nochmals 130 Höhenmeter hinauf.

Über Münstermaifeld zur Burg Eltz *13 km*

Am Ortsrand gegenüber der Insel nach links über die Bundesstraße ~ dann rechts in die **Bahnhofstraße** ~ nach dem Hotel Hatzenport links abzweigen ~ in der Linkskurve rechts in die Straße zu den **Strumptalmühlen** abbiegen

Altstadt von Münstermaifeld

~ unter der Bahn hindurch ~ auf der Straße geht es nun stetig bergauf in Richtung Münstermaifeld ~ den vielen Mäandern des Schrumpfbaches folgend kommen Sie an einer Mühle nach der anderen vorbei, leider sind die wenigsten in ihrer ursprünglichen Form erhalten geblieben ~ nach ca. 3,5 km hinter der Kehre nach rechts die Hauptstraße verlassen ~ kurz darauf links und an der Lochsmühle vorbei ~ in Kurven geht es weiter Richtung Münstermaifeld ~ an der Kreuzung geradeaus weiter, linker Hand befindet sich der Ort Metternich ~ nach ca. 900 m erreichen Sie die ersten Häuser von Münstermaifeld ~ an der Hauptstraße geradeaus weiter und am Wasserturm vorbei ~ auf der Straße **Probsteihof** erreichen Sie den Marktplatz mit der Stiftskirche.

Münstermaifeld L

Vorwahl: 02605

- **Tourist-Information**, Münsterpl. 6, ✆ 9615026, @ scf582
- **Archäologisches Museum**, Münsterpl., Alte Propstei, ✆ 9615026 Erfahren Sie in einer Dauerausstellung mit dem Thema „Reichtum, Macht und Seelenheil" alles zur Geschichte Maifelds. @ uji236
- **Heimatmuseum**, Münsterpl. 4, Alte Probstei,, ✆ 3556, April-Okt., Mi-So 14-17 Uhr. Zu sehen gibt es u. a. eine originalgetreue Bäckerei, einen Friseur- und Tabakladen sowie eine Schulklasse oder eine Schusterwerkstatt. @ rhp246
- **Stiftskirche St. Martin und St. Severus**, Münsterpl. Um 573-596 wurde das Fundament eines römischen Wachturms erbaut. Das heutige Gebäude stammt größtenteils aus dem 12.-14. Jh. Die Fresken aus dem 13.-15. Jh.
- **Erlebnis-Freibad**, Cusanusstr. 1, ✆ 2440, @ cji627

Das Maifeld, wie dieser fruchtbare Landstrich heißt, ist uraltes Siedlungsgebiet. Viele Flurnamen sind keltischen Ursprungs. Römische Gutshöfe sind in der Umgebung von Münstermaifeld bekannt. Cäsar soll vor seinem zweiten Rheinübergang hier in einem Castellum geweilt haben. Sicher ist auch, dass Kaiser Augustus durch seinen Stiefsohn Drusus ein befestigtes Waffenlager errichten ließ, das die Rheingrenze verteidigen half. In diesem Lager soll wiederum Caligula geboren worden sein.

Aus diesem römischen Militärdepot entstand ein fränkischer Königshof. Nach der Christianisierung erbaute Bischof Magnericus um 580 eine Kirche zu Ehren des fränkischen Nationalheiligen St. Martin. Im 7. Jahrhundert gründete zur Missionierung und Seelsorge Bischof Modoald eine Priestergemeinschaft, aus der alsbald ein Augustinerchorherrenstift entstand. Hierher brachte man 952 die Reliquien des heiligen Severin, die mit einem Schiff aus Trier nach Hatzenport gebracht wurden.

Viele Gläubige pilgerten nach Münstermaifeld, weshalb ein neues Gotteshaus gebaut werden musste. St. Severus wurde der zweite Patron dieser 1103 fertiggestellten Kirche. Das Amt des Stiftpropstes war sehr begehrt, war es doch mit guten Pfründen verbunden. Auch Nikolaus von Kues weilte hier als Propst, viele seiner Schriften verfasste er hier. Ab 1515 wurde das Stift und damit auch die Einkünfte den Erzbischöfen von Trier zugesprochen, ihre Dechanten betreuten es. Die Mitglieder des Stiftes waren indessen verweltlicht, sie lebten in prunkvollen Privathäusern, von denen heute noch einige erhalten sind.

Für die Weiterfahrt zur Burg Eltz verlassen Sie den Marktplatz und folgen der **Obertorstraße** nach links ⇝ an der Kreuzung rechts Richtung Wierschem und Burg Eltz den Ort verlassen ⇝ auf der Hauptstraße erreichen Sie nach ca. 2,4 km die Ortsmitte von Wierschem.

Wierschem L

Antoniuskapelle. Die Kapelle stammt aus dem 18. Jh.

An der Straßengabelung biegen Sie von der Hauptstraße nach links zur Burg Eltz ab ⇝ bergab radeln Sie bis zum ersten Parkplatz ⇝ jetzt müssen Sie einmal mehr in die Pedale treten, die Straße führt bergauf ⇝ erneut bergab gelangen Sie zum nächsten Parkplatz, ab hier wird die Straße schmaler ⇝ an der Antoniuskapelle und dem Aussichtspunkt vorbei, erreichen Sie nach ca. 750 m die Burganlage.

Burg Eltz s. S. 108

Die Rückfahrt ins Moseltal legen Sie auf der selben Strecke zurück, auf der Sie gekommen sind.

Von Hatzenport nach Koblenz 30 km

Auf der Hauptroute durch Hatzenport auf dem Radstreifen entlang der Bundesstraße ⇝ links der Straße befinden sich die Bahngleise ⇝ der Radstreifen führt weiter nach Löf.

Löf L

Löf wird ebenfalls auf dem Radstreifen durchquert ⇝ **13** unter einer Brücke hindurch und schließlich nach Kattenes.

Kattenes (Löf) L

Weiter auf dem Radstreifen und den Ort Kattenes verlassen ⇝ ab dem Ortsende beginnt auf der linken Seite der Bundesstraße ein Radweg ⇝ **14** am Ende des Radweges links unter den

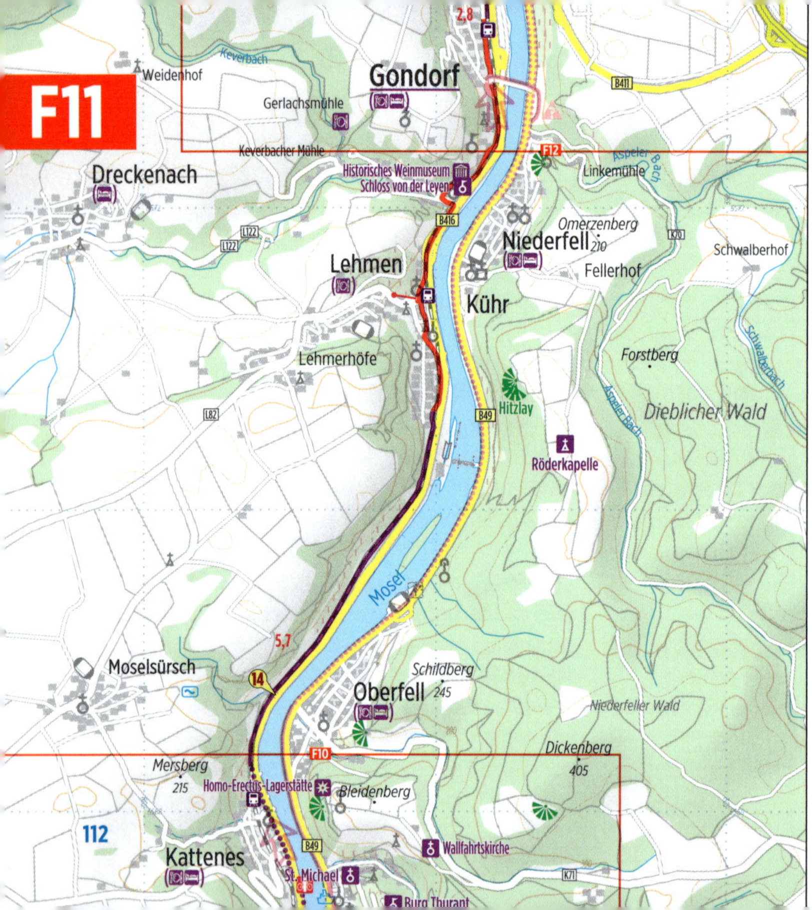

Kobern-Gondorf, Panorama Niederburg

Gleisen hindurch und rechts zu den Gleisen hinauf ~ der Radweg verläuft nun links neben der Bahn und führt zu den ersten Häusern von Lehmen, hier nun dem Weg weiter folgen ~ an der Kreuzung rechts weiterfahren ~ auf dieser Straße am **Bahnhof** vorbei.

Lehmen

Aus Lehmen hinaus ~ an der Straßengabelung links ~ nach der Linkskurve geht es nach Kobern-Gondorf hinein ~ kurz darauf rechts weiter, dann einfach dem Verlauf der Straße weiter folgen ~ es geht durch den Ort hindurch.

Kobern-Gondorf L

Vorwahl: 02607

- **Touristik und Kultur Kobern-Gondorf**, Leningstr. 12-14, ✆ 1055, @ tex583
- **Historisches Weinmuseum**, Von-der-Leyen-Pl. 5, ✆ 4460, ◷ Mai-Okt., Sa 11-14 Uhr, So 14-16 Uhr. Das Museum befindet sich im Schloss von der Leyen. @ vps681
- **Matthiaskapelle**, ◷ 10. April-Okt., 11-17 Uhr. Die spätromanische Kirche in der Oberburg oberhalb von Kobern wurde zwischen 1220 und 1240 errichtet. Hier soll einst eine

F12
Wolken
Güls
Moselweiß
Bisholder
Bisholder Höhe
225
Mosel
Sauerbrunnen
Quidoborn
Euligerhof
Rosenberg
285
Belltal
Langentalbach
Dieblich
Winningen
Moseltalbrücke
Markstr.
Museum Winningen
Lay
Layer Kopf
315
Oberwert
Matthias-Kapelle
Oberburg
Solligerhof
Niederburg
Abteihof St. Marien
Kobern
Scheidterhof
Dieblichberg
Kondertal
Kühkopf
380
Gondorf
Gerlachsmühle
Backesberg
Hinterberg
235
A61
L52
L117
B416
B327
B411
B9
F11
F13
2,8
5
6
15
16

Schloss von der Leyen in Kobern-Gondorf

wichtige Reliquie, das Haupt des Apostels Matthias, beherbergt worden sein. @ owh861

Stammschloss der Fürsten von der Leyen, Von-der-Leyen-Pl. 5. Das Wasserschloss stammt aus dem 12. Jh. und befindet sich oberhalb der Bundesstraße. Im Schloss befindet sich das Weinmuseum und eine Ausstellung des Landeshauptarchivs. @ tlb178

Niederburg. Ohne die Erlaubnis des Erzbischofs Johann von Trier erbaute der Reichsritter Gerlach I. die Burg. Der Bischof ließ sich das nicht gefallen, belagerte die Niederburg und enteignete den Ritter. Anschließend bekam er beide Burgen als Lehen und wurde somit zum Lehensmann des Bischofs. Der Bergfried ist gut erhalten, von der restlichen Anlage sind nur noch Reste übrig.

Oberburg. Sowohl die Ober- als auch die Niederburg wurden bereits 1195 urkundlich erwähnt, allerdings gilt als ziemlich sicher, dass die Oberburg deutlich älter sein könnte. Seit dem 17. Jh. verfielen beide Anlagen. Heute besteht die Anlage vor allem aus dem mächtigen Bergfried.

Glockenturm. Der romanische Glockenturm wurde im Jahr 1150 errichtet.

Abteihof St. Marien, Kirchstr. 1. Der Abteihof ist das älteste Fachwerkhaus von Rheinland-Pfalz. Das Gebäude wurde in den Jahren 1320-21 erbaut.

An der **Moselgoldbrücke** vorbei und in die **Bahnhofstraße** ~ für wenige Meter links in die **Kastorbachstraße** und sofort rechts in die **Fährstraße** ~ geradeaus auf den **Marktplatz** ~ dem Verlauf der Straße in die **Marktstraße** folgen ~ vorbei an einem Sportplatz und es geht nun wieder in die Weingärten hinein ~ rechts befinden sich die Gleise ~ unter der Autobahnbrücke hindurch ~ **15** zu Ortsbeginn links in den **Uhlenweg** ~ geradeaus weiter auf der **Marktstraße** ins Zentrum von Winningen.

Winningen

Vorwahl: 02606

Tourist-Information, August-Horch-Str. 3, ✆ 2214, @ vqy873

Museum Winningen, Schulstr. 5, ✆ 962564 Das Museum widmet sich der Ortsgeschichte von Winningen, dem Weinbau und dem Leben und Wirken von August Horch, dem Gründer der Automobilbauunternehmen Horch und Audi. @ myr162

Freibad Winningen, Inselweg, ✆ 670, @ vhv222

Rechts in die **Bachstraße** ~ vor den Gleisen links halten ~ vorbei an der Kirche und am Bahnhof ~ entlang der Bahngleise, die sich rechts befinden ~ es geht nach Güls hinein ~ die Route führt in die Spiel- und Wohnstraße und an der Kirche vorbei.

Güls (Koblenz)

Am Ende der Straße rechts und gleich danach links wieder in eine Spiel- und Wohnstraße ~ **16** nach der Volksbank rechts zur Mosel hin ~ an der Mosel links weiter entlang des Flusses ~ es befindet sich auf der rechten Seite der Straße ein Radweg ~ die Route führt nach Koblenz hinein ~ der Radweg wird dann wieder zu einem Radstreifen ~ **17** rechts auf der **Kurt-Schumacher-Brücke** über die Mosel ~ von der Brücke hinunter auf die Straße **Moselufer** ~ kurz nach der Brücke links zur Mosel hin ~ vorbei am Ruderclub ~ dem Verlauf des Weges entlang der Mosel nun wieder folgen ~ es geht nun am **Willy-Brandt-Ufer** dahin ~ **18** an der T-Kreuzung mit der **Pastor-Klein-Straße** nach links ~ weiter am **Peter-Altmeier-Ufer** ~ es werden die **Europabrücke**, die **Eisenbahnbrücke** und die **Balduinbrücke** unterquert ~ dem Verlauf dieser Straße nun bis zum **Deutschen Eck** folgen wo die Mosel in den Rhein mündet.

Vom Rhein geht natürlich auch ein ganz besonderer Zauber aus, vor allem, wenn man sich an die Geschichten der Nibelungensage erinnert oder wenn man den riesigen Rheinfrachtern nachsinnt, die weit aus dem Süden kommend den größten Hafen Europas, Rotterdam, ansteuern.

Koblenz s. S. 138

Von Bernkastel-Kues nach Koblenz am rechten Ufer 128,2 km

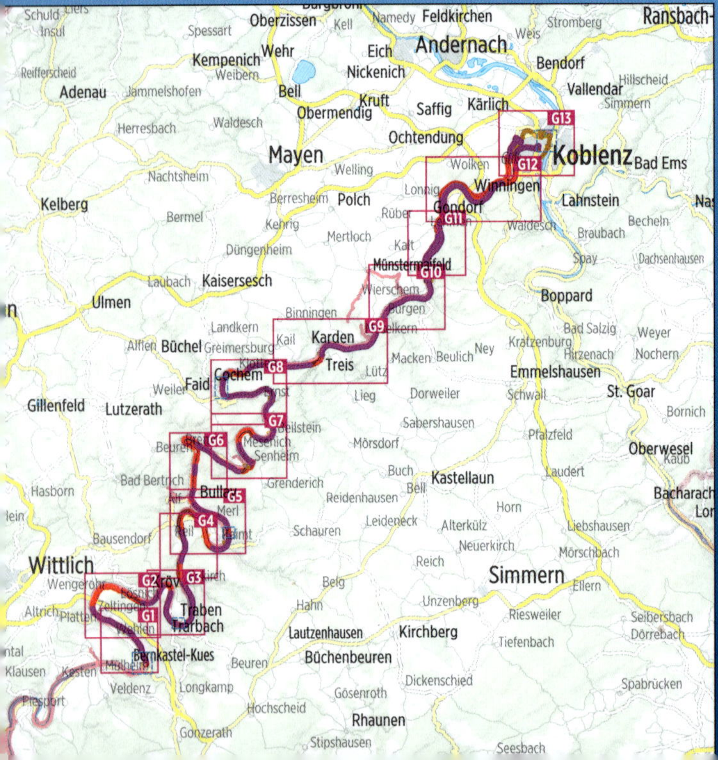

HM/km: ↗ 0,8 (108m) ↘ 1,1 (140m) Radweg: 70 % Unbefestigt: 11 % Verkehr: 14 %

Auch der letzte Abschnitt hat wieder einiges an Sehenswertem zu bieten, wie z. B. die Klosterruine Stuben oder die Burg Thurant. Während der Fahrt durch das romantische Moseltal sollte aber wieder einmal das Verkosten der Moselweine nicht verabsäumt werden, tragen doch die einzelnen Weinlagen so fantasievolle Namen wie „Graacher Himmelreich", „Zeller Schwarze Katz" oder „Bullayer Brautrock". Zu den schönsten und berühmtesten Moselorten zählen Zell an der Mosel, Zeltingen-Rachtig, das mit dem charakteristischen Straßenbild einer Winzergemeinde beeindruckt und vor allem Beilstein, das dank seines entzückenden Ortsbildes bereits Filmgeschichte geschrieben hat. In Koblenz können Sie dann noch das Zentrum der Stadt, die am Zusammenfluss von Mosel und Rhein liegt, besichtigen.

Die Route verläuft weiterhin eben auf befestigten, verkehrsarmen Straßen, Radwegen und Radstreifen. Zwischen Bullay und Senheim sowie zwischen Cond und Treis-Karden sind die Wege unbefestigt, da der Radweg hier durch ein Naturschutzgebiet führt.

Bis Zell führt die offizielle Hauptroute am rechten Moselufer entlang und wechselt dort auf die linke Seite. Ab Senheim verläuft die Route bis Cochem auf der rechten Seite und wechselt dann wieder zum linken Ufer. Von Treis-Karden bis Alken verläuft sie erneut am rechten Ufer. Von Alken bis Koblenz wird die linke Seite empfohlen.

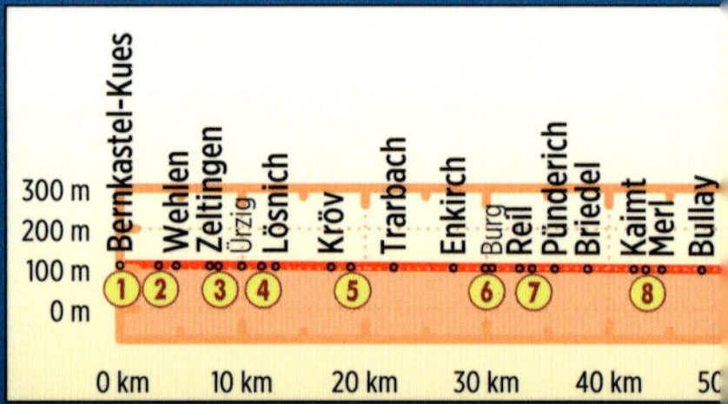

Bernkastel-Kues s. S. 72

Von Bernkastel-Kues nach Trarbach *21,5 km*

1 Die Brücke unterqueren und weiter auf dem asphaltierten Weg neben der Bundesstraße ~ der Weg gabelt sich und es geht direkt an der Mosel weiter ~ rechts befindet sich die Ortschaft Graach, die auf jeden Fall einen Besuch wert ist.

Graach R

Vorwahl: 06531

Tourist-Information, Hauptstr. 94, ✆ 2541, @ vpc378

Katholische Kirche St. Simon und Judas. Die Kirche wurde um 1600 nach dem Vorbild der Kueser Hospitalskapelle neu gestaltet. Eine umfassende Erweiterung fand im Jahr 1905 statt.

Uralte Weingüter säumen die Straße und in den engen Seitengassen überwuchert der Wein alles, was ihm unter die Ranken kommt. Ein Dorf zum Verlieben und Verweilen, ein Himmelreich. Nicht

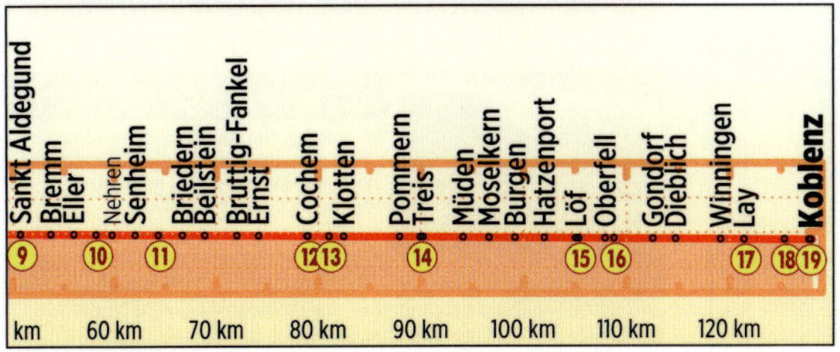

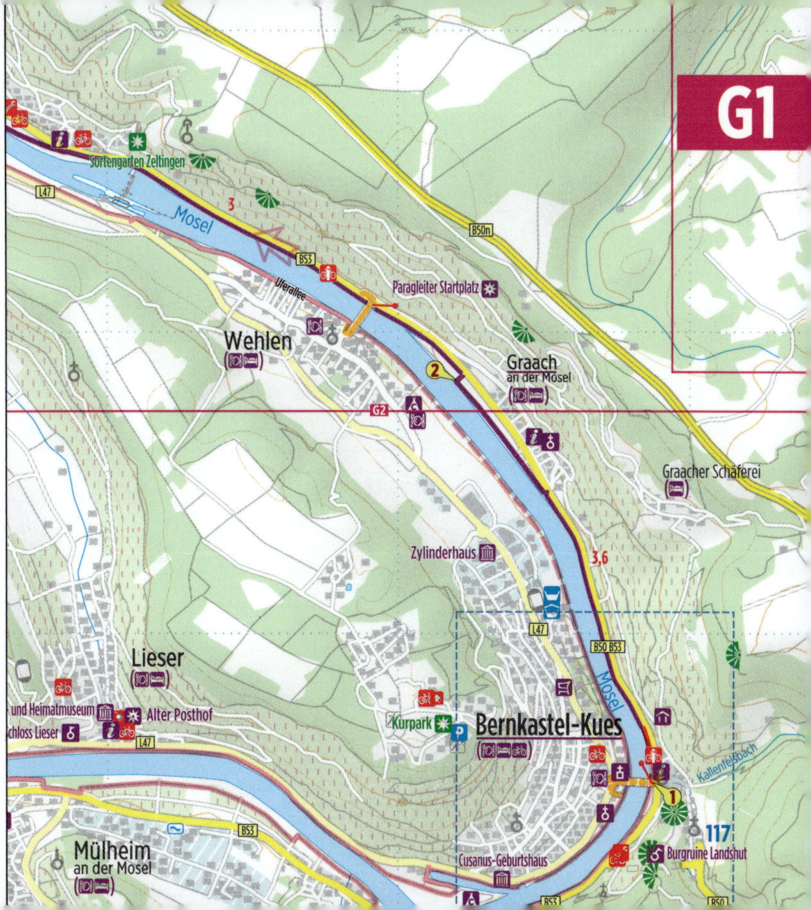

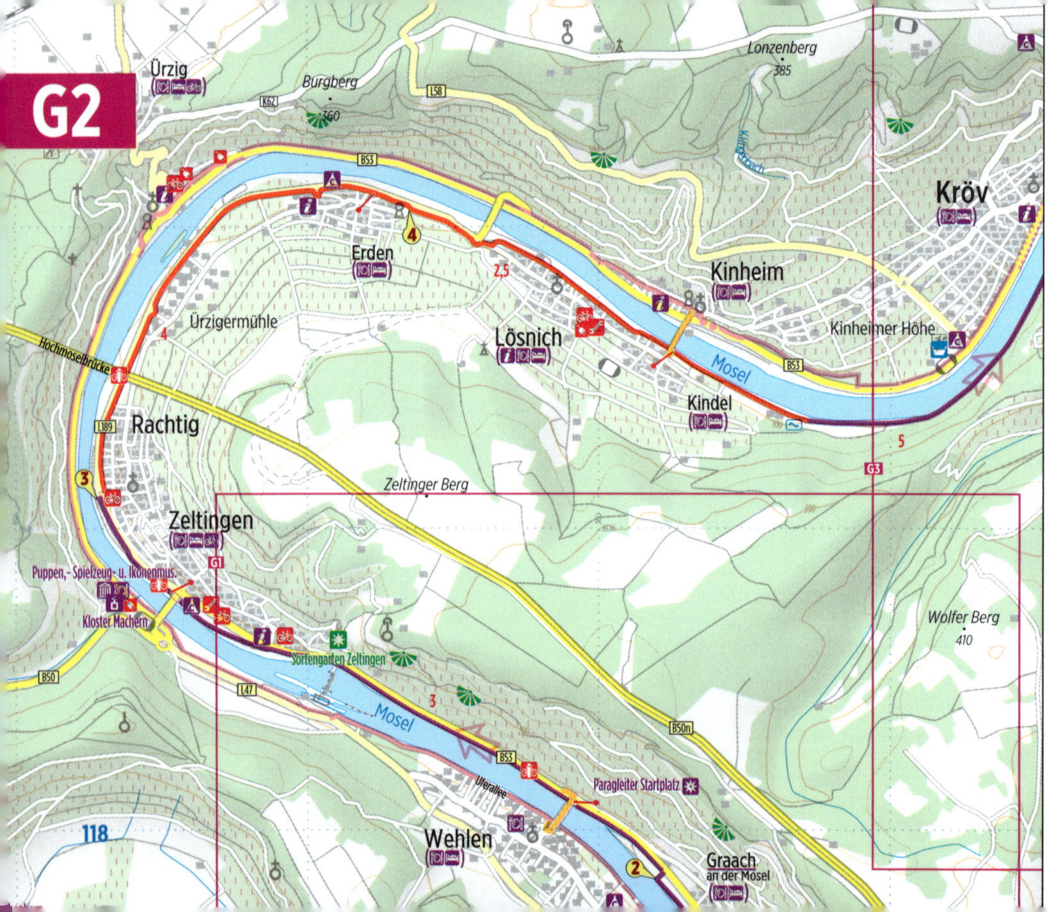

von ungefähr heißt hier die bekannteste Weinlage Graacher Himmelreich.

2 Der Radweg führt rechts zur Bundesstraße, an dieser links auf den linksseitigen Rad- und Fußweg ~ die Brücke unterqueren ~ auf dem Radweg entlang der Bundesstraße nach Zeltingen-Rachtig.

Zeltingen-Rachtig R

Vorwahl: 06532

Verkehrsbüro, Uferallee 10, ✆ 2404, @ tlc632

Sortengarten Zeltingen. Auf teils ungenutzten Rebflächen befinden sich etwa 50 Obst- und Beerensorten aus allen Regionen der Welt.

Auch Zeltingen gefällt wegen der stattlichen Zahl imposanter Wohnbauten und Klosterhöfe, darunter auch ganz vorzügliche Beispiele des moselländischen Barock. Besser als in manchen anderen Moseldörfern hat sich hier das charakteristische Straßenbild einer Winzergemeinde erhalten. Besonders festlich werden die Gassen während des traditionellen Weinfestes geschmückt.

In Rachtig ließen sich im Jahr 1247 Deutschordensritter nieder, denen der Ort das schmucke Deutschherrenhaus als ein bedeutendes Beispiel spätgotischer Profanbauten verdankt. Die eigentümliche Kirche aus dem rötlichen Sandstein erinnert an ein romanisches Gotteshaus. Tatsächlich wurde es in Anlehnung an diesen Baustil erst 1906 errichtet. Der mächtige Turm allerdings stammt aus dem 18. Jahrhundert.

Der Radweg verläuft weiterhin links der Bundesstraße ⤳ **3** unter der **L 189** hindurch, gleich nach der Unterquerung links und dem Verlauf dieser Straße folgen ⤳ die Kreuzung geradeaus überqueren und weiter auf dem asphaltierten Weg in den Ort Ürzigermühle.

Ürzigermühle

Weiterhin auf dem asphaltierten Weg rechts der **L 189** ⤳ dieser beschreibt eine Rechts-Links-Kurve.

Erden R

Vorwahl: 06532

Verkehrsbüro, Hauptstr. 72, ✆ 2549, @ mti455

Die **Poststraße** überqueren und gleich danach links ⤳ der Rechtskurve des Weges folgen und weiter auf diesem Weg **4** an der T-Kreuzung links Richtung Lösnich und Traben-Trarbach ⤳ aus dem Ort Erden hinaus ⤳ die Route führt weiter zu einem Kreisverkehr ⤳ geradeaus über den Kreisverkehr und gleich danach links ⤳ an den Häusern von Lösnich vorbei.

Mosel-Radweg bei Wolf

Lösnich R

Vorwahl: 06532

Tourist-Information, Hauptstr. 69, ✆ 953867, @ jwk843

Die Route verläuft auch an den Häusern von Kindel vorbei.

Kindel (Kinheim) R

Vorwahl: 06532

Tourist-Information Kinheim, Harelbekepl. 1, Kinheim, ✆ 3444, @ vox688

Die Straße teilt sich, hier links halten ~ unter der Brücke hindurch und weiter auf dem asphaltierten Weg ~ vorbei an einem Campingplatz und den Häusern von Wolf.

Wolf (Traben-Trarbach) R

An der T-Kreuzung links in die Straße **Im Luxgraben** ~ dem Weg entlang des Flusses an den Häusern von Wolf vorbei folgen ~ die Brücke unterqueren ~ **5** dort wo die Straße eine Rechtskurve macht, geradeaus auf den Land- und Forstwirtschaftsweg ~ an der Weggabelung links ~ der Weg verläuft nun wieder direkt auf der linken Seite der Bundesstraße weiter bis nach Trarbach ~ über eine kleine Brücke eines Zuflusses und am Kreisverkehr links zum Ufer.

Trarbach s. S. 94

Von Trarbach nach Zell *20 km*

Die Moselbrücke in Trarbach unterqueren und weiter auf dem Weg entlang der **B 53** ~ an der Staustufe führt der Weg links von der Straße weg und verläuft nun durch eine Mauer getrennt an der Mosel weiter ~ er führt dann wieder zur Bundesstraße hinauf und nach Enkirch hinein.

Enkirch R

Vorwahl: 06541

Tourist-Info, Am Brunnenpl. 2, ✆ 9265, @ ryg738

Fähre. Personenfähre ans andere Moselufer, Fährzeiten: Di-So 9.30-12 Uhr und 13.30-17.30 Uhr

Heimatstuben-Museum, Weing. 22, in der Ratsweinschenke, ✆ 9265 Schöffenstube, Zunftstube, Winzerküche, Küfer- und Schuhmacherwerkstadt und Mineraliensammlung. @ mlg182

Evang. Kirche, Kirchstr. 1. Die Ursprünge des Gotteshauses reichen bis in das 13. Jh. zurück.

Das an gediegenen Massivbauten und Fachwerkhäusern sehr reiche Ortsbild zeugt bis heute von der sponheimschen Gunst, die ja auf der benachbarten Starkenburg residierten. Zum anderen war es aber auch die hochentwickelte Handwerkskultur, die in Enkirch an vielen Formdetails zum Vorschein kommt.

Adelshöfe, Relikte der historischen Stadtwehr, der „Drilles", ein drehbarer Menschenkäfig als Pranger, und vor allem die Heimatstuben in der Ratsweinschenke lassen den Ort als ein Bilderbuch des Lebens vom 15. bis zum 17. Jahrhundert erscheinen.

Beim Wohnmobilstellplatz rechts, links gelangen zum Fähranleger ⇝ dem asphaltierten Weg entlang der Bundesstraße folgen ⇝ kurz nach einer Unterführung links ⇝ weiter zwischen Weingärten und Fluss fast bis in den Ort Burg ⇝ **6** an der Gabelung rechts.

INS ZENTRUM Um ins Zentrum von Burg zu gelangen, fahren Sie an der Gabelung links. Am Festplatz rechts, durch die Unterführung, dann links an der T-Kreuzung und weiter auf der Hauptstraße bis ans andere Ende des Ortes, wo Sie wieder auf die Hauptroute treffen.

Burg (Mosel) R

Weinlehrpfad. Der Pfad beginnt oberhalb der Kirche und hat eine Länge von 3 km.

An der Hauptstraße links auf den Radweg ⇝ dem Weg aus Burg hinaus folgen und weiter entlang der Bundesstraße ⇝ unter der Straßenbrücke hindurch ⇝ kurz nach der Brücke links ⇝ Sie folgen nun einer Landstraße parallel der Bundesstraße ⇝ der Weg beschreibt eine Links-Rechts-Kurve, dieser folgen ⇝ wieder durch die Weinberge hindurch ⇝ links zur Mosel Richtung Zell und Pünderich ⇝ **7** vor dem **Campingplatz „Moselland"** nach rechts ⇝ vorbei an einem Spielplatz ⇝ rechts sind dann schließlich die Häuser von Pünderich zu sehen.

Pünderich R

Vorwahl: 06542

Tourist-Information, Raiffeisenstr. 3, ✆ 900021, @ aak248

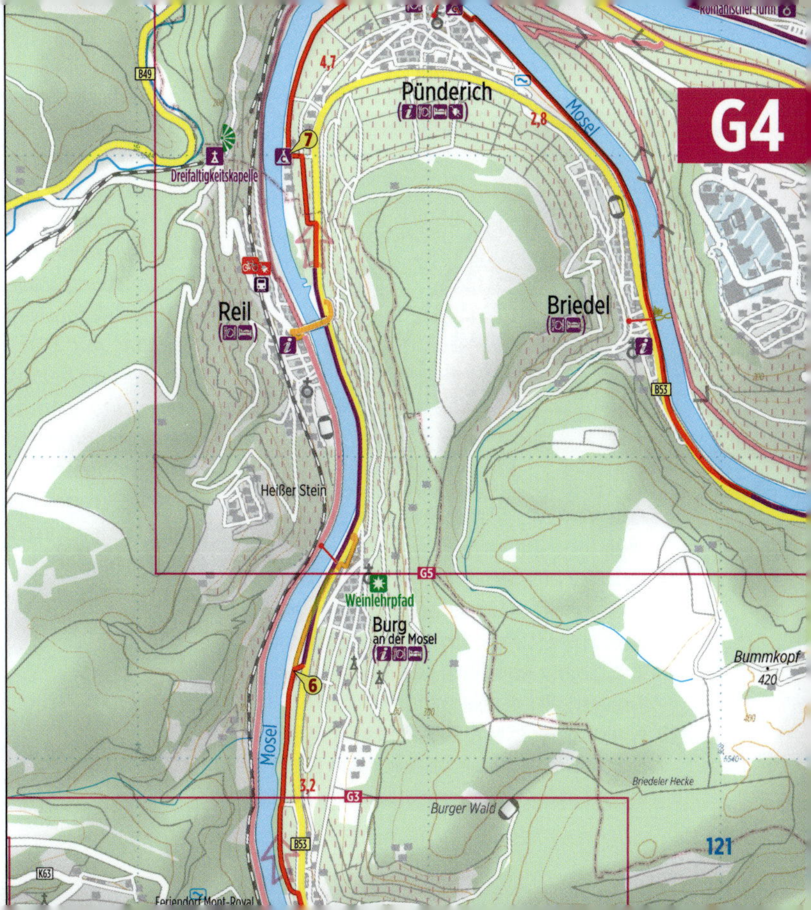

Fachwerkhaus in Pünderich

Fähre, 900020, 900021. Fähre ans andere Moselufer. @ pls177

Marienburg. An der Stelle der heutigen Marienburg befand sich bereits vor mehr als 1.000 Jahren eine Burganlage. Im 12. Jh. wurde an dieser Stelle ein Augustinerkloster errichtet, das im 16. Jh. aufgelöst wurde. Heute dient die ehemalige Befestigungsanlage als Jugendbildungsstätte.

Prinzenkopf. Bereits im 19. Jh. befand sich hier ein hölzerner Aussichtsturm. Die heutige Stahlkonstruktion stammt aus dem Jahr 2008. Von oben bietet sich Ihnen ein wunderschöner Blick auf die Moselschleife sowie die Orte Zell, Reil, Alf und Pünderich.

Zu den bekanntesten Fotomotiven aus dem Moselland gehört das 1621 erbaute Fährhaus von Pünderich. Zusammen mit den sich anschließenden Fachwerkbauten bildet es ein stimmungsvolles Ensemble. Auf einer Tafel am Rathaus mahnt eine Inschrift den Besucher mit den Worten: Fred in disem Huis, Ders nit helt bleib drus! Ganz in diesem Sinne sollte man durch das idyllische Dorf spazieren und da oder dort einen Schoppen zu sich nehmen.

Links des Weges befindet sich der Campingplatz „Marienburg" ~ der Weg nähert sich schließlich wieder der Bundesstraße an und führt nun direkt neben der **B 53** weiter ~ an den Häusern von Briedel vorbei.

Briedel R

Vorwahl: 06542

Tourist-Information, Moselstr. 25, 4013, @ pra688

Fähre, 4013. Fähre ans andere Ufer der Mosel. @ wvi172

Dem Verlauf des Weges neben der Bundesstraße weiter folgen ~ die Brücke nach Kaimt unterqueren ~ der Radweg gelangt auf die Straße herauf und es geht durch Zell hindurch.

Zell (Mosel)

Vorwahl: 06542

Zeller Land Tourismus GmbH, Balduinstr. 44, 96220, @ hkv577

Mosel-Personenschifffahrt, Gebr. Kolb, 5335. Zell-Cochem-Bernkastel-Kues und zurück. @ tmw521

Wein- und Heimatmuseum, Balduinstr. 44, 96960, @ xnj244

Blick nach Briedel und ins Moseltal

Schloss Zell, Schlossstr. 8a. Das Schloss wurde in Jahren 1535-1543 errichtet. Heute befindet sich in der Anlage ein Hotel.

Wie in Traben-Trarbach wüteten auch in Zell die Feuersbrünste, und deshalb sind nur wenige mittelalterliche Bauwerke erhalten. Sehenswert und das Stadtbild prägend, sind das Kurfürstliche Schloss aus dem ausgehenden 15. Jahrhundert, das heute ein Hotel beherbergt, und das Haus Caspary in der Balduinstraße. Recht markant erheben sich aus den Weinbergen über Zell der Runde Turm und der Viereckige Turm. Sie stellen den Rest der Stadtbefestigung dar. Im Ortsteil Kaimt, über die Fußgängerbrücke erreichbar, befindet sich der Hof der Boos von Waldeck. Das eigentümliche Fachwerkhaus mit dem hohen Giebel war der Sommersitz der Herrschaft auf Burg Waldeck im Hunsrück. Reichsgraf Ludwig Josef von Boos zu Waldeck und Montfort war der letzte Oberamtmann von Zell. Der Hofverwalter erstand das Anwesen im Jahr 1824, und durch Heirat kam es 1889 in den Besitz der Familie Treis, deren Weingut es heute noch ist.

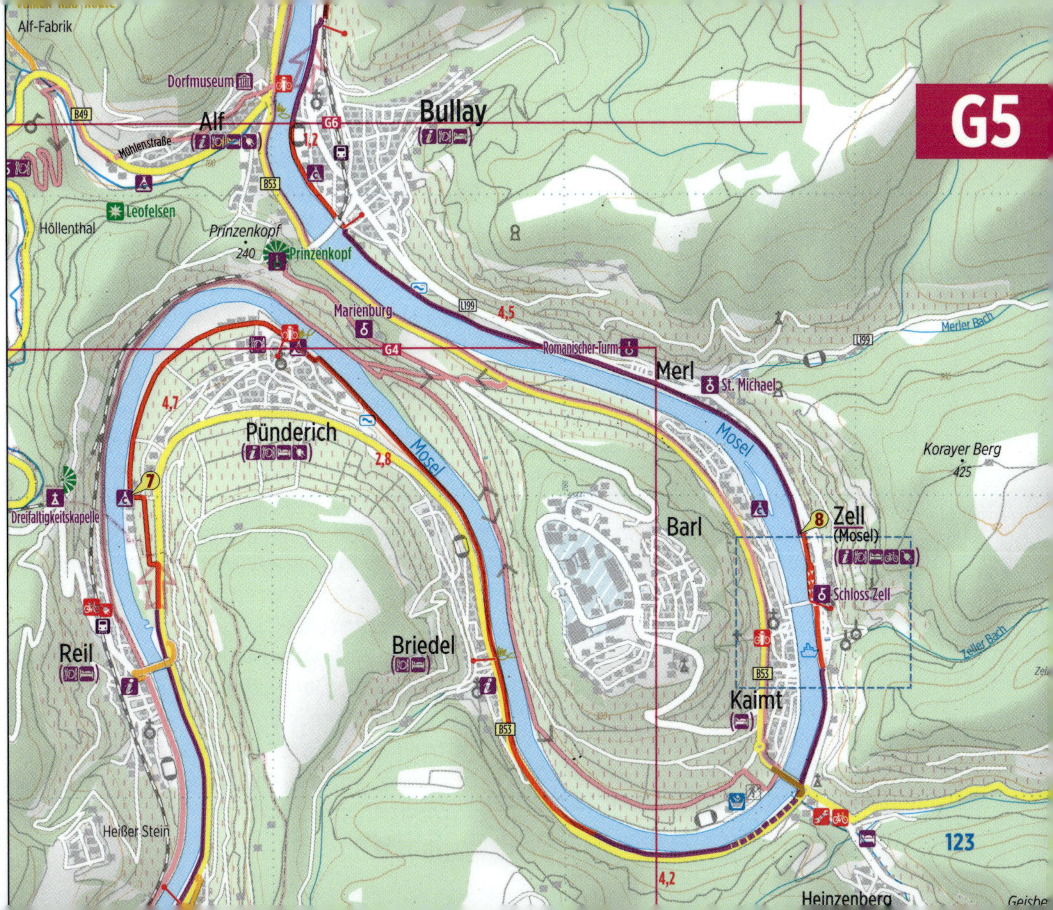

Dieses Weingut ist bei weitem nicht das Einzige hier. Mit rund 6 Millionen Rebstöcken ist Zell eine der größten Weinbaugemeinden an der Mosel. Aus 16 Einzellagen besteht die Großlage „Zeller Schwarze Katz". Eine Plastik des auf einem Fass fauchenden Tieres ziert den Brunnen am Markt.

Zeller Schwarze Katz

Die bekannteste und meisterzählte Sage von der „Zeller Schwarze Katz" ist jene, die sich im Keller des Weingutes Mayntzer im 19. Jahrhundert zugetragen haben soll. Die Weinhändler oder „Weinhäre", wie die Zeller sie nannten, kamen zum Vollzug ihrer Geschäfte in der Regel persönlich in die Weinorte und waren hochangesehene Leute, die natürlich viel vom Wein verstanden.

Im Keller des Weingutes Mayntzer sollen nach der Überlieferung drei Weinhändler aus Aachen, die nicht zum ersten Male in diesem Keller den Wein verkosteten, kurz vor Abschluss der Kaufverhandlungen gewesen sein. Drei Fuder standen nach längerem Probieren in der engeren Wahl, doch konnte man sich nicht einigen, welches das Beste sei.

Die Stimmung im Keller ließ die Wirkung des Weines bereits deutlich erkennen, als die Frau des Winzers, begleitet von einer schwarzen Hauskatze, den Keller betrat, um den weinlaunigen Käufern mit einer Brotzeit die Wahl zu erleichtern. Als der Weingutbesitzer noch einmal den Probierschlauch in eines der drei Fässer einführen wollte, sprang ihm die Katze mit wütendem Fauchen entgegen, erklomm mit einem Satz das Fass, wölbte den Rücken, sträubte das Fell und schlug mit scharfbekrallten Tatzen nach jedem, der einen Tropfen aus dem Fuderfass entnehmen wollte. Schließlich mussten sich die Weinhändler der schwarzen Katze geschlagen geben und kauften ohne weitere Proben den Wein, den die Katze so hartnäckig verteidigte und den sie längst schon als den Besten erkannt hatten.

Ihr Wein mit der Bezeichnung „Zeller Schwarze Katz" fand so reißenden Absatz, dass die Zeller Winzer hellhörig wurden und ihre Weine aus

Die Mosel bei Zell

den besten Zeller Lagen unter der Bezeichnung „Zeller Schwarze Katz" verkauften.

Von Zell nach Beilstein 26,5 km

TIPP **In Zell wechselt die offizielle Hauptroute auf die linke Moselseite. Die Routenbeschreibung finden Sie auf S. 98.**

Unter einer schmalen Brücke hindurch, links zur Mosel hinunter und direkt an der Mosel weiter ~ 8 der Weg wird zu einem Rad- und Fußweg ~ vorbei an den Häusern von Merl.

Merl (Zell (Mosel))

St. Michael. Die Pfarrkirche stammt aus dem 13. Jh. und gehörte zum ehemaligen Minoritenkloster.

Romanischer Turm. Der romanische Turm der ehemaligen Klosterkirche stammt noch aus dem 12. Jh. Er befindet sich heute auf dem Friedhof von Merl und ist weithin das sichtbare Wahrzeichen des Ortes.

Weiter dem Verlauf des Radweges entlang der Mosel folgen ~ rechts sind die Häuser von Bullay zu sehen ~ unter der Eisenbahnbrücke hindurch ~ vorbei an einem **Campingplatz** und einem **Sportplatz**.

Bullay R

Vorwahl: 06542

Tourist-Information, Lindenpl. 2, ✆ 21141, @ dvn263

Personenfähre, Alf, ✆ 0175/8869724. Fährzeiten: Mai-Okt., Mo-Do 8-18 Uhr, Fr 8-19 Uhr, Sa, So 9-19 Uhr, Mittagspause von 12-12.30 Uhr. Informationen über Tourist-Info Bullay, ✆ 06542/21141. Fährbetrieb zwischen Alf und Bullay.

Bullay, einst die römische Siedlung Boletum, war bereits zu Beginn des 12. Jahrhunderts freie Reichsstadt und als solche zunächst im Besitz der Herren von Arras, deren Burg jenseits der Mosel im Tal des Alfbaches liegt. Bullay hob sich durch diese Privilegien von den übrigen Orten im Tal, die allesamt dem Kurfürsten in Trier und seinen Äbten unterstanden, ab.

Der Name der hiesigen Weinlage, „Bullayer Brautrock", leitet sich von einer Geschichte ab, die eng mit der Eigenständigkeit der Grafen verbunden ist. Gegen Ende des 16. Jahrhunderts waren die gräflichen Kassen wie so oft wieder einmal leer, da man zu viele und zu ausgiebige Feste gefeiert hatte. Damit nun der junge Grafensohn sein geliebtes Ritterfräulein ehelichen konnte, musste der

Blick auf Merl

Brautvater, der dem Glück seines Kindes nicht im Wege stehen wollte, seinem zukünftigen Schwiegersohn einen Weinberg schenken, dass dieser den Brautrock bezahlen konnte. Man verfügt aber, dass die Erlöse aus diesem Brautrockweinberg ganz allein dem Fräulein zustehen. Sie möge dann von eigenem Besitz zehren können, sollte der junge Graf auch durch ausschweifende Lebensweise die Kasse belasten.

Die Mosel bei Neef

Rechts befinden sich weiterhin die Häuser von Bullay ⇝ die Route führt am Moselufer entlang ⇝ die **K 41** überqueren und unter den Bahngleisen hindurch, gleich danach links Richtung Neef ⇝ dem Verlauf des Weges neben den Gleisen weiter folgen ⇝ **9** links unter der Bahn hindurch und rechts auf der **K 41** weiter ⇝ nach Neef hinein.

Neef R

Vorwahl: 06542

- **Tourist-Information**, Moseluferstr. 23, ✆ 1814055, @ lwy251
- **Petersberg-Kapelle**. Während der Chor aus dem 12./13. Jh. stammt, geht der Großteil der alten Kapelle auf Umbauten im 16. und 17. Jh. zurück.

Auf dieser Straße durch den Ort hindurch ⇝ an der Gabelung links halten.

TIPP: Nach starken Regenfällen kann die Wegstrecke ab dem Kloster Stuben, die nicht Teil der offiziellen Hauptroute ist, in einem schlechten Zustand sein. In diesem Fall empfehlen wir in Neef die Uferseite zu wechseln.

Die Brücke unterqueren und der Rechts-Links-Kurve der Straße folgen ⇝ bei der Rechtskurve

Die Klosterruine Stuben

geradeaus weiter auf den unbefestigten Weg ~ vorbei an der Ruine des Klosters Stuben.

Klosterruine Stuben (Bremm)

Inmitten der Weinreben steht das Skelett jenes Klosters, das 1136 gegründet wurde. Hier wurde bis 1794 eine Reliquie vom Heiligen Kreuz aufbewahrt, die Ritter Heinrich von Ulmen 1204 in Byzanz stahl und die heute im Limburger Domschatz zu betrachten ist.

Nach einem Stück unter der Eisenbahnbrücke nach Eller hindurch ~ im weiteren Verlauf fahren Sie auf einem schattigen Naturweg mit prächtigem Blick auf Ediger ~ **10** an der Weggabelung links, weiter bis zur T-Kreuzung, hier ebenfalls links ~ der Weg ist nun wieder befestigt ~ an der Weggabelung links auf den unbefestigten Weg ~ vor der Brücke zweigen Sie rechts ab ~ dem Verlauf der Straße nach Senheim folgen.

Senheim

Senheim

Vorwahl: 02673

- **Gemeindeverwaltung**, Zeller Str. 66, ✆ 9629176, @ ogl227
- **Weinmuseum**, Zeller Str. 11, Weingut Schlagkamp-Desoye, ✆ 4381 Besichtigung des Weingutes, Geschichte des Weines, Zelebrieren von Weinproben. @ obj125

An der Straßengabelung im Ort links ~ an der Querstraße rechts ~ es befindet sich auf der Straße ein Radstreifen, kurz vor Mesenich beginnt links der Bundesstraße ein Radweg ~ der Weg führt nach Mesenich.

Mesenich

Auf dem Radweg weiter ~ **11** vorbei an einem Campingplatz ~ es geht schließlich an den Häusern von Briedern vorbei.

Briedern

- **Kapelle am Wahlberg.** Die idyllisch in den Weinbergen gelegene Kapelle ist ein Bruchsteinbau aus dem 19. Jh.

Vorbei an der Kirche von Briedern, immer weiter dem Verlauf dieser asphaltierten Straße folgen ~ aus Briedern hinaus und vor zur **L 98** ~ auf dem linksseitigen Radweg weiter ~ dem Verlauf des Radweges nach Beilstein hinein folgen.

Beilstein

Vorwahl: 02673

- **Verkehrsverein**, Bachstr. 47, ✆ 900191, @ hnw513
- **Fähre Beilstein-Ellenz-Poltersdorf**, Ellenz-Poltersdorf, ✆ 1515, Fährzeiten: Ostern-Okt., tägl. 9-12.30 Uhr, @ tmx365
- **Burg Metternich**, Im Mühltal 62, ✆ 93639 Letzter Eigentümer vor der Besetzung des Rheinlandes durch die Franzosen

1794 war Klemens Wenzel Lothar von Metternich, der beim Wiener Kongress 1815 maßgeblich an der Neuordnung Europas beteiligt war.

Der Name des Ortes Beilstein weist in die tiefe Vergangenheit zurück. Zu einer der ältesten und schon zur Vorgeschichte gebräuchlichen Formen der Wildhatz gehörte das sogenannte „Beieln". Dabei wurden die Jagdtiere mittels Lärm oder Feuer in einen von Jagdhelfern gebildeten Trichter getrieben, dieser endete letztlich an einem Felsabhang, welcher den abgehetzten Kreaturen zur Todesfalle wurde. Und an eben so einem „Beyhelstein" wurde der Ort zu Beginn des 14. Jahrhunderts gegründet. Als „Rothenburg an der Mosel" ging das kleine, liebliche Dorf sogar in die Filmgeschichte ein. Fünf Filme wurden vor dieser herrlichen Kulisse gedreht.

Das Dorf aber überragend und beherrschend thront über Beilstein die Burgruine Metternich. Der erste Besitzer der Burg war der Ritter Cuno von Beyhelstein, eine Urkunde aus dem Jahr 1129 bezeugt dies. 1268 wurden die Braunshorn aus dem Hunsrück mit der Burg belehnt. Ein

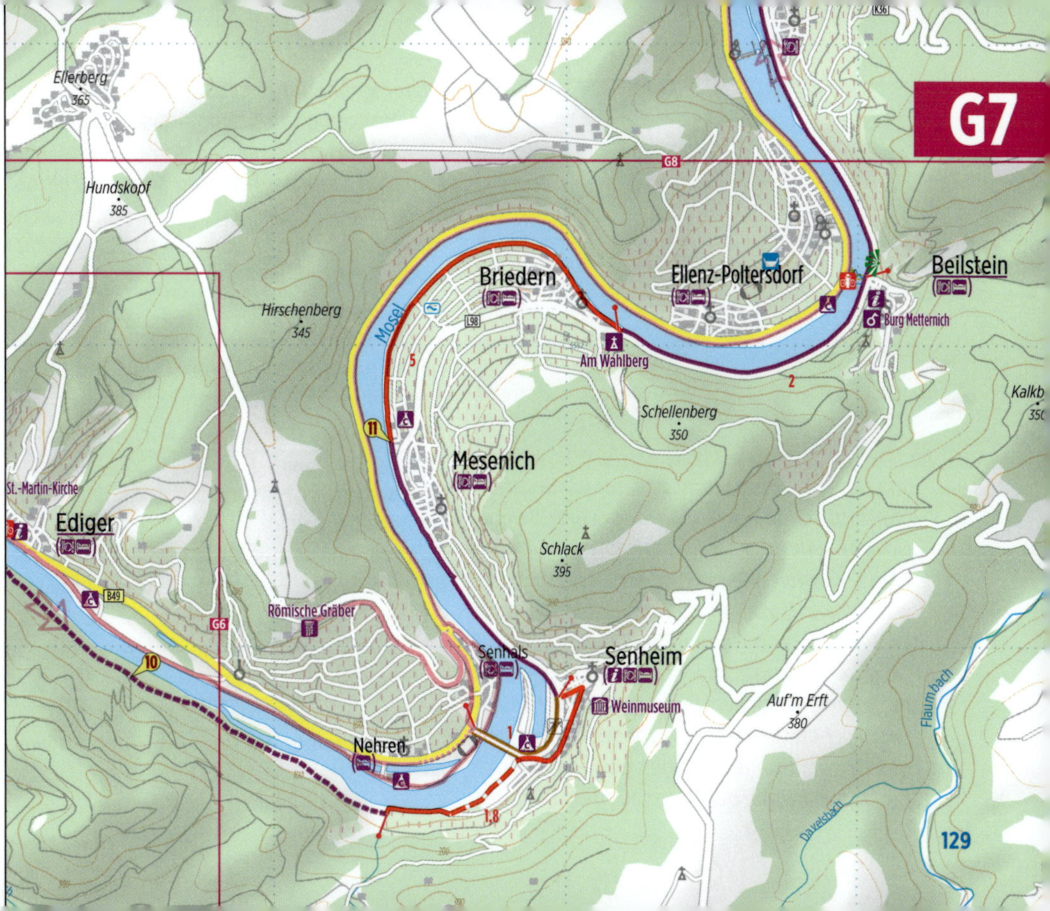

Blick auf Beilstein und Burg Metternich

Johann von Braunshorn gewann für Beilstein die städtischen Privilegien, befestigte sie und siedelte zehn jüdische Familien an. Auf dem Markt wurden Wein, Schiefer und landwirtschaftliche Erzeugnisse umgeschlagen, und großer Reichtum sammelte sich an.

Doch die Braunshorner starben aus. Die Winneburger aus Cochem übernahmen die Hinterlassenschaft. Nach den Glaubensstreitigkeiten des Dreißigjährigen Krieges gewann Kurtrier die Oberhand und belehnte nach dem Tode des letzten Winneburgers 1637 den Reichsfreiherrn von Metternich mit dem Anwesen. Klemens Wenzel Metternich, jener österreichische Haus, Hof- und Staatskanzler, der sich zur Zeit des Biedermeier in Wien durch seine Polizeispitzel viele Feinde machte, war der letzte Eigentümer dieser Burg.

Von Beilstein nach Treis-Karden 21 km

Neben der **L 98** durch den Ort hindurch ~ auf dem linksseitigen Radweg der Straße weiter nach Bruttig-Fankel.

Bruttig (Bruttig-Fankel) R

Bahndamm. Der Bahndamm stammt aus dem 20. Jh. und zieht sich durch den Ort.

Dem Verlauf der Straße durch Bruttig-Fankel hindurch folgen ~ es geht aus dem Ort hinaus und weiter zur Moselbrücke ~ die Brücke unterqueren und weiter auf dem Radweg nach Valwig.

Valwig R

In Valwig weiter auf dem Rad- und Fußweg links der Straße nach Cochem-Cond.

Cochem s. S. 102

Durch Cochem-Cond auf dem Radweg rechts der Mosel.

TIPP Zwischen Cochem und Treis-Karden führt die rechtsseitige Route, die nicht Teil der offiziellen Hauptroute ist, durch ein Naturschutzgebiet. Nach Regenfällen kann die Wegstrecke in einem schlechten Zustand sein. In diesem Fall empfehlen wir in Cochem die Flussseite zu wechseln.

12 Die Brücke über die Mosel unterqueren ~ kurz darauf ist nochmal eine Brücke unterqueren ~ geradeaus auf dem Radweg entlang der Mosel bleiben ~ vorbei am Campingplatz, danach der Rechtskurve der Straße folgen, geradeaus wird der Weg unbefestigt ~ der Weg entfernt sich somit wieder etwas von der Mosel ~ **13** bei dem kleinen Kreisverkehr links auf den asphaltierten Weg ~ weiter bis zur Fähre.

Klotten L

Vorwahl: 02671

Tourismus- und Kulturverein Klotten e.V., Moselstr. 27, ✆ 5199, @ tlr674

Fähre Klotten. Fährzeiten: April–Okt. @ ard377

Seitskapelle. Die Kapelle wurde im 19. Jh. erbaut.

Burgruine Coraidelstein. Die Burg Coraidelstein wurde erstmals im Jahr 1294 erwähnt.

Wild- und Freizeitpark Klotten, Wildparkstr. 1, ✆ 605440 ⑦ Neben zahlreichen Tierarten gibt es im Park auch eine Pferdereitbahn, eine Achterbahn und ein Parkrestaurant. @ mvv247

Auf dem Bergkegel über dem Ort ragt die Burgruine Coraidelstein auf. Der Grundstein soll im 10. Jahrhundert vom Pfalzgraf Hermann I. gelegt worden sein. Wer sich die Mühe macht und hinaufklettert, genießt eine herrliche Aussicht auf die Landschaft, die nicht mehr nur von Weingärten geprägt ist. Der einstige Wohlstand des Ortes Klotten wurde nicht allein im Weinhandel begründet. Die Schieferplatten aus dem Hinterland wurden vor dem Bau der Eisenbahn von hier aus verschifft, weswegen Klotten eine wichtige Anlegestelle für die Moselschiffe war.

TIPP Mit dieser Fähre können Sie ans andere Ufer nach Klotten wechseln, wenn die nachfolgenden Wege aufgeweicht sind.

Treis-Karden

Bei gutem Wetter ist der Weg durch das Naturschutzgebiet jedoch weit reizvoller als der Radweg neben der stark befahrenen Straße am anderen Ufer.

Nach der Fähre wird der Weg unbefestigt und schwer zu befahren ~ es geht neben der Mosel durch ein **Naturschutzgebiet** ~ dem Verlauf des unbefestigten Weges folgen ~ an einer Schranke vorbei, danach ist der Weg wieder befestigt ~ die Route führt nun über ein Betriebsgelände, vorbei an einigen Geschäften ~ über eine kleine Brücke ~ **14** schließlich links Richtung Cochem, Koblenz und Kaisersesch ~ auf der Hauptstraße durch Treis-Karden hindurch.

Treis-Karden

Vorwahl: 02672

Tourist-Information, St. Castor-Str. 87, Karden (Treis-Karden), ✆ 9157700, @ mjv214

Mosel-Schifffahrt, Gebr. Kolb, Moselallee 23, ✆ 0172/4715374. Fahrten nach Koblenz und Cochem, Radmitnahme möglich. @ nio788

Stiftsmuseum, St. Castorstr. 2, neben der Stiftskirche, ✆ 9157700 ⌚, @ clc822

Stiftskirche St. Castor, Lindenpl., Karden (Treis-Karden). Sehenswerte Kirche mit Stumm-Orgel und Terrakotta-Altar, gotische Wandmalereien von 1495.

Archäologiepark Martberg, Martberg, Pommern, ⌚ Mai-Okt., Fr-So, Fei 11-17 Uhr. Auf dem Martberg zwischen Pommern und Karden befand sich um 100 v. Chr. eine befestigte Großsiedlung, ein sogenanntes Oppidum. In römischer Zeit entstand dann ein gallorömischer Tempelbezirk, der im 3. Jh. n. Chr. seine Blütezeit erlebte. @ cki664

Spiel- und Spaßbad, Bruttiger Str. 1, ✆ 7331

Kastor, ein Schüler des Trierer Bischofs Maximin, und seine Gefährten Pontentius, Felicius und Simplicius gründeten in der bereits bestehenden Siedlung Cardena eine Christengemeinde. Nach ihrem Tod wurden sie als Heilige verehrt, und der Ort gewann an Bedeutung. In der fränkischen Epoche war Karden Zentrum eines weiten Seelsorgebezirks, und die Priester lebten in einer Kommunität zusammen. Aus dieser Wohngemeinschaft entstand schließlich das Kollegialstift St. Kastor. Das Stift unterhielt auch eine Schule, die

G9
Burg Eltz
Ringelsteiner Mühle
Müdenerberg
Dömpel
270
Moselkern
3,8
Klickerterhof
Brieden
Brohlbach
Pommerbach
Kailsbach
Müden
Mosel
St.-Castor-Blick
Karden
Stiftsmuseum
Turm der Liebfrauenkirche
Pommerer Mart
Archäologie-Park Martberg
270
4
Eichenberg
270
Fahrlei
265
Zilleskapelle
Treis
Pommern
Sonnenuhr
1,6
14
L107
L108
B49
B416
K32
G10
G8
Mosel
Kesselkopf
280
Schock
425
Treiser Berg
270
Lützbach
Lütz
Flaumbach
Labersbach
Obelergraben

mit kunstvollen Wandgemälden geschmückt war. 1951 wurden davon zwei Freskenzyklen freigelegt, die Bilder erzählen von Susanne aus den Apokryphen der Bibel und von der Sage von Heinrich dem Löwen, der bekanntlich eine Pilgerfahrt ins Heilige Land unternahm.

Von Treis-Karden nach Niederfell 22 km

Am Marktplatz vorbei bis zur Brücke ~ im Kreisverkehr die erste Ausfahrt nehmen ~ es beginnt dann auf der linken Seite der Straße wieder ein Rad- und Fußweg ~ dem Verlauf des Radweges entlang der **B 49** folgen ~ an einem **Campingplat**z vorbei und schließlich nach Burgen hinein.

Burgen R

Auf dem linksseitigen Radweg der **B 49** durch Burgen hindurch ~ nochmals an einem **Campingplatz** vorbei und auf dem Radweg weiter nach Brodenbach.

Brodenbach R

Ehrenburg. Die erste urkundliche Erwähnung der Burg stammt aus dem 12. Jh. @ syn838

Donnerloch. Die Kaskadengruppe ist der engste Abschnitt im Tal des Brodenbachs.

Auch durch Brodenbach weiter auf dem Radweg ~ **15** wieder unter einer Brücke hindurch.

TIPP Vor Alken wechselt die Hauptroute auf die linke Moselseite. Aufgrund des starken Verkehrs zwischen Dieblich und Koblenz empfehlen wir Ihnen bereits hier auf die andere Uferseite zu wechseln und bis nach Koblenz zu fahren. In den Karten ist die Route ebenfalls als Hauptroute dargestellt. Die Routenbeschreibung dazu finden Sie ab S. 111.

Es beginnt ein Radstreifen, der nach Alken führt.

Alken R

Vorwahl: 02605

Tourist-Information Sonnige Untermosel, Moselstr. 7, ✆ 8472736, @ ero456

Mosel-Schifffahrt, MS Goldstück, Moselstr., ✆ 9581796, ✆ 0171/9959754, April-Okt. Fahrten nach Koblenz und Cochem, Radmitnahme möglich. @ oig853

Alte St. Michaelskirche, von-Wiltberg-Str. 18, ✆ 8360. Die Kirche mit Gebeinhaus und Ehrenfriedhof zählt zu den ältesten Kirchen im Moselland.

Burg Thurant, ✆ 2004, @ vto228

AUSFLUG In Alken haben Sie die Möglichkeit, einen Ausflug zur Burg Thurant zu unternehmen. Dazu fahren Sie rechts auf die L 207, bei der zweiten Kehre zweigt dann links eine kleine Straße zur Burg ab.

Burg Thurant

Betritt man die Burg Thurant, so wandelt man zwischen Altem und Neuem. Die Familie Allmers erstand die Ruine im Jahr 1911 und errichtete das Anwesen neu. Über eine Brücke kommt man zuerst in den Steingarten der Vorburg. Im folgenden Ehrenhof befindet sich die Burgkapelle mit den Grabstätten des Ehepaars Allmers.

Überragt wird der Hof vom Trierer Turm. Ein Relikt aus jenen Tagen, an denen die Erzbischöfe von Trier und Köln sich die Burg teilen mussten. Eine massive Mauer trennte das Eigentum der beiden Bischöfe, weshalb notwendigerweise zwei Tore errichtet wurden. Deshalb besitzt die Burg einen Kölner und einen Trierer Turm.

Geht man weiter, so kommt man über den sogenannten Rosengarten in den älteren Teil der Burg. Hier sind die Ruine eines Rittersaales und zwei durch einen Wehrgang verbundene Rundtürme zu sehen. In einem der beiden Türme sind die 23 Wappen der Lehensherren-Geschlechter zu sehen. Am Wehrgang befindet sich das Jagdhaus mit Trophäen und Rüstungen. Schließlich erreicht man den Kölner Turm, in dem sich die schaurige Folterkammer und das Verlies befinden.

Die Burg Thurant bei Alken

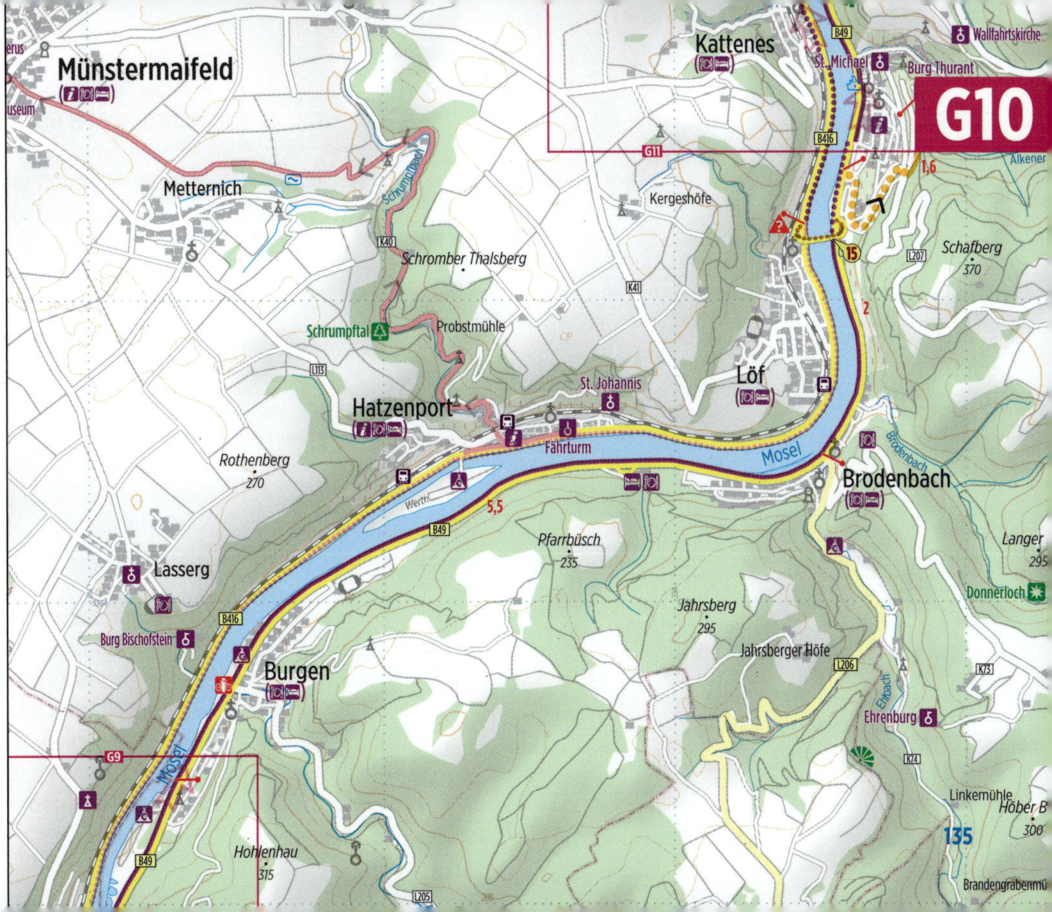

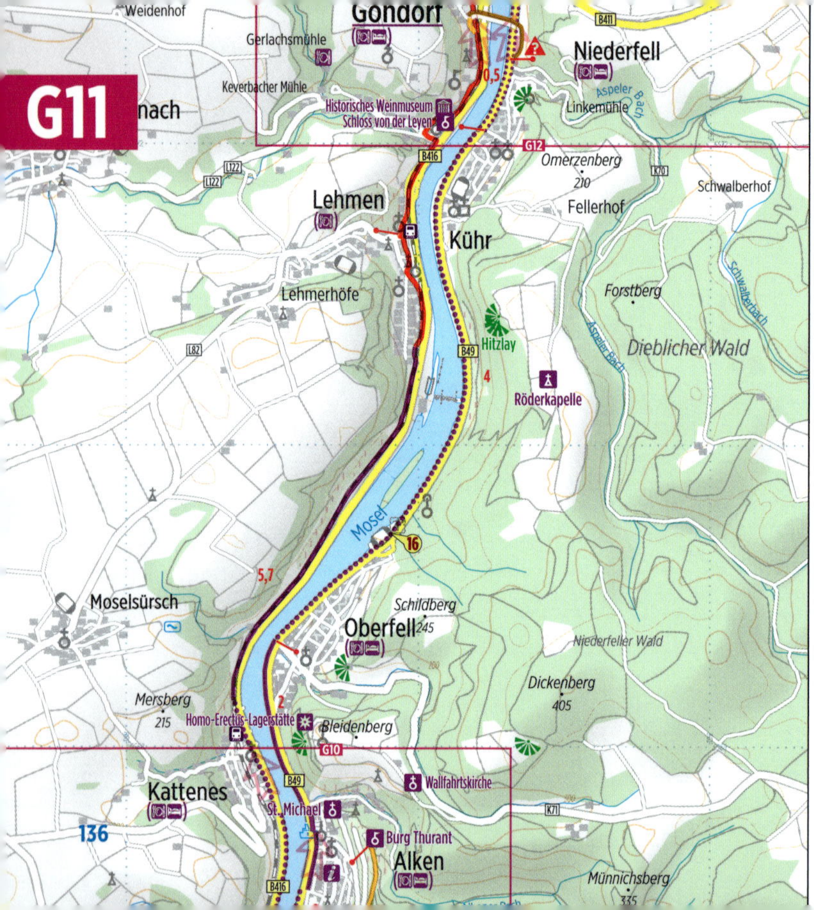

Auf der rechten Seite beginnt ein leicht erhöhter Rad- und Fußweg ~ dieser führt durch die Fußgängerzone hindurch und aus Alken hinaus ~ auf der linken Seite der Straße auf dem Radweg weiter ~ auf diesem nach Oberfell.

Oberfell R

Homo-Erectus-Lagerstätte. Rekonstruktion einer Lagerstätte aus Cortenstahl.

In Oberfell geht der Radweg wieder in einen Radstreifen über ~ **16** vorbei am Sportplatz, der Radstreifen führt weiter nach Niederfell.

Niederfell R

Von Niederfell nach Koblenz 16 km

ACHTUNG Da der Radstreifen ab Dieblich sehr schmal ist und man in unmittelbarer Nähe von starkem KFZ-Verkehr fahren muss, empfiehlt es sich bereits nach Niederfell ans andere Moselufer nach Gondorf zu wechseln. Ebenso ist die unfallträchtige Strecke zwischen Lay und Koblenz-Moselweiß nicht zu empfehlen. Hier rät selbst die Stadtverwaltung Koblenz zur Befahrung des Nordufers. Für die Streckenbeschreibung s. S. 114.

In Niederfell die Brücke nach Gondorf unterqueren und weiter auf der Straße nach Dieblich.

Dieblich R

Entlang der **B 49** durch Dieblich ~ der Radstreifen wird ziemlich schmal ~ unter der **Autobahnbrücke** hindurch und weiter auf dem rechtsseitigen Radstreifen nach Lay.

Lay (Koblenz) R

Weiter auf dem Radstreifen entlang der **B 49**, es geht aus Lay hinaus ~ **17** der Seitenstreifen, der allerdings nicht dem Radverkehr gewidmet ist, wird hier

G12
Wolken
A61
Langentalbach
Güls
Bisholder
Mosel
Karthause
Bisholder Höhe
225
Oberwerth
G13
Belltal
Rosenberg
285
Mosel
Dieblich
Winningen
Lay
Layer Kopf
315
B416
B327
B9
Rhein
Matthias-Kapelle
Oberburg
Moseltalbrücke
Marktstr.
Museum Winningen
Niederburg
Abteihof St. Marien
Dieblichberg
Kobern
Kondertal
Kühkopf
380
Stolzenfels
Schloss Stolz
L117
G11
Gondorf
B411
Niederfell
Backesberg
Hinterberg
235
Eschbach
Aspeler Bach
Linkemühle
istorisches Weinmuseum
Schloss von der Leyen
Stolzenfels-Kapell
6
5
3,5
17
2,5
2,8
6,5
0,5

sehr schmal ~ weiter bis zur Gülser Brücke in Koblenz.

VARIANTE Wenn Sie hier nun geradeaus weiterfahren, gelangen Sie zur Kurt-Schumacher-Brücke. Von dieser können Sie bis zum Deutschen Eck, wo die Mosel in den Rhein mündet, weiterfahren. Die genaue Routenbeschreibung finden Sie auf S. 114.

Um ins Zentrum zu gelangen, fahren Sie vor der Gülser Brücke rechts hinauf ~ der Weg führt zu einer Kreuzung, diese geradeaus überqueren in den **Unterbreitweg** ~ Sie gelangen nun in eine Spiel- und Wohnstraße ~ **18** an der Kreuzung mit der Vorfahrtsstraße nach links und gleich darauf wieder rechts in die **Beatusstraße** ~ dem Verlauf der Straße folgen ~ an der Kreuzung **Beatusstraße/Simmerner Straße** beim Parkdeck links und diesem Weg folgen ~ **19** an der **Cusanusstraße** nach rechts und die Brücken unterqueren ~ gleich danach rechts in die **Löhrstraße** ~ dieser Straße bis zum **Bahnhof** von Koblenz folgen.

Das Deutsche Eck in Koblenz

Koblenz

Vorwahl: 0261

- **Tourist-Information im Forum Confluentes**, Zentralpl. 1, ☎ 1291610, @ rmj556
- **Personenschifffahrt Gilles**, Konrad-Adenauer Ufer, ☎ 63127, Fährzeiten: Ostern-Okt. @ fjh735
- **DB Museum**, Schönbornslusterstr. 14, ☎ 3961338, ☎ 3961339 Das Museum wurde 1882 in Nürnberg gegründet und ist somit das älteste Eisenbahnmuseum der Welt. Es gibt zwei Außenstellen, im Koblenzer Ortsteil Lützel und in Halle an der Saale. @ dpw665
- **Deinhard Kellermuseum**, Deinhardpl. 3, ☎ 9115151 Das Museum beschäftigt sich mit der einstigen Herstellung von Wein und Sekt anhand zahlreicher Originalgeräte. @ gdw363
- **Landesmuseum Koblenz**, in der Festung Ehrenbreitstein, Ehrenbreitstein (Koblenz), ☎ 66750 Wechselnde Ausstellungen und eine umfassende Sammlung technischer Kulturdenkmäler. @ ine853
- **Ludwig Museum**, Danziger Freiheit 1, am Deutschen Eck, ☎ 3040416 Sammlung Ludwig mit Schwerpunkt französischer Moderne. @ kiy157
- **Mittelrhein-Museum**, Zentralpl. 1, ☎ 1292520 Im modernen Forum Confluentes sind Zeugnisse der Stein, Bronze- und Eisenzeit, aber auch aus römischer und fränkischer Zeit zu sehen. Außerdem werden mittelalterliche Malerei und Skulpturen von der Gotik bis zur Renaissance gezeigt. @ tcg858
- **Mosellum Erlebniswelt Fischpass Koblenz**, Peter Altmeier Ufer 1, Moselstaustufe, ☎ 95234030 Die Ausstellung widmet sich der Schifffahrt, der Stromerzeugung sowie den Fischwanderungen im Moseltal. @ icl315
- **Rheinisches Fastnachtsmuseum**, Fort Konstantin, ☎ 5796590, April-Okt., Sa, So 14-17 Uhr. Im Rheinischen Fastnachtsmuseum wird vor allem der Koblenzer Karneval und seine Geschichte dargestellt und auch Exponate zur Alemannischen Fastnet werden präsentiert. @ lwu687

Koblenz, Historiensäule

Romanticum, Zentralpl. 1, Erlebnismuseum im Forum Confluentes, ☎ 1291610 ⑦ Multimediale Rheinreise durch das UNESCO-Welterbe mit über 70 interaktiven Spielstationen.

Liebfrauenkirche, Am Plan. Die fünfachsige Pfeilerbasilika wurde zwischen 1180 und 1250 auf dem höchsten Punkt der Altstadt errichtet und ist als „Owerpfarrkerch" als die Kirche der Koblenzer bekannt.

St. Kastor, Kastorhof. Ein beeindruckender Bau an einem geschichtsträchtigen Ort, dessen Entstehung bis auf das frühe 9. Jh. zurückgeht. In vielen Teilen zeigt die Basilika Perfektion rheinischer Romanik.

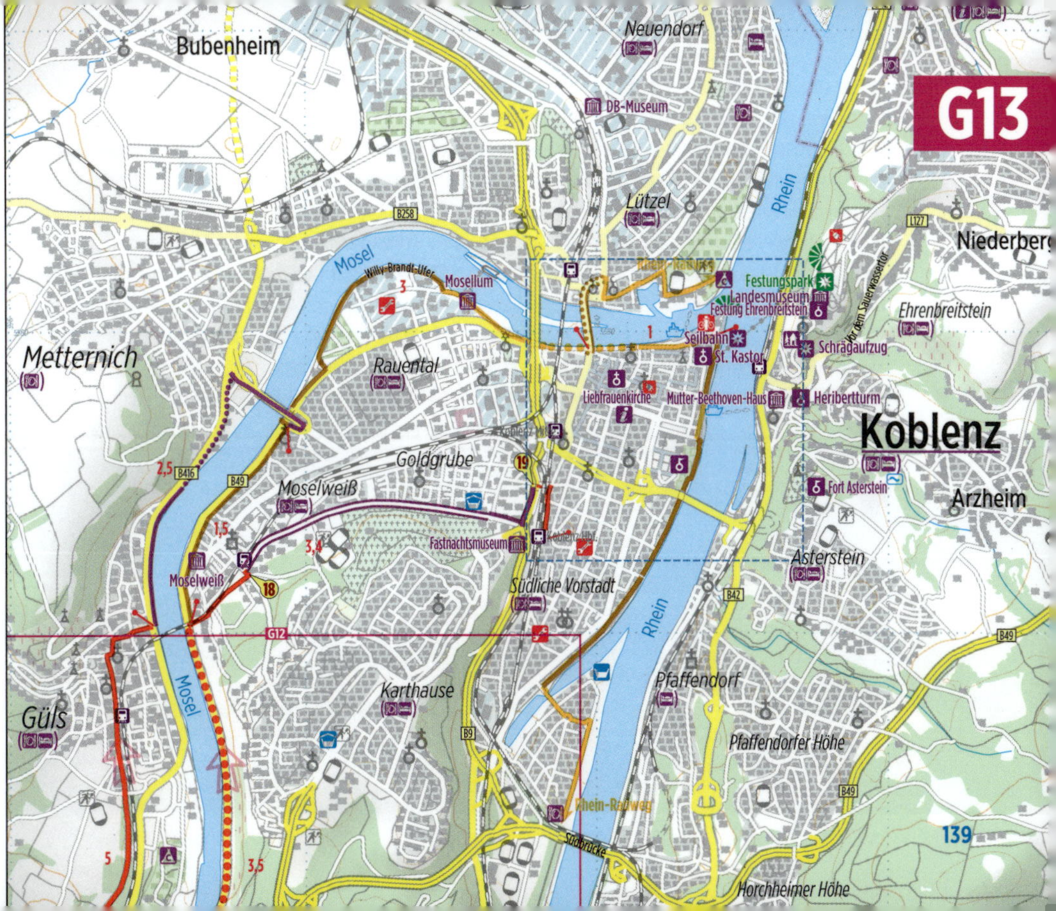

Festung Ehrenbreitstein, Greiffenklaustr., Ehrenbreitstein (Koblenz), ✆ 66754000. Das Festungsplateau ist mit einer spektakulären Seilbahnfahrt (www.koblenz-seilbahn.de) ab der Kirche St. Kastor am Rheinufer erreichbar (Fahrradmitnahme gestattet). Zur Festung und zur Jugendherberge verkehrt außerdem eine Fähre (✆ 72783, Sommer 7-19 Uhr) vom Deutschen Eck nach Ehrenbreitstein und von dort ein Schrägaufzug (tägl. 6-0.30 Uhr). Die Festung Ehrenbreitstein ist die zweitgrößte erhaltene Festung Europas und wurde in ihrer heutigen Gestalt zwischen 1817 und 1828 erbaut. Hier befindet sich neben dem Landesmuseum Koblenz mit vier Ausstellungshäusern unter anderem eine Erlebnisroute mit multimedialer Inszenierung durch die 5.000-jährige Geschichte des Ortes. Rund 400 Veranstaltungen im Jahr sowie die ortsansässige Gastronomie runden das Angebot ab. @ ilo883

Kurfürstliches Schloss, Kaiserin-Augusta-Anlagen. Erstes klassizistisches Schloss Deutschlands, erbaut 1777-1786. Hinter dem Schloss entstand ein eindrucksvoller Terrassengarten nach den Plänen des Gartenbaumeisters Peter Lenné.

Balduinbrücke, bei der Alten Burg. Die steinerne Brücke überspannt seit mehr als 600 Jahren auf einer Länge von 345 m die Mosel. Von ihren ursprünglich 14 Bögen wurde die Hälfte 1964 im Zuge einer Moselregulierung zerstört.

Deutsches Eck, Konrad-Adenauer-Ufer. Durch die Ansiedlung des Deutschen Ordens am Zusammenfluss von Rhein und Mosel im Jahr 1216 erhielt das Deutsche Eck seinen Namen. Von 1953-90 galt es als „Mahnmal der Deutschen Einheit". Das 1893-97 auf dieser Stelle errichtete, 15 m hohe Reiterstandbild Kaiser Wilhelms I., im Zweiten Weltkrieg zerstört, wurde 1993 aus privater Initiative wieder aufgestellt.

Forum Confluentes. Hier befinden sich u. a. das Mittelrhein-Museum, die Stadtbibliothek, das Romanticum und die Tourist-Information.

Seilbahn über den Rhein, zur Festung Ehrenbreitstein. Die Seilbahn wurde im Rahmen einer Bundesgartenschau gebaut und bringt seit 2010 Menschen von den Koblenzer Rheinanlagen hoch über dem Fluss schwebend hinauf zur Festung. Übrigens ist sie nicht die einzige Seilbahn über den Rhein – schon seit sechs Jahrzehnten gibt es dieses Flussfahrt-Vergnügen der besonderen Art auch in Köln, wenn auch etwas kleiner dimensioniert.

Beatusbad, Lindenstr. 36, ✆ 94249136, @ wxh771

Der Stadt Koblenz gab der Zusammenfluss von Mosel und Rhein ihren Namen (lateinisch „confluentes"). Hier am Deutschen Eck stand bis zum Ende des Zweiten Weltkrieges auch die bronzene Reiterfigur Kaiser Wilhelms I. Danach harrte der Sockel provokant der „Deutschen Einheit", bis diese auch kam und

Festung Ehrenbreitstein

Koblenz, Kurfürstliches Schloss

mit ihr im Sommer 1993 die umstrittene Wiederaufstellung des kaiserlichen Denkmals. Die preußische Geschichte reicht bis zum Wiener Kongress zurück, wo die Stadt an Preußen kam und danach mit Ehrenbreitstein zu einer der stärksten Festungen ausgebaut wurde. Davor war die unterhalb der Festung gelegene kurfürstliche Residenz Philippsburg noch Ende des 18. Jahrhunderts eine Stätte regen geistigen Lebens, wo Goethe, Wieland oder Sophie von la Roche verkehrten und Clemens Brentano zur Welt kam.

Sie haben nun das Ende Ihrer Radreise erreicht. Wir hoffen, Sie hatten einen erlebnisreichen und interessanten Radurlaub und freuen uns, dass Sie ein *bikeline*-Radtourenbuch als Begleiter gewählt haben.

Das gesamte *bikeline*-Team wünscht Ihnen eine gute Heimreise!

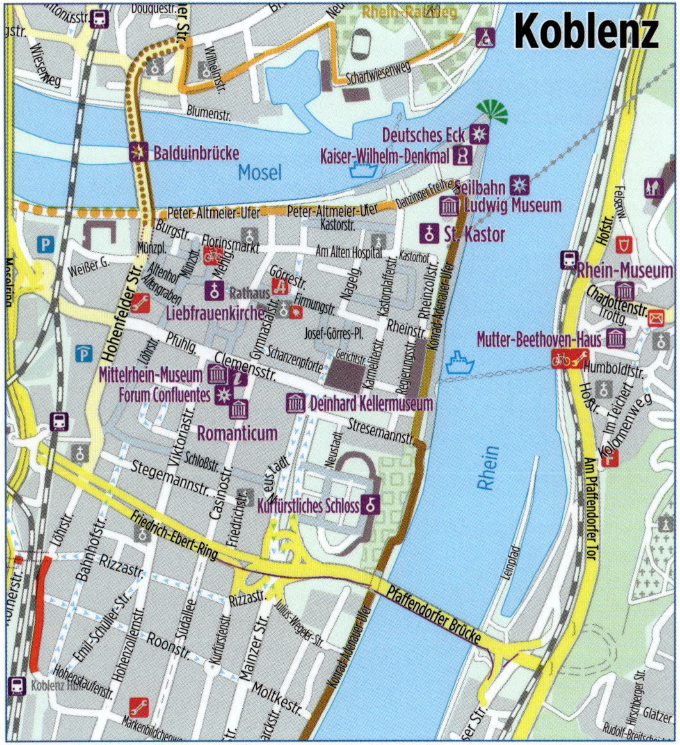

Übernachtungs- und Serviceverzeichnis

Übernachtungsadressen

Dieses Verzeichnis beinhaltet folgende Übernachtungskategorien:

Kategorien

- Tourist-Information
- H Hotel
- Hg Hotel garni
- Gh Gasthof, Gasthaus
- P Pension, Gästehaus
- Pz Privatzimmer
- Ho Hostel
- Mo Motel
- NF Naturfreundehaus
- AH Apartmenthotel
- BB Bed and Breakfast
- B Bungalow
- Fw Ferienwohnung (Auswahl)
- Bh Bauernhof
- Hh Heuhotel
- S Sonstiges
- Jugendherberge, -gästehaus
- Campingplatz
- Zeltplatz (Naturlagerplatz)

Die Auflistung stellt keine Empfehlung einzelner Betriebe dar und erhebt keinen Anspruch auf Vollständigkeit. Um das Verzeichnis stets aktuell zu halten, sind wir für Mitteilungen bezüglich Änderungen jeder Art dankbar. Der einfache Eintrag erfolgt für die Betriebe natürlich kostenfrei, aus Platzgründen können wir diesen allerdings nicht garantieren. Vor allem in Tourismusgebieten mit großem Übernachtungsangebot muss die Liste aus Platzgründen automatisiert leicht gekürzt werden.

Kennzeichnung

- I Preiskategorie unter € 25,–
- II Preiskategorie € 25,– bis € 35,–
- III Preiskategorie € 35,– bis € 50,–
- IV Preiskategorie € 50,– bis € 70,–
- V Preiskategorie € 70,– bis € 100,–
- VI Preiskategorie über € 100,–
- o.F. kein Frühstück angeboten
- HP mit Halbpension
- nur Zimmer mit Etagenbad
- Bett+Bike Betrieb
- 2.5 Entfernung vom Weg in Kilometer Luftlinie

Preise

Die Preise gelten als Richtwert pro Person in einem Doppelzimmer mit Dusche oder Bad inkl. Frühstück.

Die angegebenen Preiskategorien entsprechen dem Stand des Erhebungs- bzw. Überarbeitungszeitraumes und können sich von den tatsächlichen Preisen unterscheiden. Besonders während Messezeiten, aufgrund von unterschiedlichen Zimmertypen und nicht zuletzt saisonal bedingt sind preisliche Schwankungen möglich.

bett+bike adfc

Alle mit dem Bett+Bike-Logo () gekennzeichneten Betriebe erfüllen die vom ADFC vorgeschriebenen Mindestkriterien als „Fahrradfreundliche Gastbetriebe“ und bieten darüber hinaus so manche Annehmlichkeit für Radfahrer. Detaillierte Informationen finden Sie unter ***www.bettundbike.de***.

adfc Allgemeiner Deutscher Fahrrad-Club

Radwerkstätten u. -vermietung

- Fahrradwerkstatt
- Servicestation od. -automat
- Fahrradvermietung
- E-Bike Verleih
- E-Bike Ladestation
- abschließbare Abstellanlagen

Entfernung

Die blaue Zahl (2.5) beim Betrieb gibt die Entfernung zur Route in Kilometern an. Bitte beachten Sie, dass sich diese Zahl auf die Luftlinie bezieht, ohne Berücksichtigung der Höhenmeter und der tatsächlichen zurückzulegenden Strecke.

Updates

Aktuelle Korrekturen zum Übernachtungsverzeichnis erhalten Sie über das LiveUpdate auf ***www.esterbauer.com***.

Von Metz nach Perl/Schengen

Metz (F)

- i Moselle Tourisme, 2-4 rue du Pont Moreau, ✆ 0387375780 0.5
- i Office de Tourisme de Metz - Agence Inspire Metz, 2 place d'Armes, ✆ 0387390000 0.5
- H Adams Hotel, 3 rue Pierre Boileau, ✆ 0387331956, II-III 1.5
- H Alérion Hôtel Centre Gare, 20 rue Gambetta, ✆ 0387667403, III 0
- H BW Metz-Technopole, 1 rue Félix Savart, ✆ 0387399450, IV-V 3.5
- H Campanile Technopole, 2 boulevard Solidarité, ✆ 0387751311, III-IV 3
- H Du Centre, 14 rue Dupont des Loges, ✆ 0387360693, ✆ 0669/402494, III 0
- H Formule 1 Metz Actipôle, 13 rue des Selliers, ✆ 0891705314, I-III 5
- H Grand Hotel de Metz, 3 rue des Clercs, ✆ 0387361633, III-V 0
- H Hôtel F1 Centre Devant les Ponts, 9 rue Périgot, ✆ 0891705317, II-III 0.5
- H Ibis Budget Metz-Est Technopole, 3 rue des Dinandiers, ✆ 0892701255, II 4
- H Ibis Gare, 3 bis rue Vauban, ✆ 0387219090, IV 0
- H Ibis Styles Metz, 23 avenue Foch, ✆ 0387668111, IV-V 0
- H Kyriad Metz Centre, 8 rue du Père Potot, ✆ 0387365556, ✆ 0892234813, III-IV 0
- H La Citadelle, 5 Avenue Ney, ✆ 0387171717, V 0.5
- H Le Mondon, 8 Avenue Foch, ✆ 0387744075, III 0.5
- H Lutèce, 11 rue de Paris, ✆ 0387302725, II 0
- H Novotel Metz Centre, Centre St. Jacques, Place Des Paraîges, ✆ 0387373839, IV 0
- H Première Classe Metz Est, 1 rue de Courcelles, ✆ 0387751957, II 5
- P Aux Plumes de Grigy, 173 rue de Grigy, ✆ 0689/668836, III 3.5
- P La Maison des roses, 10 rue Jean d'Apremont, ✆ 0619/017692, IV 3.5
- Pz Pastel, 11 rue du Génie, ✆ 0626/892960, III 1
- B&B Les chambres de l'île, 15 rue de l'Horticulture, ✆ 0613/232833, III 1
- Auberge de Jeunesse Carrefour, 6 rue Marchant, ✆ 0387750726, II 0.5
- Auberge de Jeunesse de Metz-Plage, 1 allée de Metz Plage, ✆ 0387304402, I-II 0.5
- Camping de Metz-Plage, Allée de Metz-Plage, ✆ 0387682648 0.5
- S Péniche Alclair, Allée St. Symphonien, ✆ 0610/450216, III-IV 1
- Cycles Walas, 31B rue Haute Seille, ✆ 0387754127 0.5
- Maison du Vélo, 3 avenue Leclerc de Hautecloc-que, ✆ 0355809291 0.5
- Roule Raoul, 8 rue Gambetta, ✆ 0984064217 0.5
- Yodabike, 1 rue de la jeunesse, ✆ 0387574611, ✆ 0614200827 1.5
- VÉLOMET', 7 place du Général de Gaulle, ✆ 0800002938 0
- VÉLOMET' Espace Mobilité, 1 avenue Robert Schuman, ✆ 0800002938, ✆ 0387745043 0.5

Woippy (F) L

- i Office de Tourisme, 1 place de l'Hôtel de Ville, ✆ 0387346300 2.5
- H Campanile Metz Nord, 45 rue du Fort Gambetta, ✆ 0368469720, III 1.5
- H Ibis Metz Nord, 56 rue du Fort Gambetta, ✆ 0387342000, III-IV 1
- P De Florence, 51 rue Général de Gaulle, ✆ 0387560263, III-IV 2.5

La Maxe (F) L

- Pz Chambres de la Maxe, 10 chemin derrière la Croix, ✆ 0683284410, III 1

Maizières-lès-Metz (F) L

- H Novotel Metz Hauconcourt Hotel, 16 route de Maizieres, ✆ 0387801818, IV-V 1

Talange (F) L

- H Campanile Metz Nord, Zone Actipôle, ✆ 0387723810, III-IV 0.5
- H Première Classe, Parc d'Activite Nord, ✆ 0387721311, III 0.5
- H du Triangle, Parc d'Activité Nord, ✆ 0387711718, I 0.5

Hagondange (F) L

- i Office de Tourisme, Place Jean Burger, ✆ 0387703527 1
- H Best Hotel, 50 rue du 11 Novembre, ✆ 0387707700, III 2
- H Du Centre, 7 rue Anatole France, ✆ 0387714764, II 1
- Bauler Cycles, 31 rue de la Gare, ✆ 0387714536 1

Amnéville-les-Thermes (F) L

- i Office de Tourisme, Rue de l'Europe, ✆ 0387701040 3
- H Diane, Rue de la Source, ✆ 0387701633, IV 3.5
- H Golden Tulip, Centre de Loisirs et Thermal Parc de Coulange, ✆ 0387718286, IV-V 3.5
- H La Maison d'Hôtes, Rue de la Source, ✆ 0387401120, IV 3.5
- H Le Roi Soleil, Bois de Coulange, ✆ 0387401515, III 3.5
- H Marso, Bois de Coulange, ✆ 0387151540, III 3.5
- H Orion, Rue des Thermes, ✆ 0387702020, III-IV 3.5
- H Saint-Eloy, Rue des Thermes, ✆ 0387703262, III-IV 3.5
- AH Résidence des Sources, Rue Des Thermes, ✆ 0387708100, III 3.5

Mondelange (F)

- Sport 2000, 4 rue de Bousse, ✆ 0387714630 1

Thionville (F) L

- i Office du Tourisme, 31 place Anne Grommerch, place du Marché, ✆ 0382533318 0
- H **Des Oliviers, 1 rue du Four-Banal, ✆ 0382537027, III** 0.5
- H B&B Hôtel Centre Gare, 7 place Simone Veil,

✆ 0892233664, III-IV 0.5

H Du Parc, 10 place de la République, ✆ 0382828080, III 0.5

H Fasthotel, 12 boucle du Val Marie, ✆ 0382825770, I 2

H Kyriad Prestige, 9 allée Raymond Poincaré, ✆ 0382503467, ✆ 0173219800, IV 0.5

H Mercure Thionville Centre, 2 rue Georges Ditsch, ✆ 0382518422, III-V 0

H Tulip Inn Résidence, 29 rue des Frères, ✆ 0382900287, ✆ 0170986118, III 0.5

Camping touristique du Parc Napoléon, 6 rue du Parc, ✆ 0382538375, ✆ 0640/786249 0

Cycles Garsi, 1 rue des Artisans, ✆ 0382561076 0

Pierron Cycles, 1 route de Metz, ✆ 0382827335 0

Sport 2000 Thionville, 27 boucle de Ferronnier, Z.I.Linkling 2, ✆ 0382344400 2.5

Yutz (F) R

H Campanile, 57 route de Thionville, ✆ 0382561010, III 0.5

H Ibis Budget Thionville Yutz les Trois Frontières, 3 rue des Carolingiens, ✆ 0892683217, II 0.5

H Ibis Thionville Porte du Luxembourg, 38 rue du Vieux Bourg, ✆ 0382866666, III 0.5

Decathlon, Route d'Illange, Zac Meilbourg, ✆ 0382882300 0

Seb Moto Sàrl, 177 rue du Président Roosevelt, ✆ 0382561565 1.5

Haute-Ham (Basse-Ham) (F)

Camping du port, Rue du Stade, ✆ 0382503521, ✆ 0635823728 0

Cattenom (F) L

P Le Champsonnet, 31 rue de la Paix, ✆ 0382340513, II 1.5

Pz Chambre d'hôtes à Cattenom, 34 rue Kennedy, ✆ 0382553639, ✆ 0682/612724, I 1

B&B Le Clos du Verger, 8B boucle d'Alsace Lorraine, ✆ 0382554741 2

Kœnigsmacker (F) R

H La Lorraine, 1 rue de L'Eglise, ✆ 0382503350, IV 0.5

P Keichinger, Moulin de Méwinckel, ✆ 0382550328, II-III 1.5

Malling (F)

Camping de Malling, 2 rue du Plan-d'Eau, ✆ 0382501297 0.5

Sierck-les-Bains (F) R

i Trois Frontières Tourisme, 3 place Jean de Morbach, ✆ 0382837414 0

Fw Magdalena, 18 rue de la Gare, ✆ 0382836640, ✆ 0688/603531, IV-V 0

Camping de Sierck-les-Bains, Allée des Tilleuls, ✆ 0382837239 0

Montenach (F)

H Au Val Sierckois, 3 place de la Mairie, ✆ 0382838520, II-III 3

H Hôte-Spa Domaine de la Klauss, 2 impasse du Klaussberg, ✆ 0382831975, VI 3

Apach (F)

H Moulin d'Apach, 24 rue de l'école, ✆ 0382837007, ✆ 0604656926, III 0

Kitzing (Merschweiller) (F)

B&B Gites et chambres d'hotes, 2 route d'Apach, ✆ 0681821085, III 0

Schengen (L) R

Vorwahl: 02666

i Tourist-Information, Rue Robert Goebbels, Ponton auf der Mosel, ✆ /2360931 0

Maimühle (Perl) R

Vorwahl: 06867

H Alte Maimühle, Bahnhofstr. 100, ✆ 9113170, III-IV 0

Perl

Vorwahl: 06867

i Touristinformation Perl, Trierer Str. 32, ✆ 66101 1.5

H Central Hotel Greiveldinger, Bergstr. 1-3, ✆ 271, III 1

H Hammes, Hubertus-von-Nell-Str. 15, ✆ 91030, III 1.5

H Perler Hof, Bergstr. 2-4, ✆ 561594, III 1

H Winandy, Biringerstr. 2, ✆ 364, III 1

Hg Residence garni, Hubertus-von-Nell-Str. 19a, ✆ 911910, III 1.5

Pz Zewe Ulrike, Nelkenweg 9, ✆ 1573, o.F., I 1

Fw Felten, Trierer Str. 12, ✆ 93393, II 1

Von Perl/Schengen nach Trier am linken Ufer

Schengen (L)

siehe Von Metz nach Perl/Schengen

Remerschen (L)

Auberge de Jeunesse Remerschen, 31, Wäistrooss, ✆ 262766700, II 1

RentaBike Miselerland, 31, Wäistrooss 1

Schwebsange (L) L

Fw Rosteck-Risch, 117, route du Vin, ✆ 23664802, III 0.5

RentaBike Miselerland, 1 Rue du Port, ✆ 23664460 0

Bech-Kleinmacher (L)

i Office Régional du Tourisme, 52, route du Vin, ✆ 26747874 0

Remich (L) L

i Centre visit Remich, 1, route du Vin, ✆ 27075416 0

H De l' Esplanade, 5 Esplanade, ✆ 23669171, III 0

H Des Pêcheurs, 45 rue du Stadtbredimus, ✆ 23698067, III 0

H Domaine la Forêt - Wellness u. Culinary Resort, 36 route de l'Europe, ✆ 23699999, V 0.5

H St. Nicolas & Spa, 31 Esplanade, ✆ 26663, IV-V 0

H Suma, 49, route de Stadtbredimus, ✆ 26660103, IV 0

H The Nest, 11, Rue de l'Esplanade, ✆ 2637596855, III 0

Moes Frères s.à r.l., 4 Op der Kopp, ✆ 23663621 0.5

Stadtbredimus Ⓛ

H Ecluse, 29 Wäistrooss Route du Vin, ✆ 23619191, IV 0

Grevenmacher Ⓛ

i Tourist-Info, 10 route du Vin, ✆ 758275 0

Camping Grevenmacher, 10 route du Vin, ✆ 75 82 75, ✆ 621 304 115

H Simon's Plaza, 7 Potaschberg, ✆ 267444, IV-V 2.5

Wasserbillig Ⓛ

Schützwiese, 41 Rue des Romains, ✆ 740543 0.5

Langsur

Vorwahl: 06501

i Deutsch-Luxemb. Tourist-Information, Moselstr. 1, ✆ 602666 0

RentaBike Miselerland, Moselstr. 1, ✆ 602666 0

Mesenich (Langsur)

Vorwahl: 06501

H Weingut Johannishof, Trierer Str. 24, ✆ 923390, III-IV 1.5

Wasserbilligerbrück (Langsur)

Vorwahl: 06501

i Deutsch-Luxemb. Tourist-Information, Moselstr. 1, Langsur, ✆ 602666 0

H Löwener Mühle Da Capris, Moselstr. 36, ✆ 608031, ✆ 0151/56308143, III 0

Igel

Vorwahl: 06501

i Deutsch-Luxemb. Tourist-Information, Moselstr. 1, Langsur, ✆ 602666 0

H Igeler Säule, Trierer Str. 41, ✆ 92610, IV 0.5

P Rebstock, Trierer Str. 6, ✆ 92610, I 0

Campingplatz Igel, an der Moselstr., neben dem Sportplatz, ✆ 12944 0

Zewen (Trier)

Vorwahl: 0651

Hg Zewener Hof, Kantstr. 4, ✆ 8267700, II 1

Fahrrad Stemper, Kantstr. 19, ✆ 86181 1

Euren (Trier)

Vorwahl: 0651

H Eurener Hof, Eurener Str. 171, ✆ 82400, IV-V 1

Hg Schütz, Udostr. 74, ✆ 83308, ✆ 88838, III-II 1.5

Camping- und Reisemobilpark Treviris, Luxemburger Str. 81, ✆ 86921 0

Trier

Vorwahl: 0651

i Trier Tourismus und Marketing GmbH, An der Porta Nigra, ✆ 978080 1

H Astoria, Bruchhausenstr. 4, ✆ 97835-0, III 1

H BW Trier City, Kaiserstr. 29, ✆ 94950, IV 1

H City-Style-Hotel, Johannisstr. 16, ✆ 99499610, o.F., III 0.5

H Fourside Plaza Trier, Zurmaiener Str. 164, ✆ 999870, IV 2.5

H Handelshof, Lorenz-Kellner-Str. 1, ✆ 73933, III 0.5

H Mercure Porta Nigra, Porta-Nigra-Pl. 1, ✆ 27010, IV-V 1

H Petrisberg, Sickinger Str. 11-13, ✆ 4640, IV 2.5

H Pieper, Thebäerstr. 39, ✆ 23008, IV 1.5

H Porta Nigra, Paulinstr. 7, ✆ 25939, IV 1.5

H Residenz Hotel Am Zuckerberg, Frauenstr. 7, ✆ 97930, IV 0.5

H Romantikhotel zur Glocke, Glockenstr. 12, ✆ 999880, V 1

H Vienna House Easy Trier, Metzer Allee 6, ✆ 9377-0, IV-V 1.5

H Villa Hügel, Bernhardstr. 14, ✆ 937100, V-VI 1.5

H ibis Styles, Metzelstr. 12, ✆ 994920, IV-V 1

Hg Am Ufer, Zurmaiener Str. 81-83, ✆ 1453970, III 1

Hg Aulmann, Jakobisspitälchen 1, ✆ 97670, IV 1

Hg Constantin, St. Barbara-Ufer 1-2, ✆ 978570, III-IV 0.5

Hg Deutschherrenhof, Deutschherrenstr. 32, ✆ 6055001, III-IV 1

Hg Paulin, Paulinstr. 13, ✆ 147400, III 1.5

P Gästehaus Barmh. Brüder, Nordallee 1, ✆ 2081026, III-IV 0.5

Ho Evergreen Hostel, Gartenfeldstr. 7, ✆ 69987026, ✆ 01578/8569594, III 1.5

Ho Kolping-Hostel Warsberger Hof, Dietrichstr. 42, ✆ 975250, III 1

Gästehaus Europäische Akademie des Rheinland-Pfälzischen Sports, Herzogenbuscher Str. 56, ✆ 146800, III 2.5

Römerstadt-Jugendherberge Familien- und JGH, An der Jugendherberge 4, ✆ 146620, II 1

Fahrrad Heidemann, Saarstr. 9, 9945227 1
Fahrrad Lauter, Paulinstr. 32, 27669 1.5
Fahrradstation Gleis 11, Bahnhofspl. 2, Gleis 11, 99989058 2
Henn Zweiräder, Viehmarktpl. 17, 73382 1
Monz Fahrradwelten, Loebstr. 9, 99989110 3.5
Velopoint Trier, Aachener Str. 55, 4631760 0

Von Perl/Schengen nach Trier am rechten Ufer

Perl
siehe Von Metz nach Perl/Schengen

Oberperl (Perl) R
Vorwahl: 06867
Pz Köck, Zur Kopp 9a, 5351, o.F., I 2
Fw Michels Luise, Im Gewännchen 11, 0171/6936201, I 2

Sehndorf (Perl)
Vorwahl: 06867
P Haus & Hof, Marienstr. 3, 9118591, 0151/67724807, IV 1.5
Fw Lamberti Silvia, Auf dem Sabel 5, 5478, II 1.5
Fw Leisten Anita, Im Rentriesch 4, 316, I 1

Besch (Perl) R
Vorwahl: 06867
Pz Schmitt, Talweg 12, 5111, o.F., I 1
Fw Linster, Zu den Mühlen 68, 5362, III 1.5

Nennig (Perl)
Vorwahl: 06866
i Verkehrsverein Nennig e. V., Bübinger Str. 5, 1439 0
H Victors Residenz-Hotel, Schlossstr. 27-29, 790, V-VI 0.5
H Zur Traube, Bübinger Str. 22, 349, III-IV 0
Fw Conzem, Römerstr. 16, 150628, I-II 0.5
Fw Monika's Ferienwohnungen, Bachstr. 3, 93040, III 0
Fw Repplinger, Schlossstr. 12, 1383, 0151/11603432, II 0
Mosel-Camping Dreiländereck, Zur Moselbrücke 15, 322 0
Mosella, Zur Moselbrücke 2a, 510, 01522/8601461 0

Schloss Thorn (Palzem)
Vorwahl: 06583
B&B Schloss Thorn, a.d. B419 zw. Palzem u. Nennig, 433, III 0

Palzem R
Vorwahl: 06583
H Rebenhof, Obermoselstr. 9, 537, III 0.5
H Zur Moselterrasse, Bahnhofstr. 3, 610, III 0
P Weingut Brunnenhof, Römerstr. 14, 452, II 0.5

Rehlingen (Nittel) R
Vorwahl: 06583
H Landhotel Gales, Bergstr. 6, 567, III 0.5

Pz Weingut Weber-Temmes, Am Haarberg 24, 810, II 0.5

Nittel R
Vorwahl: 06584
i Saar-Obermosel-Touristik e. V., Saarstr. 1, Konz, 06501/6018040 0
P **Weingut Karl Sonntag, Kirchenweg 22, 7139, III** 0.5
H Relax inn Hotels, Uferstr. 5, 02605/8495727, II 0
Gh Culinarium, Weinstr. 5, 91450, III 0.5
Gh Weingut Dostert-Schmitt, Kirchenweg 5, 7105, III 0.5
P Gästehaus Bernd Frieden, Uferstr. 4, 306, 0160/7239289, IV 0
P Gästehaus Zilliken, Weinstr. 14+18, 91500, IV 0.5
P Weingut Apel, Weinstr. 26, 314, III-IV 0.5
P Weingut H. Dostert, Im Stolzenwingert 24, 7104, III 0.5
Pz J. Dostert, Moselstr. 45, 263, II 0.5

Wellen R
Vorwahl: 06584
P Pension Weber, Moselstr. 8-9, 91400, III 0

Oberbillig R
Vorwahl: 06501
P Reza's Restaurant, Moselstr. 45, 969630, II-III 0

Wasserliesch R
Vorwahl: 06501

H Scheid's Hotel-Restaurant, Reinigerstr. 48, 9209792, IV 0
H Waldhotel Albachmühle, Albach 6, 94950, III-IV 1
Bh Weingut und Gästehaus Giwer-Greif, Neudorfstr. 24, 180522, III-IV 0

Könen (Konz)
Vorwahl: 06501
Pz Ferienappartement Greiff, Charnystr. 13, 12670, o.F., II 2

Konz R
Vorwahl: 06501
i Saar-Obermosel-Touristik e. V., Saarstr. 1, 6018040 0
H Mühlenthalers Park Hotel, Granastr. 26, 2157, III-IV 0
Pz Haus am Saarufer, Saarstr. 12, 0179/4838873, o.F. 0
Gh Konz, Am Moselufer 1, 2577, II 0
Bike-Passion, Konstantinstr. 1, 12196 0
Bike and Ride Boxen, Bahnhofstr., Hauptbahnhof. Buchung online oder in der Tourist-Information Konz. 0.5

Klosteranlage Karthaus (Konz)
Vorwahl: 06501
Hg Schons, Merzlicher Str. 6-8, 92960, 0170/4513659, II 0

Feyen (Trier)

Vorwahl: 0651

H Estricher Hof, Bundesstr. B51, ✆ 938040, IV-V 0

Olewig (Trier) R

Vorwahl: 0651

H Becker's, Olewiger Str. 206, ✆ 938080, V-VI 3

H Blesius Garten, Olewiger Str. 135, ✆ 36060, IV-V 2.5

Trier

siehe Von Perl/Schengen nach Trier am linken Ufer

Von Trier nach Bernkastel-Kues am linken Ufer

Trier

siehe Von Perl/Schengen nach Trier am linken Ufer

Pallien (Trier)

Vorwahl: 0651

H Berghotel Kockelsberg, Kockelsberg 1, ✆ 82480, II-IV 1

H Feilen-Wolff, Kölner Str. 22, ✆ 87001, II-III 0.5

H Robert-Schuman-Haus, Auf der Jüngt 1, ✆ 8105222, IV 0.5

H Schroeders Stadtwaldhotel, Am Gillenbach 12, ✆ 840840, III-IV 1

Pfalzel (Trier) L

Vorwahl: 0651

H Klosterschenke - Das Genusskloster, Klosterstr. 10, ✆ 968440, IV-V 0

Ehrang (Trier)

Vorwahl: 0651

H Ehranger Hof, Ehranger Str. 207, ✆ 66111, IV-V 0.5

H Haus am Berg, Drosselweg 25, ✆ 69843, II-III 0.5

Quint (Trier)

Vorwahl: 0651

Fw Maxhof Trier, Zum Löschert 1-5, ✆ 99521777, ✆ 0176/41207120, III 0.5

Schweich L

Vorwahl: 06502

i Tourist-Information Römische Weinstraße, Brückenstr. 46, ✆ 93380 0.5

Zum Fährturm, Am Yachthafen, ✆ 91300 0

H Grefen, Brückenstr. 31, ✆ 92400, III 0.5

H Leinenhof, Leinenhof 5, ✆ 91860, III 2.5

H Mittler's Restauran - Hotel, Brückenstr. 1, ✆ 995190, III 0

H Zum Stern, Brückenstr. 60, ✆ 9385892, III 1

P Wagner, Langgartenstr. 25, ✆ 92090, II 1

P Weingut Schiff, Schaumbach, ✆ 2787, II 1.5

P Weinstube Thesen, Brückenstr. 52, ✆ 2613, III 1

Bh Weinatrium Wallerath, Bahnhofstr. 25, ✆ 5554, II 1

Schweicher Fahrradladen, Brückenstr. 16, ✆ 9977965 0.5

Mehring L

Vorwahl: 06502

i Tourist-Information Mehring, Bachstr. 47, ✆ 1413 0.5

P Weingut Hoffranzen, Schulstr. 22, ✆ 8441, III 0.5

H Zum Fährturm, Peter-Schröder-Pl. 2, ✆ 2403, III 0

H Zum Moseltal, Peter-Schröder-Pl. 1, ✆ 2656, III 0

Hg Alt Mehring, Linterstr. 3, ✆ 931950, III 0.5

Gh Weingut Sebastiani, Neustr. 10, ✆ 1000, III 0

Gh Zur Römervilla, Im Hostert 14, ✆ 4462, II 0.5

P Gästehaus Heimfarth, Medardusstr. 26, ✆ 7698, I 0

P Schroeder, Bachstr. 13a, ✆ 3682, I 0

P Weingut Reis, Neustr. 8, ✆ 994037, III 0

P Weingut Weber-Loskill, Am Rebenhang 2-4, ✆ 1701, II 0.5

P Winzerhof Reis-Kohl, Im Bungert 3, ✆ 8773, II 0

Bh Zum Kellerstübchen, Deierbachstr. 9, ✆ 2709, ✆ 0170/4923326, III 0

Mehringer Schweiz, Wiesenflurweg 17, rechtes Moselufer, ✆ 06507/4205 0.5

Pölich L

Vorwahl: 06507

P Weingut Kanzlerhof, Hauptstr. 4, ✆ 9389660, ✆ 3193, ✆ 0175/7145501, II-III 0

Moselcamping Pölicher Held, Zum Moselufer, ✆ 703347 0

Schleich L

Vorwahl: 06507

Gh Ferienweingut Scholer, Moselweinstr. 17, ✆ 3151 0

P Gästehaus Rummel, Weierbachstr. 8, ✆ 3282, III 0

P Scholer, Im Kardel 6, ✆ 3710, ✆ 703176, II 0.5

P Winzerhof Schiefergold, Kapellenstr. 9, ✆ 3335, II 0

Ensch L

Vorwahl: 06507

H Irena's Hotel Breidbach, Martinstr. 9, ✆ 704918, ✆ 0176/24015298, II 0

Gh Ferienweingut St. Martin, Martinstr. 16, ✆ 4220, III 0

Klüsserath L

Vorwahl: 06507

i Tourist-Information, Kirchstr. 3, im Gemeindezentrum „Alte Ökonomie", ✆ 3099 0

P Weingut Jostock-Lex, Hauptstr. 127, ✆ 4500, I 0

Pz Herres, Hauptstr. 117, ✆ 99123, II 0

Pz Scholtes, Hauptstr. 168, ✆ 4286, ✆ 0160/4404286, II 0

Pz Zur Burg, Burgweg 2, ✆ 4585, ✆ 0176/1080388, II 0

Campingplatz Klüsserath, An der B53, ✆ 4667 0.5

Trittenheim L

Vorwahl: 06507

i Tourist-Information Trittenheim, Moselweinstr. 55, ✆ 2227 0

H Gutshotel Galerie Riesling, Moselweinstr. 42, ✆ 2221, IV 0

H Krone-Riesling, Moselpromenade 9, ✆ 92630, III 0.5

H Wein & Tafelhaus, Moselpromenade 4, ✆ 702803, V-VI 0.5

Hg Clüsserath-Weiler, Brückenstr. 9, ✆ 5011, III 0.5

Gh Seminarshof, Moselweinstr. 40, ✆ 5584, III-V 0

P Cabinett 1876, Laurentiusstr. 17, ✆ 0171/6809900, III 0.5

P Hubertushof, Moselweinstr. 13, ✆ 7124, ✆ 0152/31838199, III 0

Pz Boch, Moselweinstr. 62, ✆ 2713, III 0

Pz Ferienweingut Monzel, Im Weingarten 5, ✆ 6141, II 0.5

Pz Gästehaus Basten-Kluge, Joh.-Trithemiusstr. 7, ✆ 5626, II 0.5

Pz Gästehaus Sigrid, Brückenstr. 2, ✆ 5746, II 0

Pz Maringer, Olkstr. 1, ✆ 2520, III 0.5

Pz Marlene Bollig, Olkstr. 20, ✆ 6231, II 0

Pz Weingut Christoph Clüsserath, Im Hof 7, ✆ 2167, III 0

Pz Weingut Claes Schmitt Erben, Moselweinstr. 43, ✆ 701736, II-III 0

Pz Weingut Hermes-Hoffmann, Moselweinstr. 72, ✆ 5845, III 0

Pz Weingut Hoffmann, Ergeneschstr. 17, ✆ 5316, II 0.5

Pz Weingut Scholtes, Im Gospert 14, ✆ 6472, II 0

Pz Weingut Stefan Hermen, Joh.-Trithemius-Str. 59, ✆ 70016, III 0

Fw Weingut Scholtes-Hammes, Moselweinstr. 90, ✆ 2716, ✆ 0170/5982822, II 0

Bh Weingut Richard Schmitt, Moselstr. 27, ✆ 2527, ✆ 0173/3211329, III 0.5

Trittenheim, Moselpromenade, ✆ 2148 0.5

Piesport

Vorwahl: 06507

i Tourist-Information, Heinrich-Schmitt-Pl. 1, ✆ 2027 0.5

H Piesporter Goldtröpfchen, Am Domhof 4-5, ✆ 2442, III-IV 0

Bh Ferien-Weingut Birkenhof, Ketterg. 14, ✆ 2403, II-III 0.5

H Haus Moselblick, Moselstr. 20, ✆ 2421, III-IV 0

H Moselpanorama, Am Berg, ✆ 5130, III 0.5

H Weingut Moselloreley, Moselstr. 16, ✆ 2473, III 0

Hg Schanz. Hotel., Bahnhofstr. 8a, ✆ 92520, V 0.5

Gh Alt Piesport, Ausoniusufer 1, ✆ 6506, III 0

P Freudenreich, am Kirchpl. 20, ✆ 5460, II 0.5

P Weinhaus Alt Reinsport, Moselstr. 4, ✆ 2396, III 0

Pz Britz, Auf der Kaub 43, ✆ 5596, I-II 0.5

Pz Ebert-Neukirch, Weingartenstr. 19, ✆ 6391, II 0.5

Pz Esseln, Auf der Kaub 27, ✆ 2162, I-II 0.5

Pz Gästehaus Kirsten, Loreleyblick 6, ✆ 2557, II-III 0.5

Pz Karthäuserhof, Karthäuserpl. 8, ✆ 5449, III-IV 0

Pz Lehnert-Später, Brückenstr. 21, ✆ 99063, II 0.5

Pz Weingut Lothar Kettern, Wein & Urlaub, Müsterter Str. 14, ✆ 2813, III 0.5

Pz Weller-Veit, St. Michaelstr. 26, ✆ 2315, I-II 0.5

Bh Weingut Straußwirtsch. Lehnert-Veit, In der Dur 6-10, ✆ 2123, III-IV 0

Bh Weinhaus St. Joseph, In der Dur 11, ✆ 5161, II-III 0

Altes Kelterhaus, St. Martinstr. 33, ✆ 70010 0.5

Später, Römerstr. 43, ✆ 939350, ✆ 0151/56518535 0.5

Minheim L

Vorwahl: 06507

Tourist-Information, Heinrich-Schmitt-Pl. 1, Piesport, 2027 0.5
Gh Zur Brücke, In der Olk 12, 939436, 0151/63691673, II-III 0
Pz Koenen, Moselweinstr. 41, 99055, II-III 0
Pz Weingut Hoffmann, Moselweinstr. 14, 992090, III 0
Bh Ferien-Weingut Thielen-Schunk & Sohn, In der Kordel 12, 6190, 0170/4839023, III 0
Bh Weingut-Destillerie Zisch, Am Eichhaus 2a, 5007, II 0.5

Kesten

Vorwahl: 06535

Tourist-Information, Moselstr. 2, 949334 0
P Falkenburg, Moselstr. 7, 1241, III 0
P Haas-Jüngling, Paulinstr. 26, 94203 0

Monzel (Osann-Monzel) L

Vorwahl: 06535

H Moselsteig, Noviander Weg 1a-3, 944805, III 0.5

Osann (Osann-Monzel) L

Vorwahl: 06535

H Landhotel Rosenberg, Steinrausch 9, 944482, III 2

Maring-Noviand L

Vorwahl: 06535

Tourist-Information, Schulstr. 21, 944200 2
H Klostermühle Siebenborn, Siebenborn 2, 7037, III 2.5
H Weinhaus Liesertal, Moselstr. 39, 949900, III 1
P Elfi, Brunnenstr. 33, 7392, III 2
P Waldfrieden, Unterer Mühlenweg 29, 481, 0151/18309819, III 2
P Weingut Brixius Boelinger, Moselstr. 33, 571, II 1
P Weingut Fries, Zum Brauneberg 16, 06534/493, III 1.5
P Weingut Römerhof, Brückenstr. 8, 309, II 1.5
P Weingut Steffen-Prüm, Triererstr.12, 420, II 1.5
Pz Am Honigberg, Moselstr. 37, 7797, 0160/3135210, II 1
Bh Ferienweingut Schmitt, Moselstr. 27, 563, II 1

Lieser L

Vorwahl: 06531

Touristinformation, Am Markt 38, 8746 0
H Moselhotel Lesura, Moselstr. 44, 971830, 0152/33932111, III-IV 0
H Steffen, Moselstr. 2, 9570, III 0
H Weinhaus Stettler, Moselstr. 41, 7550, IV 0
P Gästehaus Binz-Meyer, Beethovenstr. 15, 3772, III 0.5
P Landhaus Kuntz, Schlossbergstr. 23, 3875, III 0.5
P Wein- und Gästehaus Rosenlay, Beethovenstr. 3, 3322, 0171/6706591, III 0.5
P Weinhaus Genetsch, Auf Zevenich 20, 2426, III 0.5
Fw Heil, Richard-Wagner-Str. 2, 6954, II-III 0.5
Fahrradverleih Kuntz, Schlossbergstr. 23, 3875 0.5

Bernkastel-Kues

Vorwahl: 06531

Mosel-Gäste-Zentrum, Gestade 6, 500190 0.5
H Augustus Hotel, Wuppertalstr. 19, 952015, III-IV 1.5

Kues (Bernkastel-Kues) L

Vorwahl: 06543

H Alt Cues, Nikolausufer 48, 06531/2533, III 0
H Christiana's Wein & ArtHotel, Lindenweg 18, 06531/6627, III-V 1.5
H Dolce Vita, Arndtstr. 9, 06531/973797, III-IV 0.5
H Rosi, Nikolausufer 26, 06531/6433, III-IV 0
Hg Burgblickhotel, Goethestr. 29, 06531/9722770, IV 0.5
Hg Weinhaus Arns, Jugendheimstr. 1, 06531/6825, III 0.5
P Gästehaus Haas-Herges, Jugendheimstr. 11, 06531/9722390, III 0.5
P Haus Coen, Im Viertheil 2, 06531/8186, III 0.5
P Haus Edeltrud, Nikolausufer 35, 06531/6584, II-III 0
P Haus Irene, Lindenweg 6, 06531/8261, II-III 1.5
P Mertz, Raustr. 19, 06531/6394, 0160/96020855, II 0.5
P Weingut Hauth, Balduinstr. 1, 06531/2294, IV 0
Fw Bartz, Hubertusweg 22, 06531/9174150, 0163/1731159, I-II 1
Bh Ferienweingut Port, Weingartenstr. 57, 06531/91173, III-IV 0.5
Knaus Campingpark, Am Hafen 2, 06531/8200 0
Stahl- und Steindesign, Cusanusstr. 15, 06531/9173114 0.5

Von Trier nach Bernkastel-Kues am rechten Ufer

Trier

siehe Von Perl/Schengen nach Trier am linken Ufer

Ruwer (Trier)

Vorwahl: 0651

H Casa Verde, Hermeskeiler Str. 1, 9954300, III 0
H Zur Post, Ruwerer Str. 18, 5100, 958270, III 0

Mertesdorf

Vorwahl: 0651

H Weingut Karlsmühle, Im Mühlengrund 2, 5123, III-IV 0
H Weingut Weis, Eitelsbacher Str. 4, 95610, IV-V 0.5

Kasel R

Vorwahl: 0651

Tourist-Information Ruwer, Bahnhofstr. 37a, 1701818 0
Gh Haus der Ruwer, Bahnhofstr. 3, 9950435, III 0

Waldrach R

Vorwahl: 06500

H Landgasthof Simon, Bahnhofstr. 14, ✆ 677, III 0
Pz Dawen-Weibler, Thommer Str. 1, ✆ 8472, ✆ 0176/53461858, II 0.5

Riveris R

Vorwahl: 06500

Gh Zum Langenstein, Auf dem Eschgarten 11, ✆ 287, III 0

Fw Toskana, Langensteinstr. 20, ✆ 1734 0

Kenn R

Vorwahl: 06502

H Waldfrieden, Vogelskopf 2-3, ✆ 5548, III 0.5
P Kenner Treff, Bahnhofstr. 42, ✆ 9308737, II-III 0
Bh Fröhliches Weinfass, Hauptstr. 1, ✆ 8435, III-IV 0

Longuich R

Vorwahl: 06502

i Tourist-Information Longuich, Maximinstr. 18, ✆ 1716 0.5
Bh Gästehaus Wein im Turm, Weinstr. 23, ✆ 5595, III 0.5
H Alte Burg Longuich, Maximinstr. 39, ✆ 5587, III 0
H Zur Linde, Cerisiersstr. 10, ✆ 5582, III 0.5
Gh Ferienweingut Jung, Raiffeisenstr. 10, ✆ 8619, III 0.5
P Weingut Thul-Hoff, Maximinstr. 5, ✆ 8302, II 0.5
Bh Schmitt Bläsius, Im Freihof 2, ✆ 2685, ✆ 0171/2731219, II 0
Bh Weingut-Gästehaus Franziskus-Hof, Cerisiersstr. 3, ✆ 91450, III 0.5
Mentchen, Trierer Str. 35, ✆ 5804 0.5
mosel e motion, Im Paesch 1a, ✆ 933919 0.5

Riol R

Vorwahl: 06502

i Verein für Kultur und Tourismus, Hauptstr. 13, ✆ 995546 0.5
H Triolago (Hotel M13), Zur Talstation 1, ✆ 9353454, III-IV 0.5
Pz Weingut Reichertshof, Hauptstr. 17, ✆ 7795, II 0.5
Bh Weingut Weich, Bahnhofstr. 17, ✆ 2648, II 0.5
Campingpark Triolago, Am Campingpl. 1, ✆ 6421 0.5

Mehring

siehe Von Trier nach Bernkastel-Kues am linken Ufer

Detzem R

Vorwahl: 06507

H Zum Anker, Ankerstr. 3, ✆ 3354, III 0
P Porten, Bahnhofstr. 8, ✆ 8100, II 0.5
P Wein- und Gästehaus Steffes, Bahnhofstr. 2, ✆ 3880 0.5
P Weingut Thömmes, Bahnhofstr. 13a, ✆ 8230, II 0.5
Pz Merges, Hauptstr. 25, ✆ 3423 0
Pz Weingut Schmitz, Neustr. 15, ✆ 3401, II 0.5

Thörnich R

Vorwahl: 06507

P Linden, Hauptstr. 25, ✆ 3187, II-III 0.5
P Longen, Hauptstr. 6, ✆ 993150, II 0
P Schmitt-Hof, Hauptstr. 34, ✆ 3206, II 0.5
Bh Ferienweingut Thul, Im Bungert 6, ✆ 3752, II 0

Köwerich R

Vorwahl: 06507

H Moselhotel Ludwigs, Beethovenstr. 14, ✆ 802456, III 0
Pz Klären, Beethovenstr. 40, ✆ 3787, I 0
Bh Weingut-Gästehaus Porten-Becker, Beethovenstr. 45, ✆ 3786, II 0

Leiwen R

Vorwahl: 06507

i Tourist-Information Leiwen, Römerstr. 1, ✆ 3100 0.5
H Alte Metzgerei Herres, Römerstr. 11, ✆ 3328, III 0.5
H Weinhaus Weis, Römerstr. 10, ✆ 93610, III 0.5
Hg Hof Sonnental, Schulstr. 19, ✆ 3242, III 0.5
P Alexanderhof, Liviastr. 24, ✆ 4314, III 0.5
P Jostock-Hermes, Maximinstr. 17, ✆ 3156, III 0.5
P Klostergarten, Stephanusstr. 6, ✆ 938923, III 0.5
P Kurtrierer Hof, Tränkg. 4, ✆ 3025, II-III 0
Landal Sonnenberg, Sonnenberg 1, ✆ 93690 1.5
Römisches Weindorf, Römerstr. 3, ✆ 7049011, ✆ 0171/6720303 0.5

Neumagen-Dhron R

Vorwahl: 06507

i Touristinformation, Römerstr. 137, ✆ 6555 0
H Lekker, Grafenweg 1, ✆ 939771, IV 0
H Zum Anker, Moselstr. 14, ✆ 6397, IV 0
P Residencia Aequitas, Römerstr. 40, ✆ 0176 29489099 0
P Warsberger Weinhof, Römerstr. 98, ✆ 92580, ✆ 0173/9216060, III 0
P Weingut Konstantinhöhe, Konstantinhöhe 1-2, ✆ 9389710, ✆ 0171/1450221, III 0.5
Pz Doris, Balduinstr. 9, ✆ 2823, III 0
Fw Ferienweingut Bollig, Kapellenstr. 30, ✆ 6434, III 0.5
Neumagen-Dhron, Moselstr. 22, ✆ 5249, ✆ 0163/2862412 0
Yachthafen, Moselstr. 21, ✆ 701670 0

Dhron (Neumagen-Dhron) R

Vorwahl: 06507

P Weingut Stephan Kohl, Brückenstr. 1, ✆ 5317, ✆ 0174/4659578, III 0.5
P Weinschröterhof, Metschert 39, ✆ 5340, ✆ 0171/7925719, III 1

Piesport

siehe Von Trier nach Bernkastel-Kues am linken Ufer

Wintrich R

Vorwahl: 06534

i Tourist-Information, Bergstr. 3, ✆ 8628 0
P **Matthiashof, Bergstr. 12/13, ✆ 93250, II** 0
H Wendland, Rosenstr. 12, ✆ 8796, III 0.5
Gh Brühler Hof, Im Brühl 1, ✆ 405, IV 0
P Arens-Föhr, Moselweinstr. 86, ✆ 782, II 0.5
P Martinerhof, Moselweinstr. 84, ✆ 426, ✆ 0171/1430039, IV 0.5
Pz Lorenz, Römerstr. 11, ✆ 677, II 0
Bh Weingut Thömmes, Kurfürstenstr. 21, ✆ 503, III 0.5

Brauneberg R

Vorwahl: 06534

i Touristikbüro, Moselweinstr. 101, ✆ 933333 0
H Weingutshotel Kohl, Moselweinstr. 48, ✆ 633, ✆ 0170/1893709, II 0.5
H Weinhaus Schneider, Moselweinstr. 193, ✆ 8811, III 0
H Zur Grafschaft, Moselweinstr. 130, ✆ 322, III 0
P Ferienweingut Boujong, Lindenstr. 6-8, ✆ 8687, II 0
Pz Weingut Harald Konrad Fehres, Nussbaumallee 9, ✆ 93210, III 0
Bh Weinhaus Ohlischgasser Hof, Kirchg. 10, ✆ 293, II 0.5

Mülheim a. d. Mosel R

Vorwahl: 06534

i Tourist-Information, Hauptstr. 60, ✆ 948734 0.5
H **Moseldomizil, Hauptstr. 52, ✆ 947690, III** 0
H Zur Post, Hauptstr. 65, ✆ 93920, III-IV 0
P Gästehaus Caspary, Sonnenlayweg 5, ✆ 8202, II 1
P Weingut & Gästehaus Bottler, Hauptstr. 11, ✆ 324, III 0

Andel (Bernkastel-Kues) R

Vorwahl: 06531

Bh **Feriengut Bohn, Goldbachstr. 7, ✆ 8443, ✆ 0175/2922826, III** 0

Bernkastel-Kues

siehe Von Trier nach Bernkastel-Kues am linken Ufer

Bernkastel (Bernkastel-Kues) R

Vorwahl: 06543

H Bernkasteler Hof, Hebeg. 1, ✆ 06531/3218, III-IV 0.5
H Binz, Markt 1, ✆ 06531/2225, III-IV 0
H Burkard, Burgstr. 1, ✆ 06531/2380, III-IV 0.5
H Bären, Schanzstr. 9, ✆ 06531/950440, III-IV 0
H Doctor-Weinstube, Hebeg. 5, ✆ 06531/96650, III-V 0.5
H Moselblümchen, Schwanenstr. 10, ✆ 06531/2335, III-V 0
H Märchenhotel, Kallenfelsstr. 25-27, ✆ 06531/96550, IV-V 0.5
H Zur Post, Gestade 17, ✆ 06531/96700, III-IV 0
Hg Moselhotel Weiskopf, Karlstr. 14, ✆ 06531/2351, III 0
Gh Gasthaus Huwer, Römerstr. 35, ✆ 06531/2353, III-IV 0.5
P Gästehaus am Schloßberg, Burgstr. 18, ✆ 06531/6572, III 0.5
Pz Haus Bonsai, Burgstr. 53, ✆ 06531/9880414, ✆ 0163/7251665, II 0.5
Fun Bike Team, Schanzstr. 22, ✆ 06531/94024 0

Von Bernkastel-Kues nach Koblenz am linken Ufer

Bernkastel-Kues

siehe Von Trier nach Bernkastel-Kues am linken Ufer

Kues (Bernkastel-Kues)

siehe Von Trier nach Bernkastel-Kues am linken Ufer

Wehlen (Bernkastel-Kues) L

Vorwahl: 06531

H Hauth, Hauptstr. 109, ✆ 8424, II 0.5

H Moselbrücke, Brückenstr. 26, ✆ 96360, III 0

H Sonnenlay, Fischerstr. 1, ✆ 6496, ✆ 0160/98007783, II-III 0.5

Hg Moselhotel Sonnenuhr, Uferallee 3, ✆ 9173266, III-IV 0

P Wein- und Landhaus R. Prüm KG, Uferallee 25, ✆ 3110, III 0

Campingplatz Schenk, Hauptstr. 165, ✆ 8176 0

Ürzig

Vorwahl: 06532

Verkehrsbüro, Rathauspl. 7, ✆ 2620 0

H Moselschild Oliver's Restaurant, Hüwel 12-14, ✆ 93930, III-IV 0

H Zehnthof, Moselufer 38, ✆ 2519, IV-V 0

H Zur Traube, Hüwel 16, ✆ 930830, III-VI 0

Hg Alter Klosterhof, Würzgartenstr. 1, ✆ 2203 0

Kinheim

Vorwahl: 06532

Tourist-Information Kinheim, Harelbekepl. 1, ✆ 3444 0

H Zum Rosenberg, Moselweinstr. 3, ✆ 2196, III-IV 0

Kröv

Vorwahl: 06541

Tourist-Information, Moselweinstr. 35, ✆ 9486, ✆ 6799 0

H Haus Sonnenlay, Im Flurgarten 19, ✆ 9660, III-IV 0

H Moselterrasse, Moselweinstr. 27, ✆ 1521, I-II 0

H Ratskeller, Robert-Schuman-Str. 49, ✆ 9997, IV 0

H Reichsschenke Zum Ritter Götz, Robert-Schuman-Str. 57, ✆ 81660, III-IV 0

H Springiersbacher Hof, Robert-Schuman-Str. 44, ✆ 1451, III-IV 0

P Gutsweinschänke Müllers, Robert-Schuman-Str. 59+79, ✆ 5365, III 0

P Weingut Knodt-Trossen, Plenterstr. 47, ✆ 4795, III-IV 0.5

Pz Weingut Markus Junglen, Stablostr. 20, ✆ 3292, III-IV 0.5

Paradies-Camp, Paradieser Hof, ✆ 8610883, ✆ 8139494 0

Rißbach (Traben-Trarbach)

Vorwahl: 06541

Campingplatz Rissbach, Rissbacherstr. 155, ✆ 3111 0

Traben-Trarbach

Vorwahl: 06541

Moselregion Traben-Trarbach Köv, Bahnstr. 22, ✆ 8184572 0

Tourist-Information, Am Bahnhof 5, Traben (Traben-Trarbach), ✆ 83980 0

Fw Haus am Stadtturm, Moselstr. 2, ✆ 8145866, ✆ 0151/10590368, IV-VI 0.5

Zweirad Wagner, Brückenstr. 42, ✆ 1649 0

Traben (Traben-Trarbach)

Vorwahl: 06541

Tourist-Information, Am Bahnhof 5, ✆ 83980 0

H Bellevue, An der Mosel 11, ✆ 7030, V 0

H Central-Hotel, Bahnstr. 43, ✆ 6238, III 0

H Krone, An der Mosel 93, ✆ 818668, ✆ 0172/6347842, IV 0

H Moselschlösschen, An der Mosel 14-15, ✆ 8320, V 0

H Trabener Hof, Bahnstr. 25, ✆ 70080, III-V 0

H Vier Löwen, An der Mosel 12, ✆ 815908, V 0

H Zum Anker, Rißbacher Str. 3, ✆ 8182370, III 0

Hg Bisenius, An der Mosel 56, ✆ 813710, IV 0

P Trossen, Alter Brauer Weg 6, ✆ 2937, III 0.5

Kövenig (Kröv)

Vorwahl: 06541

Tourist-Information, Moselweinstr. 35, Kröv, ✆ 9486, ✆ 6799 0

Reil

Vorwahl: 06542

Tourist-Information Reil, Hutg. 16, ✆ 21036 0

H Reiler Hof, Moselstr. 27, ✆ 2629, III-V 0

H Weinhaus Nalbach, Bergstr. 18, ✆ 2572, IV-V 0.5

Pz Weingut Peter Barzen, Bergstr. 28, ✆ 21805, III 0.5

Bh Haus Karina, Moselstr. 21, ✆ 21854, III 0

Bh Weingut Brennerei Gästehaus Emil Dauns, Zum heißen Stein 20, ✆ 21025, II 0.5

Kfz-Werkstatt Thomas, Bergstr. 26, ✆ 900226, ✆ 0175/8869779 0.5

Kaimt (Zell (Mosel))

Vorwahl: 06542

Zeller Land Tourismus GmbH, Balduinstr. 44, Zell (Mosel), ✆ 96220 0.5

P Bremm-Keltenhof, Kapellenstr. 1, ✆ 5420, III 0

Campingpark Zell/Mosel, Moselufer, ✆ 961216 0.5

Alf

Vorwahl: 06542

Ortsgemeinde Alf, Am Ferdinand-Remy-Pl. 7, ✆ 2381, ✆ 2419 0

H Burg Arras, ✆ 22275, V 0

H Ringhotel Bömers Mosellandhotel, Ferdinand-Remy-Str. 27, ✆ 2310, III-V 0

Pz Bauer-Thiel, Mühlenstr. 45, ✆ 1212, I-II 0

Pz Justen, Mühlenstr. 41, ✆ 21682, II 0

Fw Wald Villa Üssbach, Bad Bertricher Str. 13-14,

☎ 9635613, III 0.5

Michael Salker, Ferdinand-Remy-Str. 36, ☎ 9698659, ☎ 0175/8869724 0

St. Aldegund L

Vorwahl: 06542

P Mosella, Am Moselstausee 41, ☎ 21703, III 0

P St. Aldegundishof, Am Moselstausee 39, ☎ 2730, II 0

Pz Krämer-Feiden, Im Bungert 19, ☎ 21635, II 0

Pz Weingut Scheid, Klosterkammerstr. 70, ☎ 1667, III 0.5

Bremm R

Vorwahl: 02675

H Hutter, Moselstr. 30, ☎ 212, III 0

H Weinhaus Berg, Moselstr. 39, ☎ 301, III-IV 0

P Treis, Calmontstr. 11/16, ☎ 401, II 0.5

Ediger-Eller

Vorwahl: 02675

i Tourist-Information der Mosel Calmont Region, Pelzerstr. 1, Ediger (Ediger-Eller), ☎ 1344 0

Eller (Ediger-Eller) L

Vorwahl: 02675

H Moselterrasse, Moselweinstr. 59, ☎ 278, III-IV 0

H Weinhaus Oster, Moselweinstr. 61-63, ☎ 232, IV 0

P Gästehaus am Calmont, Moselweinstr. 83, ☎ 9118840, ☎ 0151/22495155 0.5

Ediger (Ediger-Eller) L

Vorwahl: 02675

i Tourist-Information der Mosel Calmont Region, Pelzerstr. 1, ☎ 1344 0

H Feiden, Moselweinstr. 22, ☎ 259, III-IV 0

H Moselromantik Zum Löwen, Moselweinstr. 23, ☎ 208, III 0

H Weinhaus St. Georg, Moselweinstr. 10, ☎ 205, III-IV 0

Zum Feuerberg, An der B 49, ☎ 701, ☎ 0151/17722782 0

Nehren L

Vorwahl: 02673

P Ferienweingut Liebfried, Moselstr. 12, ☎ 4290, IV 0

P Quartier Andre, Moselstr. 3, ☎ 4015 0

Campingplatz Nehren, Moselufer 1, ☎ 9621155 0

Senhals (Senheim) L

Vorwahl: 02673

H **Hotel-Weinhaus Halfenstube, Moselweinstr. 30, ☎ 4579, III-V** 0

H Deis, Moselweinstr. 38, ☎ 4651 0

P Moselblick, Fährstr. 17, ☎ 4458, II 0

Ellenz-Poltersdorf L

Vorwahl: 02673

H Alte Weinschänke, Kurfürstenstr. 35, ☎ 1421, ☎ 0160/1099099, III 0

H Ellenzer Goldbäumchen, Moselweinstr. 17, ☎ 9621150, III 0

H Fuhrmann, Moselweinstr. 21, ☎ 9310, III 0

H Vergißmeinnicht, Weinstr. 20, ☎ 1721, IV-V 0

Gh Könen, Moselweinstr. 8, ☎ 1883, III 0

Pz Boos, Hauptstr. 75, ☎ 1867, I-II 0

Pz Clemens, Weinstr. 8, ☎ 1387, III 0

Pz Ferienweingut Könen-Klaus, Goldbäumchenstr. 5a, ☎ 1843, II 0.5

Pz Fett, Goldbäumchenstr. 26, ☎ 1465, II 0.5

Pz Fuhrmann, Hauptstr. 17, ☎ 1394, I-II 0

Pz Fuhrmann, Auf der Burg 9, ☎ 1372, II 0.5

Pz Portugall, Im Bernert 8, ☎ 1537, II 0

Bh Ferienweingut Schneider, Am Stausee 2, ☎ 1581, III 0

Bh Villa Hausmann, Neustr. 4 & 7, ☎ 1710, III 0

Happy Holiday, Moselweinstr., ☎ 1272, ☎ 900000 0

Ernst L

Vorwahl: 02671

H Filla Andre, Moselstr. 1, ☎ 4688, IV 0

H Pollmanns, Moselstr. 53-55, ☎ 8683, II 0

H Traube, Moselstr. 33, ☎ 980205, III 0

H Zur Winzergenossenschaft, Moselstr. 59, ☎ 7091, III 0

Gh Kirch, Herrenstr. 16, ☎ 4495, II 0.5

P Haus Sonnenschein, Klosterstr. 12, ☎ 7444, IV 0

P Haus Weingarten, Moselstr. 9, ☎ 1404, III 0

Pz Göbel-Schausten, Moselstr. 36, ☎ 3132, ☎ 0160/92521020, II 0

Pz Haus Barden, Weingartenstr. 44, ☎ 7799, II 0.5

Bh Ferienweingut Zenz, Moselstr. 44, ☎ 7345, III 0

Sehl (Cochem)

Vorwahl: 02671

H Moselromantik Hotel am Panoramabogen, Klostergartenstr. 44, ☎ 914140, III-V 0

H Parkhotel, Sehler Anlagen 1, ☎ 7110, III-IV 0

Hg Zur Schönen Aussicht, Sehler Anlagen 22-23, ☎ 0174/5795125, III-IV 0

Pz Bach, Im Brühl 30, ☎ 94618429, III 0

Pz Happy Mosel, Schubertstr. 27, ☎ 1656, o.F., V 0.5

Cochem L

Vorwahl: 02671

i Tourist-Information Ferienland Cochem, Endertpl. 1, ☎ 60040 0

P **Gästehaus Albers, Schloßstr. 1, ☎ 3399, III-IV** 0

H Germania, Moselpromenade 1, 97750, III-V 0
H Karl Müller, Moselpromenade 9, 1333, IV 0
H Karl Noss, Moselpromenade 17, 3612, III-V 0
H Villa Tummelchen, Schloßstr. 22, 910520, IV 0
H Winneburg, Endertstr. 141, 9166640, III-IV 2
Hg Weinhof, Moselpromenade 27, 7462, 7444, III-IV 0
Gh Zum Onkel Willi, Endertstr. 39, 7305, III-IV 0.5
P Lange, Endertstr. 52, 7173, III 0.5
Pz Michels, In der Märtschelt 12-14, 3395, II 0.5
Pz Weingut Haxel, Endertstr. 26-28, 7297, III 0.5
Pz Weingut Rademacher, Pinnerstr. 10, 0175/1126635, II-III 0.5
Fw Pension Haus Erholung, Moselpromenade 64, 7599, IV 0
Camping Schausten, Endertstr. 124, 7528 1
Fahrrad Kreutz, Endertstr. 35, 91131 0.5
Schaltwerk, Ravenéstr. 33, 603500 0
KD-Agentur, Moselpromenade, 980023 0

Klotten

Vorwahl: 02671

i Tourismus- und Kulturverein Klotten e.V., Moselstr. 27, 5199 0
H Gasthaus Zur Post, Bahnhofstr. 24, 7116, III-IV 0
H Hubertus, Hauptstr. 35, 7391, IV 0
H Weingut Kapellenhof, Am Kapellenberg 14, 1261, 915745, V 0
H Zur Linde, Moselstr. 19, 4376, III-IV 0
Pz Gästezimmer Bertram, Untere Brühlstr. 5a, 1366, 0171/7804396, I-II 0.5
Pz Loosen, Mittelstr. 12, 7501, II 0
Wein Lenz, Moselstr. 14, 7228 0

Pommern

Vorwahl: 02672

i Tourist-Information, St. Castor-Str. 87, Karden (Treis-Karden), 9157700 0
H Gasthaus Onkel Otto, Lindenstr. 13, 2407, III 0
Gh Henerichs, Hauptstr. 43, 2536, III 0
Campingplatz Pommern, Moselweinstr. 12, 2461 0

Treis-Karden

Vorwahl: 02672

i Tourist-Information, St. Castor-Str. 87, Karden (Treis-Karden), 9157700 0

Karden (Treis-Karden)

Vorwahl: 02672

i Tourist-Information, St. Castor-Str. 87, 9157700 0
H Am Stiftstor, St. Castor-Str. 17, 1363, III 0
H Brauer, Moselstr. 25-26, 1211, II-III 0
H Schloß-Hotel Petry, St. Castor-Str. 80, 9340, IV-V 0
Gh Zur Linde, St. Castor-Str. 10, 1360, II-III 0
P Alte Weinstube Burg Eltz, Burg-Eltz-Weg 2, 913666, 01515/0668271, III 0

Müden (Mosel)

Vorwahl: 02672

i Tourist-Information, St. Castor-Str. 87, Karden (Treis-Karden), 9157700 0
H Sewenig, Moselstr. 5, 1334, III-IV 0
H Sonnenhof, Silberstr. 33, 7463, II-III 0.5
Gh Balthasar, Hauptstr. 16, 910166, II 0
P Zur Linde, Fährstr. 10, 7987, II 0

Moselkern

Vorwahl: 02672

i Tourist-Information, St. Castor-Str. 87, Karden (Treis-Karden), 9157700 0
H Moselkern, Moselstr. 15, 1303, 0176/72782642, IV 0
H Ringelsteiner Mühle, Elztal 94, 910200, III 0
P Zur Burg Eltz, Oberstr. 54, 2731, III 0
Pz Grolig, Elztal 27, 1567, II 0
Pz Kalmes, Oberstr. 56, 1668, I 0
Campingplatz zur Burg Eltz, Moselstr. 39, 9135861, 0177/7840979 0

Münstermaifeld

Vorwahl: 02605

i Tourist-Information, Münsterpl. 6, 9615026 0
Gh Deutsches Haus, Untertorstr. 24, 704, II 0

Wierschem

Vorwahl: 02605

H Landhaus vor Burg Eltz, Burg-Eltz-Str. 23, 565, III-IV 0

Hatzenport

Vorwahl: 02605

i Fremdenverkehrs- und Heimatverein Hatzenport e. V., Moselstr. 58, 952485 0
Gh **Zur Traube, Moselstr. 10, 777, II** 0
H Rosenhof, Oberstr. 97, 962713, II 0
P Brunnenhof Winzer Bernard Ibald, Moselstr. 58, 952485, III 0
P Weinhaus Ibald, Moselstr. 34, 2043, III 0
P Winzerhof Gietzen, Moselstr. 70, 952371, III-IV 0
Campinginsel Sonnenwerth, Hatzenporter Werth 1, 2151 0

Löf

Vorwahl: 02605

H Krähennest, Auf der Kräh 2, 9310, V-VI 0.5
H Lellmann, Alte Moselstr. 36, 98070, II-IV 0
H Traube, Alte Moselstr. 2, 98080, III 0

Kattenes (Löf)

Vorwahl: 02605

H Langen, Oberdorfstr. 6, 4575, III 0
P Panoramacafé Kattenes, Panoramastr. 1, 960137, II 0
P Weingut Gästezimmer Gutsschänke Fries, Moselufer 14, 2001, III-IV 0
Pz Weingut Leyendecker, Moselufer 11-13, 84649, V 0

Dreckenach (Kobern-Gondorf)

Vorwahl: 02607

Gh Landgasthof Zur Post, Auf der Boursch 27, 4001, II 2.5

Kobern-Gondorf L

Vorwahl: 02607

- i Touristik und Kultur Kobern-Gondorf, Lenningstr. 12-14, ✆ 1055 0
- H **Zur Kupferkanne, Lutzstr. 20, ✆ 342, III** 0
- H Heinrich Haupt, Marktstr. 12, ✆ 9630350, III 0
- H Simonis, Marktpl. 4, ✆ 9748537, III 0
- H Weinhaus Moselschänke, Marktpl. 20, ✆ 384, III 0
- P Marienhof, Römerstr. 7, ✆ 4593, II-III 0
- P Villa Provence, Solligerhof 18, ✆ 507, III 1.5
- P Winzerhaus am Brunnen, Marktpl. 13, ✆ 9733505, III 0
- Pz Landhaus Julia, Im Geispfad 13, ✆ 1895, IV 0.5

- Fw Im alten Hof, Maifeldstr. 10, ✆ 972086, ✆ 0151/22810946, III-IV 0.5

Winningen L

Vorwahl: 02606

- i Tourist-Information, August-Horch-Str. 3, ✆ 2214 0
- H Moselblick, An der B 416, ✆ 920810, IV 0.5
- H Nora Emmerich, Raiffeisenstr. 15, ✆ 537, III 0.5
- Gh Zum Fährhof, Fährstr. 16, ✆ 92010, ✆ 0171/5197721, III 0
- P Horch, Fährstr. 19, ✆ 2284, II 0
- P Weinhaus Marktschenke, Marktstr. 5, ✆ 355, IV 0
- Pz Gästehaus Wendt, Raiffeisenstr. 12, ✆ 1688, II 0.5
- Pz Haus Sturm, In der Aach 41, ✆ 2335, II 0
- Fw Elke Weber, Marktstr. 36, ✆ 2782, ✆ 0170/2383123, III 0
- Ferieninsel Winningen, Inselweg 10, ✆ 1800 0.5
- Der kleine Fahrradladen, Bahnhofstr. 9a, ✆ 01726536076 0

Güls (Koblenz) L

Vorwahl: 0261

- H Gülser Weinstube, Moselweinstr. 3, ✆ 988640, III 0
- H Mosel Hotel Hähn, Wolfskaulstr. 94, ✆ 947230, III-IV 0.5
- H Weinhaus Grebel, Planstr. 7-9, ✆ 42530, III 0
- H Weinhaus-Kreuter, Stauseestr. 31, ✆ 941470, III-IV 0
- Gh Zum Rebstock, Poppenstr. 7, ✆ 42633, ✆ 0175/5660165, II 0
- Pz Haus Ursula, Steinebirker Weg 2, ✆ 44676, ✆ 0172/6221617, III 0.5
- Gülser Moselbogen, Am Gülser Moselbogen 20, ✆ 44474 0.5

Rauental (Koblenz) R

Vorwahl: 0261

- H Contel Koblenz, Pastor-Klein-Str. 19, ✆ 40650, V 0
- H Schlachthof, Schlachthofstr. 50, am Büropark Moselstausee, ✆ 408017 0.5
- H Scholz, Moselweißer Str. 121, ✆ 94260, III 0.5
- B&B B&B Hotel Koblenz, Bardelebenstr. 6, ✆ 133740, II-III 0.5

Lützel (Koblenz) L

Vorwahl: 0261

- H Stein - Schiller's Restaurant, Mayener Str. 126, ✆ 963530, IV 0.5
- Hg Hommen, Wallersheimer Weg 40, ✆ 83321, III 1
- AH Apartmentcenter Koblenz, Otto-Falckenberg-Str. 22, ✆ 889490, o.F., III-IV 1
- Rhein-Mosel, Schartwiesenweg 6, ✆ 82719 0.5

Koblenz

Vorwahl: 0261

- i Tourist-Information im Forum Confluentes, Zentralpl. 1, ✆ 1291610 0.5
- H Altstadt Hotel & Café, Jesuitenpl. 1-3, ✆ 201640, IV 0.5
- H Morjan, Rheinzollstr. 14, ✆ 304290, IV 0.5
- Hg Cityhotel Kurfürst Balduin, Hohenfelder Str. 12, ✆ 13320, IV 0.5
- Hg Kornpforte, Kornpfortstr. 11, ✆ 31174, IV 0
- Hg Trierer Hof, Clemensstr. 1, ✆ 10060, III-V 0.5
- 2-Rad Mitschke, Hofstr. 277, ✆ 73330 0.5
- Fahrrad-XXL, Löhrstr. 5-15, ✆ 915050 0.5
- Radsport Regenhardt, Markenbildchenweg 28, ✆ 33667 1.5
- Zangmeister, Carl-Zeiss-Str. 12, ✆ 32363 2.5

Ehrenbreitstein (Koblenz)

Vorwahl: 0261

- H Diehls Hotel, Rheinsteigufer 1, ✆ 97070, IV-VI 1
- H Sessellift, Obertal 22, ✆ 75256, ✆ 73490, II 1
- Jugendherberge Festung Ehrenbreitstein, Festung Ehrenbreitstein, ✆ 972870, II 0.5

Urbar

Vorwahl: 0261

- i Ortsgemeinde Urbar, Arenbergerstr. 33a, ✆ 66270 2.5
- H Adria Stuben, Hauptstr. 120, ✆ 60819, III-IV 2.5
- H Zur Pfanne, Hauptstr. 57, ✆ 65519, III 2.5

Von Bernkastel-Kues nach Koblenz am rechten Ufer

Bernkastel-Kues

siehe Von Trier nach Bernkastel-Kues am linken Ufer

Bernkastel (Bernkastel-Kues)

siehe Von Trier nach Bernkastel-Kues am rechten Ufer

Schäferei (Graach) R

Vorwahl: 06531

H Kemmer's Panorama Hotel, Panoramastr. 12, ✆ 4505, III 0.5

P Winzerwirtschaft Philipps-Eckstein, Panoramastr. 11, Schäferei, ✆ 6542, III 0.5

Graach R

Vorwahl: 06531

i Tourist-Information, Hauptstr. 94, ✆ 2541 0.5

H **Zum Josefshof, Hauptstr. 128, ✆ 2272, III** 0.5

P Weingut Petrushof, Weingartenstr. 20, ✆ 8594, III 0

Zeltingen-Rachtig R

Vorwahl: 06532

i Verkehrsbüro, Uferallee 10, ✆ 2404 0

P **Weinhof Morbach, Pastor-Glesiusstr. 16, ✆ 3191** 0

H Altes Schulhaus, Deutschherrenstr. 37, ✆ 3659, III 0

H Deutschherrenhof, Deutschherrenstr. 23, ✆ 9350, III-V 0

H Nicolay 1881, Uferallee 7, ✆ 93910, III-IV 0

H St. Stephanus, Uferallee 9, ✆ 680, IV-V 0

H Winzerverein, Burgstr. 7, ✆ 2321, ✆ 2119, III-V 0

H Zeltinger Hof / Ratsschänke, Kurfürstenstr. 76, ✆ 93820, III-V 0

Gh Weinstube Moselblümchen, Fährstr. 18, ✆ 2403, III 0

P Gästehaus Ames, Burgstr. 17, ✆ 4295, ✆ 0170/4939144, II 0

P Gästehaus Pütz, Kurfürstenstr. 38, ✆ 5149, ✆ 0160/98595166, III 0

P Weingut Straußwirtschaft Peter Ehses, Uferallee 49, ✆ 2838, II 0

P Zum Himmelreich, Fährstr. 22, ✆ 2435, III 0

Fahrräder Wildmann, Uferallee 55, ✆ 954367, ✆ 01739815133 0

Erden R

Vorwahl: 06532

i Verkehrsbüro, Hauptstr. 72, ✆ 2549 0

H Zum Moseltal, Am Moselufer 18, ✆ 2227 0

P Wein- und Gästehaus Schwaab, Am Moselufer 5, ✆ 4711, II 0

P Wein- und Gästehaus Schwaab, Im Unterdorf 10, ✆ 933999, III 0

P Weinhof St. Anna, Brückenstr. 2, ✆ 2354, II-III 0

Pz Weingut-Gästehaus Kaufmann-Schneider, Fährstr. 2-4, ✆ 4624, II 0

Campingplatz, Am Moselufer 2, ✆ 4060 0

Lösnich R

Vorwahl: 06532

i Tourist-Information, Hauptstr. 69, ✆ 953867 0

H Heil, Hauptstr. 15, ✆ 2223, III 0

H Zum Treppchen, Fischerg. 5, ✆ 93800, III 0

P Weingut Kiebel, Hauptstr. 69, ✆ 2018, III 0

P Weingut Orthmann, Hauptstr. 29-31, ✆ 3266, II 0

P Weingut Simon, Unterg. 2, ✆ 2214, III 0

RESPO, Hauptstr. 70, ✆ 954665 0

Kindel (Kinheim) R

Vorwahl: 06532

i Tourist-Information Kinheim, Harelbekepl. 1, Kinheim, ✆ 3444 0.5

Bh Weingut Rieth-Dambly, Brückenstr. 37, ✆ 2109, II 0

Wolf (Traben-Trarbach) R

Vorwahl: 06541

H Wolfshof, Klosterbergstr. 8, ✆ 860810, III-IV 0.5

P Haus Schatzgarten, Im Luxgraben 7, ✆ 9632, ✆ 0151/61008699, IV 0

P Michels, Im Herrengarten 7, ✆ 4986, III 0.5

Pz Weingut Boor, Uferstr. 10, ✆ 6130, III 0

Fw Ferienwohnung Meuser, Wedenhofstr. 2, ✆ 701514, III 0

Wolf, Uferstr., ✆ 3111 0

Camphausen Velo & Café, In den Hupen 6, ✆ 3276 0

Trarbach (Traben-Trarbach)

Vorwahl: 06541

H Gonzlay, Am Goldbach 3, ✆ 8360, III 0

H Moseltor, Moselstr. 1, ✆ 6551, IV-V 0

H Park-Hotel, Enkircher Str. 1-3, ✆ 811740, III-IV 0

P Chez Mathieu, Mittelstr. 12, ✆ 810625, ✆ 4605, III 0

Ho Herberge Alte Lateinschule, Kirchg. 23, ✆ 0171/3843601, II 0.5

Starkenburg (Mosel)

Vorwahl: 06541

Pz Gudrun Wagner, Schlossstr. 5, ✆ 1462, I-II 0.5

Enkirch R

Vorwahl: 06541

i Tourist-Info, Am Brunnenpl. 2, ✆ 9265 0

H **Moselromantik-Hotel Dampfmühle, Am Steffensberg 80, ✆ 813950, III** 1

H Loosen, Bahnhofstr. 6, ✆ 6328, III 0

H Sponheimer Hof, Sponheimerstr. 19-23, ✆ 6628, III 0.5

H Steffensberg, Brunnenpl. 1, ✆ 813960, III-IV 0

Gh Alte Weinstube, Backhausstr. 4, ✆ 9335, III 0.5

Gh Zum Weinstock, Weing. 5, ✆ 6237, II 0

Gh Zur Sonne, Sonnenstr. 1, ✆ 1565, III 0

Pz Bautz, Am Steffensberg 41, ✆ 9708, II-III 0.5

Pz Kettermann, Berliner Str. 11, ✆ 9764, III 0.5

Pz Tempelhof, Tempelstr. 5, ✆ 6414, II 0
Pz Weingut Conrad Im Bungert 32, Am Steffensberg 12, ✆ 9987, II 0.5
Pz Weisgerber, Am Steffensberg 66, ✆ 810081, III 0.5

Burg (Mosel) R

Vorwahl: 06541
P Falklay, Kirchstr. 8, ✆ 9270, III 0.5
P Heinz Conrad, Im Bungert 1, ✆ 6882, II 0.5
P Zum Weinberg, Moselstr. 29, ✆ 8669330, ✆ 0172/6574765, IV 0
Pz Bucher, Enkircher Weg 7, ✆ 6752, III 0.5
Pz Weingut Meurer, Moselstr. 41-43a, ✆ 6766, ✆ 0172/9946153, II 0
B&B Müller, Schulstr. 16, ✆ 6763, III 0.5
Bh Weingut Christoph Müller, Schulstr. 23, ✆ 9949, III 0.5
Bh Weingut Heidhof, Schulstr. 27, ✆ 83940, III 0.5

Pünderich R

Vorwahl: 06542
i Tourist-Information, Raiffeisenstr. 3, ✆ 900021 0.5
H Weinhaus Lenz, Hauptstr. 31, ✆ 2350, III-IV 0.5
Gh Weingut Lütz, Bahnhofstr. 40, ✆ 969518, III 0.5
P Weingut Dahm, Bahnhofstr. 4, ✆ 2805, o.F., II 0.5
P Weingut Paulushof, Im Wingert 42, ✆ 22609, III-IV 0.5
Pz Weingut Busch, Springiersbacher Str. 33, ✆ 2551, II 0
Camping Campingplatz Marienburg, Moselallee 3, ✆ 06541/3111 0
Camping Campingplatz Moselland, Im Planters, ✆ 2618 0

Briedel R

Vorwahl: 06542
i Tourist-Information, Moselstr. 25, ✆ 4013 0
Gh Zum Musikalischen Wirt, Hauptstr. 97, ✆ 4589, III 0
P Gibbert-Pohl, Moselstr. 4, ✆ 41270, III 0
Pz Feit, Hauptstr. 162, ✆ 41066, II 0.5
Pz Nalbach, Im Wallgraben 1, ✆ 4789, II 0
Pz Weingut Goeres, Gartenstr. 33, ✆ 960091, ✆ 0171/7351549, III 0
RTV Radladen, Hauptstr. 228, ✆ 4276 0.5

Zell (Mosel)

Vorwahl: 06542
i Zeller Land Tourismus GmbH, Balduinstr. 44, ✆ 96220 0
H Mayer, Balduinstr. 5-7, ✆ 61169, III-IV 0
H Ratskeller, Balduinstr. 36, ✆ 98620, III 0
H Zum Grünen Kranz, Balduinstr. 13, ✆ 98610, III-IV 0
Hg Café im Hamm, Merler Str. 5, ✆ 4566, III-IV 0
P Breuers Mühle, Willi-Gräbner-Str. 5-7, ✆ 4213, o.F., II 1
P Grünewald, Heinzenberg 24, ✆ 5147, III 1
P Marientaler Au, Marientaler Au 30, ✆ 4261, III 0.5
P Reinisch, Balduinstr. 77, ✆ 4580, III-IV 0
P Weingut Lehmen, Kurtrierer Str. 33, ✆ 4628, II 0.5
Fw Studio-Apartment Merila, Hauptstr. 6, ✆ 0171/2839170 0
Klaus 2-Rad Center, Notenau 11, ✆ 960066 0.5
Familie Mesenich, Corray 33, ✆ 5769 0
Moselglück, Balduinstr. 43, ✆ 9616210 0
Wanderland, Balduinstr. 95, ✆ 406761 0

Bullay R

Vorwahl: 06542
i Tourist-Information, Lindenpl. 2, ✆ 21141 0
Gh Café Görgen, Bahnhofstr. 32, ✆ 2519, III 0
Gh Spies, Kirchstr. 35, ✆ 2541, II 0
P Budinger, Lindenpl. 6, ✆ 2355, I 0
P Gästehaus Münster, Moselstr. 7, ✆ 2383, I-II 0
P Moselinchen, Graf-Beissel-Str. 6, ✆ 900664, II 0.5
Camping Bären-Camp, Moselufer 1+3, ✆ 900097 0

Neef R

Vorwahl: 06542
i Tourist-Information, Moseluferstr. 23, ✆ 1814055 0
P Amlinger & Sohn, Moseluferstr. 17, ✆ 2962, III 0
P Markert, Fährstr. 4, ✆ 2829, III 0
Pz Boendgen, Petersbergstr. 1, ✆ 2872, ✆ 0172/6556128, II 0
Pz Weingut Strausswirtschaft Pension Croeff, Bachtalstr. 14, ✆ 962558, II 0.5
Bh Urlaubsweingut Zecherhof, Auf der Kehr 20, ✆ 21717, III 0.5
Thomas Krämer, Kloster-Stuben-Str. 7, ✆ 901133, ✆ 0151/26774747 0

Senheim R

Vorwahl: 02673
i Gemeindeverwaltung, Zeller Str. 66, ✆ 9629176 0
H **Schützen, Brunnenstr. 13, ✆ 4306, ✆ 4655, III** 0
P Ferienpension bei Stenze, Neustr. 15, ✆ 9629022, II 0
P Thiesen, Altmai 41, ✆ 4308, I-II 0
Pz Weingut Karl Desoye, Brunnenstr. 15, ✆ 4206, II 0
Camping Camping Holländischer Hof, Am Campingpl. 1, ✆ 4660 0.5

Mesenich R

Vorwahl: 02673
P **Wein und Gästehaus M. Bai, Zehnthofstr. 11, ✆ 4558, II** 0
H Andries, Am Bühl 7, ✆ 4578, III-IV 0
Gh Freimuth, Wiesenweg 19, ✆ 4385, ✆ 4018, III 0
P Schneiders-Andres, Briederner Weg 29, ✆ 4295,

II 0.5
Pz Pauly, Briederner Weg 15, ✆ 4573, III 0.5
Pz Weingut Arens Hirschen, Pützstr. 12, ✆ 4529, II 0.5
Fw Weingut Ulrich Deis, Wiesenweg 7, ✆ 4681, ✆ 0171/2882696, II-III 0
Family Camping, Wiesenweg 25, ✆ 4556 0

Briedern R

Vorwahl: 02673
H Zum Moselstrand, Moselstr. 20, ✆ 1748, III-IV 0
Gh Mönch, Moselstr. 3, ✆ 1835, II-III 0
P Arnoldi, Wiesengrund 1, ✆ 1479, ✆ 1637, II 0
P Lenz, Moselstr. 11, ✆ 1659, III 0
P Weingut Friedrich, Römerstr. 37, ✆ 1300, II 0
Pz Lenartz-Bleser, Hauptstr. 20, ✆ 1442, II 0.5

Beilstein R

Vorwahl: 02673
i Verkehrsverein, Bachstr. 47, ✆ 900191 0
H Altes Zollhaus, Marktpl. 3, ✆ 1573, IV 0
H Am Klosterberg, Auf dem Teich 8, ✆ 1850, IV-V 0.5
H Burgfrieden, Im Mühlental 17, ✆ 93639, IV 0.5
H Café-Bistro-Hotel Klapperburg, Bachstr. 33, ✆ 1417, ✆ 900201, III 0
H Gute Quelle, Marktpl. 34, ✆ 1437, III 0
H Haus Burg Metternich, Moselstr. 2, ✆ 0170/7900808, III 0

Fankel (Bruttig-Fankel) R

Vorwahl: 02671
P Brunnenhof, Brunnenstr. 32, ✆ 7713, III 0.5
Pz Schmiedel, Ahornweg 15, ✆ 4785, II 0
Pz Steuer, Erlenweg 2, ✆ 3527, II-III 0

Bruttig (Bruttig-Fankel) R

Vorwahl: 02671
H Zum guten Onkel, Bergstr. 6, ✆ 7141, V 0
P Haus Mühlenruh, Mühlenbachstr. 26, ✆ 7931, III 0.5
P Panorama, Tannenweg 12, ✆ 4175, ✆ 0151/23098115, II 0.5
P Weingut Riedel, Hauptstr. 34, ✆ 4705, III 0.5
P Weinhaus Hirschen, Petrus-Mosellanus-Str. 1, ✆ 4508, III 0
Pz Andrae, Gartenstr. 2, ✆ 1475, II 0
Campingplatz Bruttig, Am Moselufer, ✆ 915429 0

Valwig R

Vorwahl: 02671
H Fritz, Moselweinstr. 16, ✆ 7475, III-IV 0
Gh Altes Winzerhaus, Weingut Rudi Steuer, Bachstr. 4, ✆ 7330, II 0
Gh Andries, Moselweinstr. 11, ✆ 8696, II 0
Gh Schneemann, Brühlstr. 2, ✆ 980606, II 0
P Beth-Steuer, Brühlstr. 9, ✆ 7358, III 0
P Haus Mosella, Moselweinstr. 10, ✆ 7313, ✆ 8145, o.F., II 0
P Strandhaus, Brühlstr. 10-12, ✆ 7216, III 0

Valwigerberg (Valwig) R

Vorwahl: 02671
i Tourist-Information, Bergstr. 8, ✆ 2410953 0

Cond (Cochem) R

Vorwahl: 02671
H Am Hafen, Ufer- und Zehnthausstr., ✆ 97720, ✆ 0151/23928102, IV-V 0
H Brixiade & Triton, Uferstr. 13, ✆ 9810, IV-V 0
H Thul, Brauselaystr. 27, ✆ 914150, IV-V 0.5
H Zur Weinhexe, Hafenstr. 1, ✆ 97760, III-IV 0
Hg Am Rosenhügel, Valwiger Str. 57, ✆ 97630, III-V 0.5
Hg Traumblick, Bergstr. 6, ✆ 6037888, III 0
P Altes Fährhaus, Uferstr. 19, ✆ 605527, III 0
P Regina, Remaclusstr. 2, ✆ 7262, III-IV 0
Pz Bremm, Remaclusstr. 1, ✆ 91281, III 0
Pz Haus Rossi, Zehnthausstr. 65, ✆ 1503, II-III 0
Pz Ostermann, Kaasstr. 11, ✆ 1601, III 0
Pz Thiel, Zehnthausstr. 13, ✆ 4239, III 0
Moseltal-Jugendherberge Familien- und JGH, Klottener Str. 9, ✆ 8633, II 0
Mosel Camping, Stadionstr., ✆ 4409 0

Treis (Treis-Karden)

Vorwahl: 02672
Bh Weingut Castor, Hauptstr. 36, ✆ 1666, III 0
H Ostermann, Lützbach 1, ✆ 1238, IV 0
Hg Reis, Moselallee 23, ✆ 1298, III 0
Gh Bike-Inn, Brückenstr. 17, ✆ 913558, III 0
Gh Gräf, Lisbergstr. 2, ✆ 7227, II 0
P Quickert, Kastelauner Str. 37, ✆ 1449, III 0.5
P Weingut Knaup, Am Rathaus 6, ✆ 2446, III 0
Mosel-Islands, Am Laach, ✆ 2613 0.5

Treis-Karden

siehe Von Bernkastel-Kues nach Koblenz am linken Ufer

Burgen R

Vorwahl: 02605

H Mühlen Hotel Konschake, Baybachstr. 50, ✆ 776, III 0.5

P Haus Bischofstein, Moselstr. 16, ✆ 4558, IV 0

Burgen, Moselstr., B49, ✆ 2396 0

Knaus Campingpark Mosel/Burgen, Am Bootshafen, B 49, ✆ 952176 0

Brodenbach R

Vorwahl: 02605

H Anker, Moselufer 15, ✆ 2008, III-V 0

H Ehrenburg, Ehrenburg, ✆ 3077, IV 2

H Peifer's Moselhotel, Moselufer 43, ✆ 756, III-IV 0

P Haus am Walde, Salzwiese 16, ✆ 2331, III 0

Pz Mosel-Pension Gästehaus Christiane, Salzwiese 27, ✆ 9627450, III 0.5

Fw Hist. Mühle Vogelsang, Rhein-Mosel-Str. 63, ✆ 1437, III 1

Alken R

Vorwahl: 02605

i Tourist-Information Sonnige Untermosel, Moselstr. 7, ✆ 8472736 0

H Landhaus Müller, Moselstr. 6, ✆ 952512, III 0

H Moselhotel Burg Café, Moselstr. 10-11, ✆ 4443, III 0

Gh Turmgasthaus, Moselstr. 15, ✆ 8498580, III 0

Gh Winzerhof Brachtendorf, Maltheserstr. 4-6, ✆ 2805, III 0

P Moselblick, Moselstr. 12, ✆ 3347, ✆ 0170/2342060, I-II 0

Pz Pension Hein, Oberstr. 20, ✆ 9626696, ✆ 0176/96487738, II 0

Pz Pension Steiner, Bachstr. 31, ✆ 961906, I 0.5

AH Landhaus Zimmermann, Moselstr. 1, ✆ 3383, III 0

Oberfell R

Vorwahl: 02605

P Birkenhof, Hauptstr. 52, ✆ 8830, ✆ 0151/61321439, II-III 0.5

Fw Ferienwohnungen Moselstausee/Weinkönigin, Moselstr. 50, ✆ 848277, III 0

Niederfell R

Vorwahl: 02607

Gh Traube, Moselstr. 27, ✆ 9619292, III 0

Gh Zur Linke Mühle, Bachstr. 22, ✆ 6505, III 0.5

P Café Sander, Moselstr. 15, ✆ 8309, III 0

P Gästehaus Marianne, Markstr. 38, ✆ 1383, II 0.5

P Winzerhof Künster, Moselstr. 19, ✆ 6524, ✆ 0176/68181851, III 0

Dieblich R

Vorwahl: 02607

H Kachelburg, Kegelbahnstr. 15, ✆ 940555, III 0

H Moselgruss, Hauptstr. 56, ✆ 223, III-IV 0.5

H Pistono, Hauptstr. 30, ✆ 218, III-IV 0.5

Lay (Koblenz) R

Vorwahl: 0261

H Anker, Maistr. 2, ✆ 02606/2234, III-IV

Karthause (Koblenz) R

Vorwahl: 0261

H Waldhotel Forsthaus Remstecken, Remstecken, ✆ 55579, IV 2

H Wild, Am Löwentor 14, ✆ 56551, o.F., III 0.5

Moselweiß (Koblenz)

Vorwahl: 0261

H Zum schwarzen Bären, Koblenzer Str. 35, ✆ 4602700, III-IV 0.5

Goldgrube (Koblenz)

Vorwahl: 0261

H Krämer, Kardinal-Krementz-Str. 12, ✆ 406200, IV-V 0

H Oronto, Ferdinand-Sauerbruch-Str. 27, ✆ 947480, III 0.5

Fw Kleszcz, Fröbelstr. 3, ✆ 0176/31295503, II-IV 0.5

Koblenz

siehe Von Bernkastel-Kues nach Koblenz am linken Ufer

Südliche Vorstadt (Koblenz)

Vorwahl: 0261

H GHotel, Neversstr. 15, ✆ 2002450, III-IV 0.5

H Hohenstaufen, Emil-Schüller-Str. 41-43, ✆ 30140, III-V 0

H Ibis Koblenz, Rizzastr. 42, ✆ 30240, III 0

Hg Brenner, Rizzastr. 20-22, ✆ 915780, IV 0.5

Hg Jan van Werth, Von-Werth-Str. 9, ✆ 36500, III 0.5

Hg Kleiner Riesen, Januarius-Zick-Str. 11, ✆ 303460, IV-V 1

Hg National, Roonstr. 47, ✆ 14194, III 0

Hg Reinhard, Bahnhofstr. 60, ✆ 34835, II-III 0

Hg Trip Inn City Hotel Hamm, St. Josef-Str. 32, ✆ 303210, IV 0.5

Asterstein (Koblenz)

Vorwahl: 0261

H Berghof, Lehrhohl 38, ✆ 72847, II 2

H Rheinkrone, Rudolf-Breitscheid-Str. 23, ✆ 9730803, III-IV 1.5

Ortsindex

Die Seitenzahlen ab S. 142 beziehen sich auf das Übernachtungsverzeichnis.